성공
알고리즘
비밀노트

성공 알고리즘 비밀노트

© 박재욱, 2023

1판 1쇄 인쇄__2023년 01월 10일
1판 1쇄 발행__2023년 01월 15일

지은이__박재욱
펴낸이__홍정표
펴낸곳__글로벌콘텐츠
　　　　등록__제25100-2008-000024호

공급처__(주)글로벌콘텐츠출판그룹
　　　　대표_홍정표 이사_김미미 편집_임세원 강민욱 백승민 문방희 권군오 기획·마케팅_이종훈 홍민지
　　　　주소__서울특별시 강동구 풍성로 87-6
　　　　전화__02) 488-3280 팩스__02) 488-3281
　　　　홈페이지__http://www.gcbook.co.kr
　　　　이메일__edit@gcbook.co.kr

값 20,000원
ISBN 979-11-5852-381-7 03320

성공
알고리즘
비밀노트

박재욱 지음

글로벌콘텐츠

프롤로그

대한민국이 2021년 7월 선진국 대열에 들어갔다. 세계 10대 교역국, 2021 블룸버그 발표 전 세계 혁신지수 60개국 중 1위, 한류 열풍에 따라 UN 공식 언어로 한국어가 채택되는 등 그야말로 눈부신 발전에 발전을 거듭하고 있는 IT 강국 대한민국이 IMF 선정 10대 선진국 대열에 진입한 것이다. 필자가 1996년도 일본삼성 정보가전본부 취체역으로 부임할 당시만 해도 일본은 삼성이 넘보지 못할 거대한 벽이었다. 삼성전자 임원이 SONY의 총괄부장을 만나는 것도 간단치 않았고 더욱이 고위 임원을 만난다는 것은 전략제휴 같은 특별한 경우가 아니면 거의 불가능했다. 그 당시 삼성전자가 넘어야 할 첫 번째 경쟁사로 SHARP를 지목했을 정도이니 말이다.

지금은 전 세계에서 팔리는 TV의 50% 이상, 메모리 반도체 80%가 우리나라 제품이다. 또한 애플의 아이폰과 쌍벽을 이루는 삼성 갤럭시, 최근 주목 받고 있는 2차 전지 분야는 중국 이외 시장에서 1위, LNG 운반선 수주 1위, 현대자동차의 질주와 배터리, 바이오, 원전과 K-방산(백

발백중 K9 자주포, K2 흑표전차, 한국형 엔진을 탑재한 초음속 전투기 KFX, SLBM 발사 잠수함, 현무 미사일)까지 25년 전과 비교하면 모든 것들이 엄청나게 변한, 그야말로 경천동지(驚天動地) 과정의 연속이었다. 2020년 기준 세계은행 공식자료에 따른 1인당 구매력 지수 GNI를 보더라도 한국은 43,480달러로 일본의 42,460달러보다 두 단계 앞서 있다.

어떻게 이런 것들이 가능했을까? 1910년 삼성그룹 창업자인 이병철이 태어났고 이어 5년 후에 현대의 정주영 그리고 2년 후 박정희, 10년 후 포스코 박태준이 태어났다. 필자의 소견으로는 이들이 쌍두마차를 밀고 끄는 마부가 되어 수출주도형 성장전략을 강력히 추진한 결과라고 생각한다. 그리하여 오늘날 중화학공업, 방위산업, 전자산업 등이 결실을 맺었고 2021년 기준 수출입 규모가 1조 2,596억 달러에 이르며 전 세계 8위의 경제대국 대한민국이 되었다. 또 하나의 기적은 이건희 회장이 경영 전면에 나타나 혁신을 주도하고 다른 기업들이 이를 벤치마킹해 더 멋진 성공신화를 창조했다는 것이다. 이어진 유니콘 기업들의 탄생, 박세리의 LPGA 제패를 지켜보며 자란 루키들의 눈부신 활약, 1984년 이후부터 지금까지 이어진 양궁 불패 신화, 베이징 동계올림픽에서 또 한 번 입증된 쇼트트랙 강국과 현재 BTS, 블랙핑크를 필두로 전 세계를 휩쓸고 있는 K-POP 등 성공신화의 사례는 헤아릴 수 없을 만큼 많다. 이 얼마나 멋진 대하드라마인가! 우리나라는 1945년 해방 후 최빈국에서 불과 70년 만에 선진국으로 탈바꿈했다. 이제는 4차 산업혁명의 시대를 맞이하여 팔로워가 아닌 퍼스트 무버로서 또 다른 성공신화를 지속적으로 창출해 나갈 차례다.

과거 한국형 경영은 오너들의 역량과 열정 그리고 전문 경영인의 팀

워크로 이루어졌지만 앞으로는 통섭과 창의혁신으로 우리만의 독특한 제품 라인업을 구축해야 한다. 2016년부터 불어 닥친 4차 산업혁명을 맞이하여 글로벌 선도 기업 간의 경쟁은 더욱 치열해지고 있다. 기업이나 개인이 승자독식의 시대에 여하히 생존하느냐가 초미의 관심사다. 뿐만 아니라 점점 더 높아지는 고객 기대에 부응하고 디지털 기술에서 비롯된 도전과 기회에 대처하기 위해서는 이전보다 더 높은 수준의 민첩성을 가져야만 한다. 오늘날 디지털 기술은 전에 없는 속도와 확장성으로 기존 시장 질서를 바꾸고 대체한다. 이러한 시점에서 제일 중요한 자원은 디지털 인재의 확보와 양성에 있다고 본다. 미국의 대표적인 경제 조사기관인 컨퍼런스보드의 'CEO 2016'에 따르면 글로벌 리더들의 가장 시급한 관심사는 최고의 인재를 보유하는 것과 차세대 리더를 키우는 것이라고 한다. 위대한 리더들은 지속적인 인재개발에 높은 우선순위를 둔다. 위대한 조직들은 결과뿐만 아니라 인재개발을 통한 **지속가능한 성공** (Sustainable Growth)에 중점을 둔다.

잭 웰치(Jack Welch)는 부하(조직 구성원)를 코칭하지 않으면 임원이 될 자격이 없다고 했다. 또한 리더의 미래는 코칭 능력과 다른 리더를 성장시키는 능력에 달려있다고 강조했다. 코칭은 코치 받는 사람(대상)의 잠재능력을 높이고 방해요소를 줄임으로써 성과 향상에 초점을 맞춘다. 효과성은 얼마나 많은 노력을 기울이는가에 달려 있는 것이 아니고, 코치 받는 사람(대상)이 올바른 길에 들어서 있는지 여부에 달려 있다.

따라서 항상 급변하고 있는 비즈니스 세계 및 전문 업종에서는 먼저 리더십이 요구되고 그 다음이 관리다. 인재양성은 스킬이 아니라 사고의 전환에 관한 것이다. 전략적 다양성에 기반한 경영이 성공하려면 사고의 전환은 최상층에서뿐만 아니라 전 계급을 통틀어 일어나야만 할 것이다.

10점 만점일 때 3점 수준에서 7점으로 올라가기를 원한다면 분야에 관계없이 반드시 4점 수준을 거쳐야 한다. 천릿길도 한 걸음부터라는 말처럼 우리는 한 번에 한 걸음밖에 걸을 수 없기 때문이다. 아인슈타인은 "우리가 직면한 중대한 문제들은 우리가 그 문제들을 발생시킨 때에 갖고 있던 사고방식으로는 해결할 수 없다."고 했다. 인간은 거대한 떡갈나무로 성장할 잠재력을 지닌 도토리와 같다. 뻗어 나가기 위해서는 영양분, 격려, 빛이 필요하지만 그 전에 이미 떡갈나무로 성장할 유전자를 가지고 있는 것이다. 스티븐 코비(Stephen Covey)가 삶에서 얻은 가장 큰 교훈은 큰 포부를 이루고 큰 도전을 극복하고 싶다면 원하는 결과를 지배하는 원칙이나 자연법칙을 찾아서 적용해야 한다는 것이다. 성공은 언제나 성공과 연결된 원칙을 따랐을 때에만 얻어진다. 성공과 연결된 원칙이란 곧 성공에 이르는 알고리즘이다.

이제는 많이 아는 Know What보다 필요한 것을 어디에서 빠르게 찾을 수 있는지 아는 Know Where가 중요하다. 예를 들면 주위에서 디지털 마케팅을 공부하고 싶은데 어느 책이 좋은지 추천해달라는 요청이 많다. 그만큼 서점에는 책들이 넘쳐나고 있기 때문에 독자들이 정보 선택에 적잖은 애로점을 느끼고 있는 것이다. 이처럼 '내가 필요한 것을 어디에서 구할까' 하는 욕구가 점차 커지고 있다. 인터넷의 발달로 정보의 비대칭성이 없어져 소셜 미디어에 의존하는 핑거족도 크게 늘고 있다. 인류는 지금까지 한 번도 경험하지 못한 속도의 변화를 맞고 있다. 기술 발전에 따른 미래의 불확실성도 커지고 있다. 정치·경제·사회 등 전방위적으로 일어나는 변화의 물결을 단순한 산업의 변화로 인식해서는 뒤처지기 쉽다.

4차 산업혁명이 도래한 지금은 각계각층에서 일전다능형 인재를 요구하고 있다. 복잡다단한 경영환경에 애자일(Agile)하게 대응하려면 융합지식과 초격차 전문역량으로 무장해야만 한다. 그래서 교육혁신과 인재양성이 중요하며 이를 위해 근본적인 사고혁신이 필요하다.

Know What은 미래의 지혜와 성찰의 입체 융합이라고 할 수 있다. 경영현장에서도 주어진 역할만 해내는 사람은 단순한 관리자이고 앞으로 무엇을 할지 알고 움직이는 인재는 리더다. "무엇을 왜 해야 하는지 아는 인재는 그것을 왜 하는지도 금방 안다."고 이정동 서울대 교수는 역설한다. '어떤 일을 어떻게 하느냐' 하는 실행에서는 Know How가 중요하지만 '무엇을 왜 하느냐' 하는 개념 설계에 있어서는 Know Why가 중요하다. Know How는 선택과 집중 같은 효율성의 영역이고, Know Why는 독창적인 차별화의 영역이다.

필자는 40년간 경영 일선에서 직무지식과 실전을 바탕으로 다양한 현장 경험과 성공 사례를 가지고 있으며, 퇴임 후에도 기업의 경영자나 간부들을 대상으로 컨설팅과 코칭, 멘토링을 하는 액션코칭*을 하면서 그들의 성공을 함께 만들어 가는 데 온 정성을 쏟았다. 경영 일선에 있을 때는 나에게 주어진 시간의 70% 이상을 조직 구성원 양성에 할애하였고, 직접 일을 하기 보다는 조직 구성원을 코칭해 그들의 잠재역량을 극대화하고 이를 통해 성과를 창출하는 데 주력하였다. 지금은 그들 대부분이 성장하여 각계각층에서 핵심 리더로 활약하고 있는 것을 볼 때 가장 큰 보람을 느낀다.

그간 수많은 프로젝트를 추진했다. 모든 프로젝트는 성공에 이르는 지름길을 갖고 있어 이를 찾아 따랐을 때에는 어렵지 않게 주어진 목표를 달성할 수 있다. 그러나 그렇지 않을 경우에는 험난한 시행착오를 겪다가 결국은 좌절하며 그 과정에서 인적, 물적, 시간적 낭비로 인해 도저히 만회할 수 없는 지경에 이르게 되고 그런 모습을 많이 봐왔다. 그래서 Know How-Know What에 이어 Know Where를 덧붙이고 싶다. 성공에 이르는 핵심은 수많은 정보로부터 여러분이 원하는 정보를 과연 어디에서 어떻게 효과적으로 얻을 수 있느냐의 문제이기 때문이다.

1980년대 이후에 태어난 세대인 MZ는 정보화 1세대로 컴퓨터를 통해 소통하고 놀며, 2010년 이후에 태어난 알파세대는 제4차 산업혁명 1세대로서 어려서부터 메타버스로 소통하며 놀이를 즐기고 있다. 몇 년이 지나면 이 세대들이 사회로 진출할 것이므로 이들이 마음껏 일할 수 있는 조직 문화와 리더십 전환이 필요하다. 당신이 앞으로 이들과 소통하며 리딩하는 포지션을 당당히 가지려면 반드시 융합지식과 지혜를 갖춰야 할 것이다. 알아내고자 하는 열망과 그것을 이루려는 열정이 있다면 Know Where는 그리 멀지 않은 곳에 있다고 본다. 열심히 일하는 것보다 스마트하게 일을 해야 한다.

독자들은 오늘도 산업 현장에서 쌓인 수많은 문제들을 해결하는 데 여념이 없는 상태이기에 많은 책을 읽을 여유가 없고 따라서 개인 역량을 쌓을 시간이 절대적으로 부족하다. 이를 감안하여 경영 일선에서 적어도 이것만은 꼭 알아야(Must Know) 하는 관점에서 본서를 저술하였다. 전쟁터에 나가려면 적어도 융합지식으로 무장한 다음 출전해야 최종적으로 생존할 수 있다고 본다. Know Where의 하나인 이 책은 여러분 성공의 길잡이가 될 것이다.

본서는 40년간의 현장 경험과 지금까지 읽었던 1,000여 권에 달하는 책의 지식과 지혜가 담겨있는 집약체이다. 예를 들어 구글의 성공방정식인 OKR(Objective and Key Results)은 그 자체를 이해하려면 원작 한 권을 다 읽어야하지만, 이 책은 현장 경험을 바탕으로 명쾌하게 구성한 도표를 사용하여 독자들이 이해하기 쉽도록 만들었다. 이는 그동안 여러 기업체에서 특강을 하고 코칭·컨설팅한 내용의 압축본이라 할 수 있으며 현업에서 적용하기 좋은 참고 도서가 될 것이다.

독자들은 이 책을 통해 필자의 경험을 자신의 것으로 만들 수 있다. 그리고 업무 추진 과정에서 서적이나 세미나, 연수 등을 통해 지식·정보의 깊이를 더해 나간다면 해당 분야에서 리딩 파워를 가지게 되어 치열한 경쟁에서 선두 주자의 기쁨을 누릴 수 있을 것이다. 본서를 읽고 어느 정도 이해했다면 여러분은 이미 7부 능선에 진입하고 있다고 봐도 무방하다. 그렇기 때문에 자신감을 갖고 배틀 필드에 나가도 된다고 생각한다. 이 책은 여러분에게 막강한 무기를 쥐어 줄 것이며 잘 활용한다면 어떠한 난관도 쉽게 헤쳐 나가리라 본다.

※ 액션코칭*은 필자가 만든 것으로 차별점을 두기 위해 *표시를 붙인다.
　자세한 정의에 대해서는 4부 9장을 참조하기 바란다.

본서의
프레임워크

====

본서는 '성공 알고리즘'이 무엇이며, 어떻게 도출하여 실행을 잘 하느냐에 초점을 맞추고 있다. 프레임워크(Framework)란 복잡하게 얽혀 있는 문제를 해결하기 위한 구조로, 독자 여러분(본인, 자사)의 업무 환경에 맞는 성공방정식 Y=ABC를 적절하게 도출하여 실행함으로써 적기에 목표를 달성하게 하는 툴이다. 프레임워크는 다음의 세 가지 단계로 구성되어 있다.

1. 우선 성공 알고리즘을 만들려면 **전략수립, 마케팅전략 수립역량**의 개념을 알고,
2. 다음으로 지속성장을 하기 위해서 **혁신, 성공에 이르는 마인드 셋**이 내면에 자리잡아 지속적으로 정교화·고도화 발전시켜 나가야 하며,
3. 마지막으로 이렇게 해서 만들어진 성공방정식을 실행하여 가시적

인 성과를 창출하려면 조직 구성원의 코칭을 통해 핵심 리더를 양성해야 한다. 그들의 실행역량을 강화한 뒤 조직적·체계적으로 추진하여 목표를 달성한다.

이 책은 Y=ABC를 만들고 실행력을 강화하여 목표를 달성하라는 의미에서 펴냈다. 독자 여러분이 성공방정식을 만든다고 해서 다 끝나는 것이 아니다. 성공방정식은 살아있는 생물이나 마찬가지로 급변하는 경쟁환경에 맞추어 끊임없이 변하기 때문에 여러분이 혁신 마인드를 지닌 채 지속적으로 정교화·고도화시켜 나가야 한다. 이를 위해 다양한 전문지식과 정보를 바탕으로 집필을 하였으며 모두 11장으로 구성되어 있다.

핵심인 성공방정식 Y=ABC를 도출하는 내용을 중심으로 하되 코칭, 실행 등의 사항에 관해서는 최소한 이것만은 꼭 알아야 하는 Must Know 사항들로 간단히 설명하는 선에서 그쳤다. 보다 상세한 내용이 필요하면 개인적으로 전문서적 구입 등을 통해 탐독하기를 바란다.

이 책을
잘 활용하는 방법

━━━━━━━━

시작하기 전에 우선 이 책을 통해 독자가 얻게 될 가치를 증가시켜줄 두 가지 패러다임을 제안하고자 한다.

첫째, 이 책을 그저 한 번만 읽어보고 책꽂이에 꽂아 두는 그런 종류의 책으로 여기지 말라고 권하고 싶다. 당신은 이 책의 전체적인 내용을 파악하기 위하여 한 번에 완전히 독파해 버릴 수도 있다. 그러나 이 책은 지속적인 변화와 성장의 과정에서 동반자가 되도록 설계되어 있으며 읽으면 읽을수록 더욱 탐구하고 싶은 마음이 들도록 기획하였다. 이 책 이외의 참고자료를 통해 더 많은 것을 연구하고 계속 전진한다면 여러분의 수준이 몇 단계 올라갈 수 있을 것이라 생각한다. 본서는 여러분을 성공의 문턱으로 안내하는 지침서가 될 것이다. 안쪽으로 깊이 들어가려면 필요한 부문을 드릴다운(Drill Down)해서 탐색할 것을 강력히 추천한다.

둘째, 이 책을 읽으며 당신의 실력을 학습자 입장에서 리더 코치의 입장으로 전환할 것을 제안한다. 내면에서 외면으로 향하는, 즉 자기가 먼저 이해한 다음 타인을 이해시키는 접근방법을 채택하여 학습한 후 72

시간 내에 그 내용을 다른 사람에게 가르쳐주거나 토의하겠다는 목표를 가지고 읽었으면 한다. 남에게 가르쳐 주거나 현업에 적용하기로 했다면 책에 있는 내용들을 집중해서 보았을 것이다. 지금부터라도 이것을 실행해보라. 시각도 넓어지고 이해도 더욱 확실해지기 때문에 이 내용을 적용하고자 하는 동기도 강해질 것이다.

어떤 일을 시작할 때는 목표가 무엇인지 명확히 알아야 하며, 거기에 도달할 수 있는 요구역량과 로드맵이 무엇인지를 잘 살펴봐야 한다. 독자 여러분이 기업체에서 근무할 때나 자기 사업을 시작할 때 다음과 같은 5가지 기준을 갖추고 일한다면 개인역량 개발과 동시에 목표에 빠르게 이를 것이라 확신한다.

5가지 조건

1. 성공하는 알고리즘인 '성공방정식'을 만들 줄 알아야 한다.
2. '어떻게 목표를 달성할 수 있는가'라는 질문을 바탕으로 목표 달성을 위한 전략수립 역량과 혁신 마인드 그리고 최근 화두인 디지털 트랜스포메이션을 통해 전략의 명확화·구체화를 전개한다.
3. 성공한 사람들의 성공습관을 살펴보며 마음가짐을 가다듬는다.
4. 모든 업무의 기본이 되는 실행역량을 갖춘다.
5. 가시적인 성과(Tangible Performance)를 창출할 수 있는 '마케팅 역량'을 갖춰야 한다. 본인이 직접 마케터가 되거나 아니면 유능한 마케터를 스카우트하여 그들이 일할 수 있는 '성과주의 경영'의 환경 구축과 조직 문화를 만들어 준다.

독자 여러분이 이 책을 완독한 뒤 이를 바탕으로 끊임없는 학습을 하고 실전 경험을 쌓는 노력과 열정을 더한다면 어느 상황이나 위치에서도 슬기롭게 헤쳐 나가 여러분이 바라는 목표에 한층 더 다가갈 수 있을 것이다.

뜻이 있는 곳에 길이 있으며, 노력한 만큼 얻는다.

2022년 12월,
박재욱
버들치 서재에서

차 례

제1부 성공 알고리즘

제2부 **성공 마음가짐**

제3부 **어떻게 성공방정식을 만드는가**

제4부   성공의 요체는 실행력

제5부 요구역량

"
성공은
성공 알고리즘을
따라 했을 때
비로소 얻을 수 있다.
"

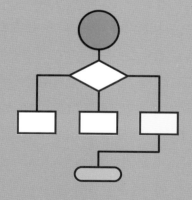

1장

성공방정식

1. 성공 알고리즘 Y=ABC

1만 시간의 법칙이 있다. 무슨 일을 하든 1만 시간만 하면 그 분야의 최고가 될 수 있다는 얘기로 1993년 미국의 심리학자 앤더스 에릭슨(K. Anders Ericsson)이 만든 법칙이다. TV나 틱톡, 유튜브의 Shorts를 보면 신기에 가까운 장인 실력을 보여주는 동영상에 감탄하게 된다. '과연 나도 저렇게 할 수 있을까?'라는 의구심과 함께 심지어는 경외감이 들 정도이다. 1만 시간이라면 하루 3시간씩 꾸준히 10년을 해야 되는 긴 시간이다. 그런데 그 분야의 전문가 되려면 '꼭 1만 시간을 하면 되는가'라는 의문이 든다. 그게 아닐 것이다. 사람에 따라 2~3년 만에 그 경지까지 가는 사람도 있을 것이고 수십 년을 해도 절대 전문가 반열로 못 가는 사람도 있을 것이다.

1만 시간은 상징적인 표현일 뿐이다. 1만 시간을 대충 허송세월로 보낸 사람과 2~3년을 제대로 수련한 사람을 비교하면 과연 누가 더 성장해 있을까? 여기서 중요한 대목이 있다. 앤더슨의 1만 시간은 전제 조건이 있다. 'Deliberate Practice'라는 단어인데 이를 번역한다면 의도적 수련 또는 단련이라 할 수 있다. 그러면 '의도적 수련'이란 어떤 것일까? 전문가가 되기 위한 목표 역량이 100이고 현재 나의 역량이 60이라 할 때 부족한 40을 어떻게 채워나가느냐에 그 여부가 달려있다. 역량을 쌓기 위해서는 별도로 학습하거나 전문가의 코칭, 멘토링이 필요하다. 이를 기반으로 여러 가지 PDCA 루프(시도-평가-부족한 부문 보강-재시도)를 무한 반복하며 단련해 나가는 과정이 의도적 단련이라 할 수 있다.

세상이 아날로그에서 디지털 시대로 들어서면서부터는 알고리즘이라는 컴퓨터 용어가 대두되기 시작했다. 알고리즘(Algorithm)은 주어진 문제를 논리적으로 해결하기 위해 필요한 절차, 방법, 명령어들을 모아 놓은 것이다. 넓게는 사람 손으로 해결하는 것, 컴퓨터로 해결하는 것, 수학적인 것, 비수학적인 것을 모두 포함한다.

알고리즘은 어떻게 구성하느냐에 따라 같은 문제를 풀더라도 오래 걸릴 수도 있고, 오류가 생길 수도 있으므로 효율적이고 명확하게 만드는 것이 중요하다. 예를 들면 네이버의 키워드 검색 결과에서 당사 제품이 상위 순위에 노출되게 하려면 검색 알고리즘을 반드시 알아야만 한다. 다시 말하면 무슨 일이든지 목표를 달성하려면 거기에 도달할 수 있는 '알고리즘'을 터득해야 시행착오를 줄이고 빠르게 이룰 수 있다는 것이다. 즉 "매출공식도 이해하지 못한 채 사업을 시작하지 마라."고 강조하고 싶다.

필자는 앞으로 이것을 **성공방정식 Y=ABC**라 칭하겠다.

비즈니스에서는 목표 달성을 위한 다양한 솔루션이 이미 많이 개발되어 광범위하게 적용되고 있다. 성공방정식은 필자가 1988년 삼성전자 C&C(컴퓨터·커뮤니케이션-정보통신) 마케팅 총괄 임원일 때 만들었던 것으로 재임하는 동안 많은 성공 사례를 만들어 냈으며, 이를 인정받아 93년도 고(故) 이건희 회장의 삼성 신경영 선언 시 삼성전자 최초의 전사 상품기획·디자인 총괄 임원으로 선임되었다. 이후 수백 명이 넘는 마케터와 디자이너들을 양성하여 오늘날 삼성전자 마케팅·상품기획·디자인의 성공신화를 만드는 데 앞장 서 왔다고 자부하고 있다. 그리고 2014년까지 기업체에서 이를 적용하여 성공방정식을 지속적으로 발전시켰고 퇴임 후에도 컨설턴트·코치로 활동하면서 성공방정식을 체계화·정교화하는 데 많은 심혈을 기울였다.

고(故) 이건희 회장이 자주 강조했던 것 중 '업의 본질'에 입각하여 일을 추진해야 한다면서 "호텔은 객실사업이 아니고 연회사업"이라고 말했다는 유명한 일화가 있다. 업의 본질이란 고객에게 우리 기술과 제품을 사야 할 이유를 제공하는 것으로 정의하는데, 이를 현실에 적용하여 쉽게 표현한 것이다. 이를 성공방정식에 대입하면 매출 Y는 A(호텔 방문 고객 수)×B(뷔페, 레스토랑 매출)×C(연회 유치 횟수: 결혼식 등 연회장 대여)로 표현할 수 있다. 즉 호텔 경영은 호텔 방문 고객 수에 비례하고 연회 등 레스토랑을 사용하는 고객 수를 늘리는데 주력해야 한다. 객실 예약률이 아니라는 뜻이다. 고객이 들어와 잠만 자는 호텔이 되어서는 미래가 없다고 본 것이다.

그러면 Y=ABC에 대해 살펴보자.

성공방정식 Y=ABC에서 Y는 프로젝트의 목표이며, ABC는 목표 Y를 달성하기 위한 핵심 성공요인이다. ABC는 그냥 만들어지는 것이 아니다. 그 분야의 많은 성공 사례를 분석해서 공통 성공요인 DNA을 도출하여 정리한 것으로 이는 다른 기업의 벤치마킹 대상이 되고, 다른 기업은 여기에 새로운 차별화 성공요소를 추가하여 또 다른 성공 사례를 재창출시키는 무한 반복 사이클로 회전된다. 예를 들면 닐 퍼킨(Neil Perkin)은 『디지털전환 시대의 애자일 경영』에서 디지털 네이티브 기업의 공통 성공요인 Y는 'A(속도), B(포커스), C(유연성)' 세 가지라고 정의했다.

- 속도

  지속적 학습이 일반화된 조직 문화, 민첩하고 가볍고 지속적 테스트와 배포를 포함하는 애자일 프로세스의 광범위한 채택과 적용을 통해 진행속도를 향상한다. 철저한 고객 중심의 혁신 프로세스와 결합하여 아이디어의 신속한 제출, 평가 및 상용화가 이뤄진다.

- 포커스

  강력한 실행력과 민첩하면서도 변화에 유연한 전략수립을 통해 조직의 추진력을 구축하고, 외부 변화에 민감하되 명확한 기업비전과 목적에 맞도록 포커스를 맞춘다.

- 유연성

  민첩한 구조와 소규모 팀을 통해 빠르게 이동하는 문화, 빠른 의사결정과 거버넌스 체계의 발전, 생산적·협력적 환경, 자율과 전문성에 특화된 능력 있고 매력적인 문화 각각은 민첩해지기 위한 필수요소다. 속도가 없다면 추진력이 결여되고, 포커스가 없으면 방향성과 지배력이 부족하며, 유연성이 없으면 성공에 필요한 대응력이

미흡하다. 디지털로 전환하려는 기업은 위의 내용을 숙지해야 할 것이다.

알고리즘은 데이터를 바탕으로 학습하며 성장한다. 따라서 매력적인 데이터를 발굴하고 개발하는 역량을 바탕으로 비즈니스 가치를 창출해 나가야 한다. 알고리즘은 일을 다룰 줄 아는 사람에게 매우 효과적인 기회를 부여한다. 알고리즘 시대에는 대개 기술을 기반으로 프로세스의 자동화 및 상품과 서비스의 효율화가 이루어진다.

핵심 성공요인 ABC가 당초 계획대로 실행되면 반드시 목표하는 Y가 나왔을 때 Y=ABC 등식이 성립한다. 만약 ABC를 실행했는데 목표한 Y가 나오지 않는다면 그 원인은 다음 세 가지 중 하나일 것이다.

1. 성공방정식 Y=ABC 등식이 잘못 설정됨 → 성공방정식의 재설정
2. 목표 Y가 잘못 설정됨 → 달성 가능 목표로 수정
3. A, B, C의 실행이 당초 계획대로 되어 있지 않음 → 실행력 부족

여기서 ABC는 합(合)이 아니라 승(乘)의 개념으로 상호작용하는 요소로서 영향을 미친다. 상기 세 가지를 감안해 부족한 부분을 보강하여 지속적으로 추진하되 도중에 포기만 하지 않는다면 결국은 성공에 이르게 된다. 그러면 상기 성공방정식을 "그냥 따라하면 나도 성공할 수 있는가." 하는 의구심이 드는데 물론 아니다. 한 가지 확실한 점은, 상기 성공방정식은 여러분을 7부 능선까지는 그리 어렵지 않게 인도해 준다는 점이다. 목표 지점인 10부 능선으로 가기 위해서는 나만의 차별화 방안(제

품, 경로, 판촉 등 선택과 집중)이 반드시 있어야 한다.

만약 성공방정식 Y=ABC를 잘 모르고 추진한다면 여러 시행착오를 거치는 과정에서 많은 시간과 자금이 소요될 뿐만 아니라 조직이 패배의 식에 빠져들어 결국 경쟁에서 낙오되기 십상이다. 성공방정식 Y=ABC 는 외견상으로 볼 때는 하드웨어로 보이지만 안으로 들어가면 소프트웨어 영역이기 때문에 깊이 파고 들어가야만 완성도를 높일 수 있다. 7부 능선까지는 의지만 있다면 하드웨어만으로도 쉽게 따라할 수 있겠지만 8부 능선 이상으로 가려면 소프트웨어 없이는 불가능하다. 예를 들면 인적역량, 성과중심 경영, 협업하는 조직 문화, 혁신 도전의 기업 문화, 리더 코치의 육성 및 디지털 전환을 위한 IT시스템 등의 성장 동력이 받쳐 주어야 한다.

성공방정식하면 빠지지 않고 등장하는 것이 한국의 K-pop, 양궁, 쇼트트랙이다. K-pop의 성공요인은 다음의 네 가지로 정의할 수 있다.

1. Overall Attraction(종합적인 매력도): 노래, 외모, 칼군무, 연기, 패션
2. Localization(현지화)
3. SNS의 전략적 활용(BTS의 팬덤)
4. Training System(서바이벌 오디션 등을 통한 선발과 체계적인 훈련)

이렇게 해서 성공한 BTS, 블랙핑크, 트와이스를 비롯해 많은 K-pop 스타가 현재 전 세계 팬들을 열광시키고 있다. 각국의 팬덤은 이들의 노래를 배우기 위해 한글을 공부하는 등 한류 선풍으로 이어지고 마침내 한국어가 UN의 공식 언어로 선정되는 쾌거를 이루었다. 또한 K-전략의

성공 요인을 ABCD로도 설명한다.

☞ Agility(기민), BM(벤치마킹), Convergence(융합), Dedication(전념)

일본과 중국은 K-pop의 전 세계적인 성공을 보고 자기네들도 할 수 있다고 생각하면서 이를 벤치마킹하여 따라 하기 시작하였다. 하지만 차별화하지 않고 그냥 따라 해서는 결코 한국을 쉽게 따라 잡을 수 없다고 생각한다. 하드웨어는 어느 정도 가능할 수 있겠지만 소프트웨어까지 따라잡기에는 많은 시간이 소요될 것이다.

또 한국 양궁이 세계 최강인 이유는 국가대표의 공정한 선발, 대한양궁 협회의 적극적인 지원, 심리 기술훈련, 선수의 기량 등이 이루어져 만들었다고 본다. 양궁 여자단체전은 1988년 첫 대회부터 한 번도 놓치지 않고 9연패의 전무후무한 기록을 달성해서 전 세계의 부러움을 사고 있다. 한국에서 국가대표로 뽑힌다면 이는 곧 금메달이라는 등식이 성립되기 때문에 올림픽 개최 2~3년 전부터 치열한 경쟁을 벌인다고 한다. 이처럼 어쩌다가 운 좋게 잘하는 게 아니라 늘 잘 할 수 있는 시스템(Sustainable Growth System)을 갖추는 것이 무엇보다 중요하다.

다른 국가에서 우리의 K-pop이나 양궁을 따라 잡으려면 이와 같은 성공요인을 벤치마킹하거나 한국인 코치를 영입하면 된다고 하지만 그리 쉽지는 않을 것이다. 물적자원과 인적자원의 투자가 받쳐줘야 하는데 특히 인적자원 투자에는 상당히 많은 시간이 필요하기 때문이다.

성공은 누구나 할 수 있는 것이다. 성공하는 사람들이 어떤 목표를 세우고 일을 할 때는 일정한 패턴이 있다. K-pop, 양궁, 쇼트트랙은 물론 기업을 비롯한 모든 조직, 자영업자나 학생 등 누구냐에 관계없이 이 패턴을 따른다. 바로 PDCA(계획-실행-점검-개선) 사이클의 무한 반복이다. 누구나 처음에는 30~40%에서 시작한다. 그러나 시행착오를 거듭하면서 60~70%가 되는데, 도중에 포기하지 않고 목표 달성에 도전할 불퇴전의 용기를 가지고 거의 불가능에 가까운 목표를 설정하여 전력을 다한다면 결국은 여러분의 목표인 정상에 다다를 것이라 확신한다.

성공의 신화는 2022년 LPGA 여자골프 세계 1위 고진영과 새로운 역사를 쓰고 있는 남자골프 김시우, 임성재, 이경훈, 김주형의 PGA 제패, 피겨 스케이팅의 김연아, 축구의 손흥민, 글로벌 기업인 삼성, LG, 현대, SK, 한국 방산(한국 차세대 전투기 KF21, K2 흑표탱크, 자주포 K-9A2, 미사일 등), 원전, 무선통신 5G, 휴대폰 갤럭시, 전 세계 LNG 수주 1위, 해수담수화 분야 세계 1위 등등 무수히 많다. 이들은 모두 한국인의 '빨리 빨리'와 어우러진 끈질기고 과감한 근성을 잘 보여주고 있다. 실패를 무릅쓰고 미지의 세계를 향해 부딪쳐보는 용기 그리고 자식에 대한 교육투자의 무한한 열정. 그것이 오늘날의 대한민국을 만든 것이다.

"Why not us?" 우리(나)라고 못 할 것 있나? 성공방정식은 성공에 이르는 알고리즘이다. 여러분도 한번 도전해보지 않겠습니까?

2. 성공방정식은 어떻게 만드는가?

업계를 리드하고 있는 성공한 기업들은 나름대로의 독특한 성공방정식을 가지고 있고 계속 고도화·정교화 해나가면서 수요를 창출하고 있다. 성공방정식은 분야별로 다르며, 구체적인 작성 방법에 관해서는 다음 장에서 상세하게 설명하겠다. 여기에서는 단계별로 간단히 설명하려 한다.

비전의 전략목표 달성을 위한 전략수립은 기본적으로는 전략체계도(Strategy Map)나 필립 코틀러(Philip Kotler)의 'Marketing Principal'이나 잭 웰치의 사업전략수립 프로세스, 경쟁사와의 갭 캐치 업으로 수립할 수 있다. 여기에 업계에서 널리 공유되고 있는 성공 사례(Best Practice)를 벤치마킹하여 이에 차별화를 기해 자사만의 Y=ABC를 만든다.

☞ 성공적인 전략을 만들려면 이에 걸맞는 역량이 필요한 것은 당연하다. 이 부문에 대해서도 〈제5부 요구역량〉에서 보다 상세히 설명하도록 하겠다.

이렇게 만들어진 전략은 전사적으로는 메가(Mega) KPI로서 이를 달성하기 위해서는 이와 정렬된 사업부, 부문별, 팀별, 단위 프로젝트별 KPI Tree로 하향전개를 하며 다음 단계는 집요한 실행력이 필요하다.

- Y=ABC에 정렬(Align)된 전략의 하향전개
- 인재 풀과 R&R(Role & Responsibility, 역할과 책임)
- 전략을 뒷받침해줄 인프라와 리소스
- CEO(사장, 사업부장, 팀장) 리더십

☞ KPI(Key Performance Indicator): 핵심성과지표

마지막으로는 모니터링 및 피드백으로 실행결과를 평가하고 문제점이 있는 사항을 조사-분석-대응방안 수립-피드백 한다. 이때 간과해서는 안 되는 사항이 실행 부서의 자율과 책임경영의 문화가 마련되어야 한다는 점이다. 이렇게 만들어진 성공방정식 Y=ABC가 있으면 그 다음에는 Y=ABC의 핵심 성공요인 KPI를 실행해 보고, 목표 Y가 계획대로 안 나오면 그 원인을 분석하여 다시 가정을 수립하고 실행하는 등 많은

시행착오를 통해 지속적으로 만들어 나간다. 본격적인 성공방정식은 목표 Y를 달성하기 위한 전략의 방향을 제시해주고, 차질 시 무엇이 문제인지를 적시해주며, 효과적인 대응방안을 조직적으로 체계적으로 만들 수 있게 해준다.

Y=ABC는 전략 학습의 과정이다. 인사이트를 통해 훈련하고 이를 계속하면 습관이 되며 이것이 바로 인적역량·조직역량으로 시프트(Shift)되어 기업체의 아주 중요한 자산이 된다. 경쟁 환경은 오늘도 계속 변화하고 있다. 따라서 전략도 계속 바꾸어야 한다. 더욱이 기업체에 있어서는 "이제 할 만큼 다 했다."라는 말은 애당초 없다. 미국의 구글, 페이스북, 넷플릭스, 아마존, 애플 등 세계시장을 주도하고 있는 플랫폼 기업들은 그로스 해킹팀을 별도로 조직해 성공방정식을 지속적으로 고도화·정교화하여 매출을 극대화하는 노력을 최우선 과제로 삼는다.

☞ 참조: 11장 4. PDCA 무한 반복 Fly wheel을 돌려라

미국 S&P 500의 대기업 CEO는 매출성장을 위해 과정 KPI를 무엇으로 할 것인가 생각해내는 데 몰두한다. 왜냐하면 KPI는 조직 구성원을 한 방향으로 행동하게끔 만들기 때문이다. 예를 들면 보험사들이 신규 고객 유치보다 고객유지율 향상과 교차 세일 및 업세일(Up-sale)에 방점을 찍는다면 조직 구성원의 영업 방식은 그쪽으로 향할 것이다.

3. 온라인 매출방정식

온라인 쇼핑몰 성장의 지렛대-성공방정식

온라인 매출방정식=모객×구매전환율×구매단가×구매빈도

- 자사 온라인 쇼핑몰로 고객을 유치해야 하며, 고객의 니즈·원츠를 파악하여 원하는 상품 라인업을 적시에 갖춘다.
- 유치된 고객이 구매하도록 마케팅 활동 강화를 유도한다.
- 다양한 매력적인 상품 라인업과 판촉으로 구매 객단가를 높인다.
- 연간 구매빈도를 높이도록 1:1 타깃 마케팅한다.

☞ 참조: 11장 1. 마켓 4.0-5A 새로운 고객경로 따라잡기, 6. 차별화된 큐레이션 서비스

페이스북

입소문=페이로드×전환율×빈도

초창기에는 신규사용자가 10일 이내에 7명의 친구를 추가하는 데 두었다. 페이스북 초기에는 단 하나의 KPI 목표를 설정하였다.

☞ 페이로드는 각 사용자가 한 번에 홍보수단을 보낼 가능성이 있는 사람의 수다. 초대의 전환율이며, 초대에 노출되는 빈도다.

이베이

총 매출량=아이템 등록한 판매자 수×등록된 아이템 수×구매자의 수×성공적인 거래의 수

우버

웹 방문자 수, 페이지 뷰, 되돌아온 사용자 수, 신규가입자 수, 웹사이트에서 보낸 시간 등 얼마나 많은 사용자가 친구 초대를 보냈는지, 사이트를 얼마나 자주 방문하는지, 얼마나 많은 글을 포스팅하고 댓글을 달았는지, 사이트에서 얼마나 많은 시간을 보내는지가 중요 지표(KPI)가 될 것이다.

모건이 경영하는 인맨 뉴스(Inman News)

구독자 매출성장=웹사이트 트래픽×이메일 전환율×활성 사용자 비율×유료 구독으로의 전환율+다시 찾은 구독자

방문고객 활성화와 고객이 떠나지 않도록 하는 일은 마케터가 다루지 않는다. 드롭박스가 구매행태 분석 데이터와 설문조사를 한 결과 기존 고객을 최대한 활용하는 쪽에 성장전략이 있으며, 사용자들이 공유하는 아이템의 양+뉴스 피드를 훑어보는데 쓰는 시간은 광고주가 늘고 그들을 통해 많은 수익을 올리는데 결정적인 역할을 한다는 것을 알았다.

Y=ABC 활용 사례

임의의 수치를 대입한 다음의 매출방정식을 통해 상세히 설명을 하면, 현재매출 AS-IS는 A×B×C×D 승(乘)의 개념이므로, 100만 명 ×33%×10만 원×3회로 1,000억 원이 된다.

	Y 매출	A 모객	B 구매전환율	C 구매객단가	D 구매빈도/년
AS-IS	1,000억 원	100만 명	33%	10만 원	3회
TO-BE	2,000억 원	119만 명	35%	12만 원	4회

예를 들어 현재 매출의 2배를 성장하려면(TO-BE) 핵심 성공요인 KPI 인 ABCD를 다음과 같이 시뮬레이션하여 목표 달성을 추진할 수 있다.

- 고객유치(募客)를 100만 명에서 19% 증가한 119만 명으로,
- 구매전환율을 33%에서 2%로 올려서 35%로,
- 고객 1회당 구매 객단가는 현 10만 원에서 12만 원으로,
- 구매빈도는 연 3회에서 4회로 올린다.

물론 상기 KPI 목표를 달성하기 위한 하위전략은 조직적으로 만들어 추진되어야 한다. 상기와 같이 된다면 TO-BE 매출은 119만 명×35%× 12만 원×4회=2,000억 원이 된다.

차질이 생기더라도 구체적으로 어디에서 얼마만큼 났는지 잘 모르면 만회대책 수립도 막연해진다. 그러나 성공방정식을 안다면 차질이 발생한 부분과 규모를 정확히 파악할 수 있다. 결산 시점(월, 분기, 반기, 년)에 가서 실적을 분석할 때는 다음과 같은 양식에 의거, 핵심 성공요인 KPI 목표별 차질요인을 분석하여 구체적이고 전략적으로 추진할 수 있다.

다음의 시뮬레이션에서 연말 실적이 1,832억 원으로 당초계획 2,000 억 원 대비 168억 원의 차질이 났다. 차질요인을 KPI별로 분석해보면 모

객 목표가 119만 명인데 9만 명 부족했으며, 구매전환율이 34%로 종전 33%보다는 1% 개선되었지만 목표보다는 1% 저조함을 알 수 있다. 구매객단가에서는 목표 12만 원보다는 2만 원 상승한 좋은 실적을 보였으며, 구매빈도는 연 3.5회로 목표보다는 0.5회 저조했음을 알 수 있다.

KPI	Y 매출	A 모객	B 구매전환율	C 구매객단가	D 구매빈도/년
AS-IS	1,000억 원	100만 명	33%	10만 원	3회
TO-BE	2,000억 원	119만 명	35%	12만 원	4회
실적	1,832억 원	110억 원	34%	14만 원	3.5회
차질	-168억 원	-9억 원	-1%	+2만 원	-0.5회
차질 요인	(예시)	• 경쟁사 • CTR저조	• 프로모션 • 예산부족	• 1+1행사 • 전략상품	• 타깃팅 • 프리미엄

매출방정식을 알아두면 차질 시 어느 KPI에서 어떻게 만회할 것인가를 알 수 있고 다양한 시뮬레이션을 통해 적합한 전략을 추진할 수 있다. 예를 들어 만회전략을 수립할 때는 자사의 제반 리소스를 감안하여 ABCD 중 하나를 선택 믹스하여 추진하면 된다.

- 모객이나 구매전환율을 올리는 것은 당장 힘드니, 최근 인기상품 도입 및 판촉 강화로 객단가를 14만 원 → 16만 원으로 증가시킨다 (매출 기대효과-2,094억 원).
- MA(Marketing Automation)를 도입하여 모객을 현 110만 명 → 130만 명으로 한다(2,165억 원).

- 모객보다는 유치된 고객의 구매전환율을 34% → 36%로 제고한다 (1,940억 원).
- 매출을 10%만 올리고 싶다면 상기 핵심 성공요인 ABCD 중 어느 하나만 10% 향상하면 전체 매출이 10% 오르게 된다.

이렇게 하면 조직이 어떤 방향으로 가야 할지 명확해지므로 전사 역량을 이에 집중 투입한다면 목표 달성에 그리 어렵지 않게 다가갈 수 있다. 차질 시 구체적인 대책보다는 "한번 열심히 해서 꼭 달성해보겠다."는 선언적 표현에 그치는 것을 코칭 현장에서 많이 봐왔다. 성공방정식을 아느냐 모르냐는 이렇게 엄청난 차이가 있다.

(1) 아마존의 매출 성장 공식

멤버십고객 유치×프리미엄고객 전환×세트 구매유도×구매빈도 증가

아마존 CEO인 제프 베조스(Jeff Bezos)는 매출(성공)방정식의 핵심 KPI를 중심으로 삼아 업무를 아주 집요하게 추진한다. 그는 어떻게 아마존을 전 세계 1위의 쇼핑몰로 키워야 할지 일찍이 간파하고 1994년 창업했다. 상기의 매출방정식을 보면 아마존의 마케팅 전략을 쉽게 파악할 수 있다.

- 일단 전 세계적으로 아마존 쇼핑몰에 멤버십 고객으로 가입하게 한다(모객).
- 그 다음에는 모객 된 멤버십 고객을 프리미엄 고객으로 전환시키는 데 주력한다.

☞ 멤버십에 가입하면 연 119달러로 이틀 내 배송, 뮤직 스트리밍 등 서비스를 제공한다.

- 고객들이 단품 구매에 그치지 않고 세트 구매를 하도록 권유한다.

☞ 세트 구매는 배송 효율 제고분만 아니라 고객구매 경험을 통해 충성고객으로 만든다.

- 가입한 고객을 Lock-in하고 구매빈도를 증가시켜 충성고객으로 만든다.

아마존의 매출은 상기의 성공방정식 Y=ABCD에 의해 간단히 산출될 수 있다. 제프 베조스는 어디를 움직이면 지속적인 매출신장이 될 것인지 이미 잘 알고 있고 온라인 쇼핑의 미래를 전망하면서 관련 업계를 리드하고 있다. 특히 4차 산업에 발 빠른 대응으로 아마존이 무한경쟁에 불을 지폈고 쇼핑 업계가 이에 맞서기 위해 차별화된 전략을 모색하며 전전긍긍하고 있다. 아마존은 성공방정식을 보다 더 정교화·고도화하기 위한 전략으로 아래와 같이 실행하였다.

- 소비자의 불변의 가치(선택의 범위, 낮은 가격, 빠른 배송)에 초점을 두고 비즈니스 모델 구축과 동시에 지속적으로 파괴적인 혁신을 드라이브
- 온라인에서 오프라인으로의 진출 확대(O2O)를 통합하여 이니셔티브 장악
- 0.1 퍼스널리제이션 마케팅(데이터 기반 MA-마케팅 오토메이션 적극 도입)으로 고객만족도 제고

핵심 성공요인인 ABC가 제대로 실행되고 그 결과 목표 Y가 달성 된다면 상기의 Y=ABCD(멤버십고객 유치×프리미엄고객 전환×세트구매유도×

구매빈도 증가) 등식은 성립된다고 할 수 있다. 각각의 성공요소는 상호 상관계수인 동시에 독립변수가 되며 Y는 종속변수가 되므로 합(合)의 개념이 아닌 승(乘)의 개념이 된다.

그러나 시장수요, 고객 니즈·원츠와 경쟁 환경은 계속 바뀌기 때문에 성공방정식은 계속 진화한다. 새롭게 정교화·고도화된 성공방정식은 다음과 같다.

> ## SKU×제품 Page당 트래픽×구매전환×객단가×반복구매

목표 Y가 달성된 후 그 다음의 목표가 신규로 정해졌다면 핵심 성공요인 ABCD도 자동적으로 바꿔야 하며, 또한 더 높은 목표로 설정된다면 ABCD도 고도화 되어야 한다.

☞ SKU(Stock Keeping Unit): 판매자가 취급하는 상품 수

또 하나의 예를 들어보자. 식료품 체인회사가 앱을 통해 10만 명의 고객을 유치했음에도 실적이 부진하다면 어떻게 해야 하는가? 우선 이 회사의 성공방정식을 들여다봐야 한다. 이 회사의 성공방정식은 다음과 같이 정의할 수 있다.

> ## 앱 설치 횟수×AU×구매자수×평균 발주량×반복구매율

여기서 검토해야 할 점은 다음과 같다.

• 고객 세분화를 통해 우수고객이 각 단계별로 어떤 행동을 하는가?

- 우수고객의 특징은 무엇인가?
- 앱 설치한 고객이 구매를 하지 않는 이유가 무엇인가?

구매데이터를 분석하고 개선 아이디어를 도출하여 지속적으로 실험(Plan-Do-Check-Act)을 진행한다면 최적의 솔루션을 찾아낼 수 있다. 따라서 모든 Y는 ABC의 실행결과에 인과관계(Causality)가 있으므로 이를 잘 분석하고 문제점을 도출하여 대응책 수립으로 목표에 다가갈 수 있다.

(2) 아마존 변신의 비밀은 플랫폼

1994년 온라인 서점이 출발하고 7년이 지난 2001.4Q에서야 흑자로 전환된 아마존은 온라인 쇼핑 분야에서 새로운 지평을 연 선구자다. 아마존은 매년 매출의 5%를 인프라 투자로 지속했다.

아마존의 사업전략은 자사 쇼핑몰에 고객을 유치해 고객경험(CX)을 하게 만들고 계속 쇼핑몰에 붙들어 놓기 위해 구매편의와 더불어 지속적으로 다양한 상품과 혜택을 부여하는 것이다.

☞ 인프라 투자: 쇼핑몰 고도화(추천서비스-원클릭결제서비스)+데이터센터+물류센터
　CX: Customer Experience, 고객경험

- What 무엇을 팔 것인가?
  온라인에서 원하는 것은 무엇이든 제공하는 기업
  로고에 a→z로 표시 **amazon**.com

- Who 누구에게 팔 것인가?
  아마존 Web SVC, Web Store, 아마존 결제 물류 인프라를 빌려주는 Sell on Amazon

- How 어떻게 팔 것인가?

"지구상에서 가장 고객을 중요시하는 기업이 되자." 고객중심의 경영 지향, 장기적으로 변하지 않을 가치(다양한 선택+낮은 가격+빠른 배송)에 포커싱

아마존 온라인 쇼핑 검색사이트의 특징은 가장 많은 상품을 판매하고 상품의 상세한 설명(스펙 비교, 동영상)과 함께 구매사용 고객의 후기를 달아 놓아 구매편의를 제공한다는 점이다. 2019년 말 기준 아마존은 월마트보다 15배 많은 450만 개 아이템 수 SKU를 판매했으며, 아마존의 제품을 본 고객의 90%는 아마존의 자체 검색을 통해서 리뷰를 확인한다.

제품 검색 시장에서는 이미 아마존이 포털 서비스인 구글을 넘어섰다. 고객 리뷰가 아마존을 상품 검색 포털로 만든 것이다. 아마존의 절대적인 힘은 판매하는 모든 제품에 대한 고객들의 꼼꼼하고 진정성 있는 후기에서 나온다. 아마존은 개별 상품을 구매한 고객들이 상품 및 실사용 이미지 등 리뷰를 꼼꼼히 작성할 수 있도록 체계를 만들어 놓는 데 엄청난 공을 들였다.

(3) 구글의 성공방정식

구글은 창업 초기 성공을 위해 아주 심플한 방정식을 만들었다.

'검색횟수×단가' 이를 다시 표현하면 매출=(사람 수×1인당 평균 검색횟수)×단가이다. 매출을 지속적으로 올리려면 되도록 많은 사람이 구글 검색엔진을 사용해야한다. 많은 사람이 이용하게 하려면 사용자의 감춰진 '원츠'를 발견해야 하는데 구글은 바로 여기에 포커싱했다. IT기업에

게는 소비자의 '잠재된 원츠'를 제대로 파악하는 것이 중요하다. 그동안 애플과 구글만 이 문제에 진지하게 몰두해왔을 뿐 다른 대부분의 기업은 '현재의 니즈'만 좇고 있다. 구글은 외부 전문가에 자문을 구하지 않는 것으로 유명하다. 왜냐하면 조직 구성원 스스로가 개발자이면서 사용자이기 때문에 자신에게 물어보는 것이다. 어떤 일을 하든 누구나 곧 소비자이기 때문에 이러한 방식은 스스로 감춰진 원츠를 찾을 수 있고, 또한 이것이 가장 쉬운 지름길이 될 수 있다.

구글의 기본 이념은 '사용자에게 초점을 맞추면 나머지는 저절로 따라온다'이다. 중국 전국시대 법치의 대가 한비자는 최소의 비용만으로 최대의 효과를 얻기 위해서는 핵심을 잘 파악하여 그 일의 요체를 알아야 한다고 했는데 그 대목과 일치한다고 할 수 있다.

구글 성공전략의 기본 방향은 과거에 '어떻게 성공할 수 있었는지' 분석하고 거기에서 새로운 아이디어를 추출하는 것이다. 크지 않더라도 작은 성공을 많이 하는 것이 중요하다. 커다란 성공은 작은 성공을 연이어 만들고 쌓아감으로써 도달할 수 있기 때문이다. 구글은 영속적인 성장을 목표로 한다. 이는 도요타의 혁신철학인 카이젠(Kaizen)과 일맥상통한다. 시장은 '찾는' 것이 아니라 '창조하는' 것이다. 구글은 안드로이드를 무상 제공함으로써 구글 검색의 잠재 고객 시장을 만들어냈다. 구글 입장에서 시장이란 발견하는 것도 타사에서 빼앗는 것도 아닌 스스로 만드는 것이다.

비즈니스를 전개하는 데 있어 "이렇게 하니 잘 되더라."라는 경험에서 추출한 일종의 교훈을 '잘 하기 위한 비결'로 승화시켜라. 그런 다음 이를 명문화하여 가치로 내걸고 조직 구성원을 직접 참여하게 함으로써 성공에 대한 긍정적인 믿음이 진정으로 생길 때 불가능해 보이는 결단력과 업무 방식도 가능해지는 것이다.

(4) 구글의 OKR

OKR(Objective and Key Results)은 원래 인텔에서 시작되어 2001년 구글을 거쳐 실리콘 밸리 전체로 확대된 성과 관리 기법으로 조직적 차원에서 목표(Objective)를 설정하고, 결과를 추적할 수 있도록 해주는 목표설정 프레임워크이다. 구글은 이를 발전시켜 3·3·3 원칙을 개발했다. 3개월 마다 팀과 개인 단위로 목표 3개와 핵심결과 3개를 정하고 성과를 평가하는 방식이다. 아울러 OKR의 목표를 높게 잡도록 목표 달성 여부가 인사 고과나 성과급 등 직원 보상과는 분리되도록 해서 목표에 미달하더라도 불이익을 받지 않아 직원들이 도전적인 목표를 설정할 수 있게끔 했다. 미국의 플랫폼기업인 구글, 아마존, 트위터, 우버, 마이크로소프트, 링크드인 등 많은 기업에서 이를 도입하고 있다.

실행에 있어서는,
- 철저하고 집요하게
- 일을 완수하기 위한 달성전략이 있어야 하며
- 중요한 것에 최대한 시간을 할애하고
- 실패(Y≠ABC)의 근본원인에 후속조치(재시도)를 반드시 하며
- 가장 빠르게 변화에 대응하는 자가 승리한다.
  ☞ 의사결정단계 OODA모델

혁신에 있어서는,

- 70:20:10(70%-주력사업, 20%-신규프로젝트, 10%-본인이 하고 싶은 것에 투자)
- Smart & Creative한 인재영입과 수평조직으로 운영하라.
- 7의 법칙(하나의 Idea에 7명 참여가 효율이 높다)
- Think big(10배 크게 생각하라)
- 데이터로 말해라(하급사원이라 해도 데이터로 CEO에게 건의할 수 있다).
- 사용자 중심(모든 개발은 처음부터 철저하게 사용자 중심으로 한다)
- Ship & Iterate(일단 내어 놓은 다음에 개선한다는 애자일 경영-βeta)

OKR은 조직의 목표와 그 결과를 정의하고 추적하기 위한 목표설정 프레임워크이다. OKR은 목표에 집중하고 팀 성과를 높이는 방법으로 기존 MBO방식의 결점을 보완한다.

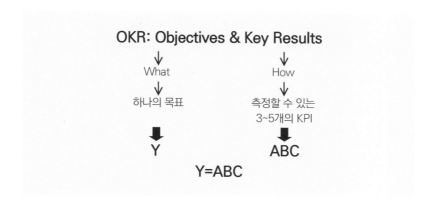

MBO는 연 단위의 톱다운 방식(Top Down System)으로 목표설정 운영하는 반면 OKR은 3개월 단위의 보텀업 방식(Bottom Up System)으로 운영된다. MBO는 목표 달성을 기본전제로 하며 OKR은 도전적인 자세로 목표를 갖는 것을 중요하게 생각한다(실패해도 불이익이 없다). 필자는 OKR을 Y=ABC 성공방정식과 동일하다고 본다. Y는 프로젝트 목표이고 ABC는 핵심 동인으로 Key Results와 동일 개념이며 OKR은 Y=ABC로도 치환할 수 있다.

OODA모델은 의사결정 모델로서 다음과 같다.
- Observation(관찰)-데이터와 정보 수집을 통해 관찰
- Orientation(방향)-분해하고 다시 통합 분석해 방향을 설정
- Decision(결정)-수립된 방향에 따라 행동방침과 수행할 조치를 결정
- Action(조치)-결정된 방침에 따라 수행한 활동과 결과

(5) 제조업 성공방정식=상품력×유통경로력×판촉력

제조업의 성공방정식은 비교적 간단하다. 성공방정식 Y=ABC는 상품력×유통력×판촉력의 3가지 핵심요소를 갖추고 있어야 한다. 4차 산업혁명의 도래로 벤처기업의 경우 일정 기간 동안은 차별화 우위의 상품력만 갖고 있어도 된다. 이럴 경우에는 상품력이 전략이며 유통, 판촉은 전술이다. 전략의 미스는 전술로 커버되지 않는다.

몇 년 전부터 온라인 쇼핑 비율이 급증함에 따라 상품력만 있다면 유통력은 오픈마켓 입점 등을 통해 가능하고, 판촉력은 SNS를 통해 입소문(Word Of Mouse)으로도 얼마든지 대체가 가능하기 때문에 벤처기업

이 쉽게 시장에 진출할 수 있었다. 국내 마사지기인 클럭, 마약 베개 등이 이런 방식으로 히트모델이 되었다. 그렇다면 문제는 어떻게 유니크한 상품을 만들 수 있느냐다. 즉 유니크한 상품 콘셉트와 가격 경쟁력 있는 양질의 상품을 만들 수 있는 시설, 자금, 엔지니어를 갖출 수 있느냐가 핵심이다. 물론 밸류체인을 분석하여 린(Lean) 공정을 만들고 이에 애자일 하게 대응한다면 그리 어려운 일은 아니다. 하지만 히트모델을 벤치마킹 했다고 하여 다 된 것은 아니다. 아무리 벤치마킹 했다 하더라도 막 7부 능선을 넘은 상태이며 정상까지 남은 여정은 경쟁사와의 차별화 포인트를 발굴하여 특화시키는 과정이 필수적이다.

경영의 구루 게리 하멜(Gary Hamel)은 경영혁신은 자금, 의지, 시간만 있으면 누구나 할 수 있지만 소프트웨어는 별개의 문제라고 말했다. 남이 쉽게 따라올 수 없는 핵심역량을 갖추어야 한다는 뜻이다. 예를 들면 전 세계 가맹점을 확보하고 있는 AVIS, 수만 가지 아이디어 중 개발·투자 할 소수의 프로젝트만을 선정하는 듀폰의 신상품 선정 시스템 등은 가히 독보적이며 누구나 따라할 수 있는 일이 아니다.

(6) 삼성전자의 성공 방식

해외여행을 가서 현지 공항을 나갈 때 눈에 띄는 것이 삼성전자 로고이다. 영국 히드로공항에서 한국인은 EU, 미국 국민과 똑같이 패스트 트랙을 통해 우선적으로 입국심사를 마칠 수 있다. 예전과 달리 크게 달라진 한국의 위상에 새삼 놀라곤 한다. 삼성전자는 전 세계 230여 개의 생산거점, 판매거점, R&D센터, 디자인센터를 보유하고 있는 만큼 당신이 세계 어디를 가든지 삼성전자의 로고를 쉽게 볼 수 있다.

삼성전자는 2021년 메모리 반도체 회사 중 전 세계 1위로 인텔을 제쳤다. 1978년 한국반도체를 인수한 지 43년 만에 이룬 쾌거다. 삼성전자는 2021년 기준 매출 279조 6,048억 원, 영업이익은 51조 6,339억 원으로 일본 5대 전자회사(소니, 파나소닉, 히타치, 후지쓰, 미츠비시전기)의 순익 모두 합친 2.2조 원(2020년 기준) 보다 2.5배 많다. 포춘이 2022년 선정한 글로벌 500대 기업 중 18위에 랭크되었으며, 인터브랜드 기업 브랜드가치 역시 평가순위에서 877억 달러로 세계 5위를 차지했다. 600만 국민이 삼성전자 주식을 보유하고 있는 만큼 가히 국민이 제일 사랑하는 기업이라 할 만하다. 국민의 대다수는 아마 '삼성전자의 성공은 나의 성공이자 한국의 성공'이라는 믿음으로 주식을 매입했다고 여겨진다. 그렇다면 삼성전자의 성공비결은 무엇일까? 필자는 삼성전자의 성공 알고리즘을 다음과 같이 생각한다.

첫 번째, 전천후 포트폴리오

삼성전자의 사업 포트폴리오는 반도체, 모바일(스마트폰), 디스플레이(TV), 생활가전, 네트워크(5G 통신장비) 등 전자제품 전반에 걸쳐 폭넓으며, 핵심 부품부터 완제품까지 수직계열화를 완성한 전 세계 유일무이한 종합 전자기업이다. 막강한 포트폴리오는 어느 한 사업의 비수기로 인한 손익 하락을 다른 사업으로 커버할 수 있다. 예를 들면 대만의 TSMC는 반도체 비수기에는 손익하락을 피할 수 없지만 삼성전자는 전천후 포트폴리오로 다른 사업으로 매출·손익을 만회할 수 있다.

두 번째, 초격차 기술

반도체의 경우 후발주자가 넘볼 수 없을 정도의 투자로 경쟁사와 격차를 크게 벌리고 슈퍼사이클을 만들고 있다. 반도체 혹한기에도 불구하고 삼성전자는 2022년 54조 원의 공격적인 투자를 수행하여 투자 축소를 계획한 경쟁업계에 큰 충격을 주었다. 삼성전자의 반도체는 메모리 분야에서 전 세계1위이나, 파운드리 분야는 2위로 대만 TSMC에 크게 뒤쳐져 있다. 그러나 TSMC의 3나노 양산 일정이 연기되면서 2022년 6월 3나노 양산을 이미 시작했던 삼성전자는 고객확보 측면에서 유리한 위치에 설 수 있을 것으로 기대되고 있으며 3년 후 파운드리 분야 세계 1위를 목표로 투자를 확대하고 있다.

파운드리 시장이 점점 중요해지는 이유는 5G, 자율주행, AI, HPC(고성능 컴퓨팅) 등 4차 산업혁명에 대두되는 모든 제품의 핵심 부품이 시스템 반도체이기 때문이다. 데이터 속도가 빨라지고, 처리해야할 양이 많아지면서 고효율·고성능의 시스템 반도체 수요가 폭발적으로 늘어나고 있는 실정이다.

여기서 초격차 기술이 전략방향(KPI)이라 할 수 있으며 KPI 목표로는 '2025년 2나노, 2027년 1.4나노미터 파운드리 공정 상용화'가 된다. KPI 목표가 설정되었으면 이를 달성하기 위한 Activity로는 '우수인력 영입 및 양성, 개발투자, 패키징 기술 고도화' 등을 언제까지 한다는 구체적인 로드맵을 수립하고 관련 부서에 이러한 전략과제를 하향전개한다.

세 번째, 우수인력의 영입과 양성체제, 창의혁신의 기업문화 구축

삼성은 끊임없이 전 세계적으로 인재를 리크루팅한다. 고(故) 이건희 회장은 '한 명의 천재가 10만 명을 먹여 살리는 인재확보'에 많은 노력을 기울였다. 우수인재의 영입과 이들이 마음 놓고 실력을 발휘할 수 있는 무대를 만들어 주는 것이 삼성을 초일류기업으로 성장시키기 위한 지름 길이라고 믿었다. 또한 삼성은 성과창출을 견인할 삼성 특유의 아우토반식 성과주의 경영과 시스템 경영을 수행하고 있다. 미국의 경영 사상가 짐 콜린스(Jim Collins)는 『좋은 기업을 넘어 위대한 기업으로(Good to Great)』에서 우수인재를 먼저 버스에 태우면 그들이 버스가 어디로 갈지 안내할 것이라고 말했다.

> 삼성전자 성공방정식=포트폴리오 x 초격차 기술 x 우수인재와 창의혁신의 기업문화

(7) 품질 혁신의 성공방정식-6시그마 DMAIC

6시그마는 기업에서 전략적으로 완벽에 가까운 제품이나 서비스를 개발하고 제공하려는 목적으로 정립된 품질경영 기법이다. 20여 년 전부터 많은 국내 기업에서 활성화되어 탁월한 성과를 보였고 심지어 7시그마나 8시그마에 도전하는 기업들도 나타나고 있다.

6시그마는 생산된 제품 100만 개당 평균 3.4의 불량이 있다는 뜻이다. 만약 삼성전자 갤럭시의 연간 생산량이 3억 개라 할 때 1,000개의 불량품이 전 세계에 걸쳐서 나타난다면 이 문제는 기업을 존폐위기까지 몰고 갈 것이 자명하다. 그래서 무결점을 지향하고 공정혁신을 통해 품질을 획기적으로 향상시키는데 주력하여 경쟁사 대비 초격차를 실현하는 것을 목표로 품질 활동을 한다.

- Define

  무엇이 문제인가를 정의한다. 리더는 무엇이 문제인가를 발견하는 능력이 매우 중요하다. 문제가 발견되지 않으면 해결할 수도 없기 때문에 개선은 이루어질 수 없다. 그래서 도요타에서는 "문제가 없으면 만들어서라도 풀어라."라고 까지 한다.

- Measure

  문제 수준을 측정하고 품질에 영향을 끼치는 CTQs(핵심요인)를 밝혀낸다. '아주 큰 문제'라는 추상적인 용어는 6시그마에서 통하지 않는다. 측정되지 않으면 하지 말라고 한다. 따라서 정성적인 것보다는 정량적으로 계량화한다.
  ☞ CTQs: Critical to Qualities

- Analyze

  문제의 근본원인을 데이터 분석 등을 통해 밝혀내고 대안을 만드는 과정이다.

- Improve

  바람직한 프로세스가 구축될 수 있도록 시스템 구성요소들을 개선한다.

- Control

  개선된 프로세스가 의도된 성과를 얻도록 투입요소와 변동성을 관리한다.

4. 자신만의 성공 법칙을 만들어라

필자는 마케팅을 하면서부터 나 자신뿐만 아니라 조직 구성원에게도 '수파리 정신'을 자주 강조했다. 수파리(守破離)는 수행을 하거나 무술을 연마할 때 마주치는 이론이다. 수파리는 원래 불교 용어로 검도, 다도, 예술 등에 자주 인용된다. 수(守)는 스승의 가르침이나 모범을 배우고 지키는 단계이고 파(破)는 그러한 가르침과 이론을 깨거나 새로운 응용을 해 보는 단계이며, 리(離)는 자신만의 방법을 만들어 기존의 가르침이나 이론과 결별하는 단계이다.

수파리의 첫 번째 단계인 '수(守)'는 '가르침을 지킨다'는 의미로 사부가 가르친 기본을 철저하게 연마하기 위해 지루한 반복을 거듭하는 단계이다. 디지털 트랜스포메이션(DX)에 적용해보면 수(守)는 DX에 관한 필요성 인식과 적용 단계다. 해외 사례를 벤치마킹해 분석하고 컨설팅을 받아 솔루션을 도입한다. AI, 챗봇, 빅데이터, RPA, 디지털 채널 개편 등 사업을 수행하지만 생각만큼 성과가 나오지 않는 단계이다. 솔루션으로 자동화만 하려는 것은 수(守) 단계에 머물러 있다는 뜻이다.

두 번째 '파(破)'는 원칙과 기본기를 바탕으로 자신의 개성에 따라 독창적인 응용 기술을 창조하는 단계이다. 파(破)의 단계에 이른 조직은 컨설팅 수행과 솔루션 도입 이후 성과가 나지 않는 이유를 찾아 해결책을 모색한다. 외부 솔루션에 자사의 상황에 맞도록 특정 기능 추가나 변경을 요구하기도 한다.

마지막 단계인 '리(離)'는 모든 것에 얽매이지 않고 새로운 신기의 세계로 입문하면서 스승과 이별하는 단계이다. 스승보다 나은 청출어람(靑出於藍)의 단계로 도약하는 때다. 기본기를 닦는 수의 단계를 거쳐 창조적

응용 동작을 하는 파의 단계를 통과하면 비로소 자신만의 독창적인 비밀 병기로 스승과는 또 다른 길로 입문하는 리의 단계로 들어간다. 리 단계의 조직은 연구와 시행착오를 거쳐 새로운 솔루션을 개발하거나 방법론을 설립해 업계의 새로운 모범이 된다. 벤치마킹 대상이 되고 자신들을 모방하며 따라오는 경쟁사보다 더 앞서가기 위해 노력한다. 본서를 정독하여 이와 같이 자신만의 성공방정식을 만들어 나가기를 바란다.

5. Y=ABC 체크포인트

당신이 갖고 있는 성공방정식 Y=ABC는 등식이 성립되는가?

- 나쁜 전략의 특성

  알맹이가 없다, 중대한 문제를 무시한다, 목표와 전략을 혼동한다, 단순한 모음집이다.

- 좋은 전략의 특성

  진단을 통해 중점추진과제를 선정하고 추진 방침을 정한 뒤 일관된 행동을 조직적·시스템적으로 전개하고 PDCA 무한 반복을 통해 목표 달성에 다가가는 것이다.

먼저 당신이 갖고 있는 Y=ABC를 분해해서 따져보자.

1. 목표설정은 잘 되었는가?

   핵심 전략과제인 ABC를 계획대로 추진하면 결과 Y가 나오는가? 만약 ABC를 해도 Out Come(바람직한 성과) Y가 안 나온다면 목표 Y를 바꿔야 한다. 다만 Y가 경쟁사 대비 현격한 갭(Gap)이 발생한다면 수정 여부를 다시 한 번 고려한다.

2. 핵심 동인(動因)인 ABC는 잘 설정되었는가? 바람직한 결과인 Y가 안 나온다면 ABC가 잘 설정되었는지 검토한다. 실행결과를 분석해서 ABC를 수정하여 A'B'C'로 변경한다.

3. KPI 목표를 달성하기에 너무 높은 것은 아닌가?

   매월 실적 회의 시 KPI 목표와 실적을 비교하여 달성률과 진척률을 체크하고 목표수준을 적의 조정한다.

4. Y≠ABC등식은 성립하는가?

   Y=ABC의 등식이 이리저리 해도 성립되지 않을 때에는 플랜 B를 작동한다.

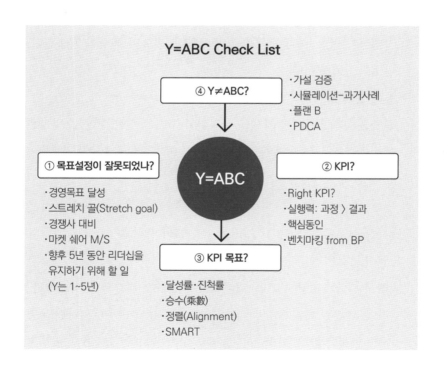

6. PDCA 무한 반복

PDCA는 생산 및 품질 등을 관리하는 방법으로 Plan(계획)-Do(실행)-Check(평가)-Act(개선)의 4단계를 반복하여 업무를 지속적으로 개선하는 것이다. 월터 슈하트(W. Shewhart), 에드워드 데밍(Edward Deming) 등에 의해 유명해졌으며 지금은 업무 전반에 걸쳐서 널리 활용되고 있다. 미키 다케노부(三木雄信)는 저서『초고속 성장의 조건 PDCA』에서 보통 사람들이 업무를 빠르게 진행하지 못하는 원인에 대해, 완벽한 계획 추구와 모호한 목표를 설정한 뒤 자기 힘으로만 해야 한다는 생각에 갇혀 이것저것 해보다가 결국 성과 없이 끝나버리는 것이라고 했다.

"PDPD"

필자는 현장에서 액션코칭*시 이렇게 하는 것을 '퐁당퐁당'하다가 끝난다고 말한다. 계획을 수립한 후 실행, 안 되면 다시 계획 만들고 실행하는 것처럼 성과 없이 반복적으로 일하는 것을 뜻하며 조직이 계획수립만 계속하면 결국 피로감과 무기력에 빠지게 된다. 이런 조직일수록 목표 달성이 되지 않으면 여러 가지 핑계를 대기에 바쁘다.

☞ 참조: 9장 5. 일반코칭과 액션코칭*의 차이점

그로스 해킹(Growth Hacking)은 PDCA를 근간으로 만든 툴이다.『그로스 해킹』의 저자인 션 엘리스(Sean Ellis)・모건 브라운(Morgan Brown)은 대부분의 마케팅팀은 깔때기의 입구 쪽에만 집중한다며, 방문고객 활성화나 고객이 떠나지 않도록 하는 일은 마케터가 다루는 것이 아니라 기업 내 그로스 해킹팀을 만들어 조직 문화를 바꿔야 한다고 주장했다. 그로스 해킹은 창의성, 분석적 사고, 소셜 매트릭스 3가지를 활용해 성장을 도모하는 전략이다. 마케터에서 데이터 분석가, 엔지니어, 중역에 이르기까지 모두가 빠른 속도로 협조적 그로스 해킹 과정에 발을 맞추는 개방적이고 협력적인 문화로 바꿔야 한다고 했다.

그 과정을 PDCA로 설명하자면 P는 분석이고 DC는 실행해야 할 아이디어를 도출하여 우선순위 결정, A는 실험이라 할 수 있다. 그리고 이를 무한 반복하는 Loop라고 설명할 수 있다. 아마존, 구글, IBM, 월마트, 페이스북, 트위터, 에어비앤비, 우버, 드롭박스 같은 글로벌 기업들은 조직 내 3~4개의 그로스 해킹팀을 두고 있다. 그로스 해킹팀 구성은 MD, 디자이너, 마케팅 전문가, 데이터 분석가로 이루어져 있다. 우선순위는 '경로×제품×판촉'의 AB테스트를 통해 고객들에게 더 좋은 반응을 얻은 대안을 선택 발전시켜 나간다.

그로스 해킹의 4단계는 다음과 같다.

- 1단계: 분석

  우수고객은 어떤 행동을 하며 특징은 무엇인가?

  유입경로, 사용 기기, 주거지, 매장과의 거리, 비교 사용하는 쇼핑 앱, 주 쇼핑 시간, 이탈률이 가장 높은 화면, 특정 행동 방해요인 분석

- 2단계: 아이디어 도출

  분석을 통해 많은 인사이트를 얻고 아이디어를 그룹핑하여 가설을 수립한다.

  ☞ 프로젝트 관리시스템과 아이디어 파이프라인을 준비한다.

- 3단계: 우선순위 결정

  용이성, 실험 진행에 필요한 시간과 자원을 평가를 통해 우선순위를 결정한다.

- 4단계: 실험

  '경로×제품×판촉' 최고의 궁합을 찾는다 → 1단계로 복귀한다.

(1) 성공적인 PDCA 운영

선진기업의 성공 사례를 보면 거의 예외 없이 PDCA 무한 반복이 거론된다. 구글이나 아마존, 이베이, 우버, 에어비앤비 등 우리가 잘 아는 1만시간의 법칙도 전부 PDCA를 근간으로 한다. PDCA의 핵심 원리는 행동과 행동의 결과인 피드백을 통해 수정해나감으로써 목표에 접근하는 방식이다. PD라는 시행착오를 통해 업무 개선과정에 과학적 방법을 적용한 사례의 기반을 제공하였다고 볼 수 있다.

- 전략과제의 명확화

  목표 달성을 가능하게 하는 전략과제 수립이 제일 중요하다. 할 수 있는 목표설정이 중요하다.

  ☞ 전략과제 수립은 SMART 툴에 입각하여 작성한다.

- 도전적인 KPI

  도전적이어야 하며 점차 구체화된 정량지표로 전환, 측정 가능한 운영체계로 만들고 점진적으로 성과중심에서 니즈기반으로 KPI의 고도화가 요구된다.

- **철저한 실행**

  사업부 전략적으로 공감대 형성 및 일상 업무화를 통해 철저한 실행을 하되 전략에 정렬되어야 하며 하부 조직까지 하향 전개한다.

- **모니터링**

  매월 전략회의에서 진행과정을 철저히 점검하고 부진한 부분의 원인을 분석한다. 성과주의 경영은 결과보다 과정을 중요시 한다.

- **평가**

  평가를 어떻게 할 것인지가 중요하고 적절한 피드백이 필요하다. 평가 보상을 통해 조직 구성원들을 격려, 자율적으로 창의혁신을 실현한다.

(2) Doing 보다는 Acting이 중요하다

PDCA를 추진할 때는 PD보다 CA가 더 중요하다. 누구나 무슨 일을 하려면 PD로 시작한다. 그러나 PDCA에서 중요한 것은 CA에 있다는 점을 잊어서는 안 된다. 해보고 문제가 있으면 수정보완해서 다시 추진하는 것을 Acting이라 한다. 이 점이 Doing하고 다른 점이다. PDCA는 Plan(계획)을 수립하고 나서 Doing의 결과를 아래와 같이 Check(점검)한 뒤 다음 행동인 Act(실행)로 넘어가고 그 결과를 평가, 다시 피드백하여 무한 반복하는 것을 뜻한다. PDCA에 있어서 액션 코칭* 대화는 다음과 같이 이루어지며, 착안사항은 무엇을 말하는가 보다는 말하지 않는가가 중요하다. 피코치의 의견을 잠자코 듣는 것이다.

- 우리가 의도한 결과는 무엇인가?

  모든 전략과제는 SMART 툴에 의거해서 작성되어야 하며 KPI 목표에 도달했는가를 평가한다.

- 실제로 얻은 결과는 무엇이고 어떤 도전을 생각할 수 있겠는가?

  여러 가지 대안을 도출, 최적의 솔루션을 브레인 스토밍 등을 통해 선정한다.

- 무엇이 이런 결과를 초래했는가?

  보다 근본적인 원인을 도출하고 다른 기업의 경우 이와 같은 문제에 대해 어떻게 대처했는지 조사 분석한다.

- 똑같은 문제가 발생한다면 무엇을 할 것인가?

  프로세스 개선과 관련자(부서) 교육으로 재발을 방지한다.

- 무엇을 다르게 하면 성공할 수 있겠는가?

  지금과 같은 방식이 아닌 보다 효율적인 방법을 탐색한다.

2장

성공 열쇠

1. 시스템 사고

시스템의 사전적 의미는 '체계'로 해석되며 하나의 통일적 전체를 구성하는 과학적 혹은 철학적 명제의 집합으로 정의하고 있다. 요컨대 시스템이란 공동의 목표나 목적, 기능을 달성하기 위해 상호작용하는 요소 혹은 실물로 구성된 집합의 개념이다. 시스템적 사고는 사물을 단순히 기계적으로 보던 과거의 사고방식과는 전혀 다르게 변화무쌍한 시대 흐름에 맞는 새로운 패러다임과 사고를 바탕으로 하는 방식이다. 간단히 말해 시스템이란 '어떤 직원이 일을 해도 똑같은 성과를 낼 수 있는 체제'이다. 이를 바탕으로 업무를 표준화하고 매뉴얼화 해야 한다.

일을 열심히 하는 것도 중요하지만 일만 열심히 한다고 해서 성과가 나는 것은 아니다. 열심히 일하는 데 그치지 않고 탁월한 시스템과 핵심역량을 갖추고 시스템적 사고에 의한 전략을 통해 보다 경쟁력 있게 나아가는 일이 훨씬 중요하다는 이야기다. 도요타는 생산라인이 원활하게 돌아가기 위해 본사뿐만 아니라 부품업체에 대해서도 도요타 간판방식과 JIT(Just In Time)를 바탕으로 시스템화한 TPS(Total Production System)를 전파했고, 그리하여 전반적인 도요타의 경쟁력을 키워 갈 수 있었다.

시스템이 실행되는 원리는 아주 간단하다. 한마디로 말하면 정교한 시스템과 핵심역량을 갖추고 시스템적 사고에 의한 전략을 통해 경쟁력을 강화·증진하는 것이다. 즉 현재 가지고 있는 핵심역량을 최고 수준으로 끌어올리기 위해 시스템적 사고가 필요하다는 뜻이다.

시스템이라는 용어는 체계적인 방법이나 조직 또는 제도로 국내 각종 분야에서 활발하게 사용되고 있다. 2022년 5월 10일 윤석열 대통령이 "수사는 시스템에 의해 진행된다."고 해서 시스템이란 단어가 국민들에게 널리 알려지게 되었다.

시스템 경영하면 삼성을 떠올린다. 심지어 삼성은 임원이 2~3년 만에 바뀌어도 경영에 아무런 차질이 없다고 한다. 정말 불가사의한 일이다. 또한 삼성이 하는 사업은 대부분 업계 1위를 점유하고 있다. 그래서 국내외 업계에서는 이런 삼성의 비결을 알아내려고 힘쓰고 있으며, 심지어는 나한테도 그 비결에 대해 묻곤 했다.

시스템 경영의 목적은 회사를 초일류기업으로 만드는 것이다. 그 성공비결은 무엇인가? 답을 알아보려면 삼성이 강한 이유를 살펴볼 필요가 있다. 필자가 분석해보면 비결은 아래와 같다.

- 인재를 바탕으로 한 시스템 경영
- S급 우수인재 확보와 인재 육성제도(인재양성 교육은 비용이 아니라 투자라는 발상)
- 삼성을 글로벌 기업으로 키운 고(故) 이건희 회장의 강력한 리더십

으로 30년 이후를 바라보는 혜안과 조 단위 투자가 들어가는 과감하고 신속한 의사결정
- 계열사들이 만들어내는 시너지효과로 이루어지는 수직 계열화와 환상적인 사업 포트폴리오
- 창조적이고 자유로운 조직 문화 조성
- 능력과 성과에 따라 주어지는 아우토반식 보상제도(성과주의 경영)

한계를 뛰어넘고 일사불란하게 대처하기 위한 최상의 도구가 경영 시스템이다. 시스템으로 누를 수 있는 장점을 살펴보자.
- 의사결정이 쉬워진다.
- 결정된 내용을 빠르게 실행할 수 있다.
- 부서 간 협업이 잘 이루어진다.
- 막힌 곳을 찾아 해결하기 용이하다.

2. 지속적 성장기반 구축

리더의 주된 기능은 조직의 전략과 목표를 설정하고 성공하기 위해 필요한 자원들을 조율하는 것이다. 위대한 리더들은 지속적인 인재개발에 높은 우선순위를 둔다. 위대한 조직들은 결과뿐만 아니라 인재개발을 통한 지속가능한 성공에 중점을 둔다. 최근의 연구 결과에 따르면 사람 중심적인 기업은 동일 업종의 그렇지 않은 기업과 비교했을 때 재정수익이 현저히 높았다고 한다.

유능한 리더는 사람 중심 문화에 기여하며 그것은 종업원 만족도에

영향을 미친다. 만족도가 높은 종업원들은 조직에 더 머물고 더 열심히 능률적으로 일하는 경향이 있다. 그럴 때 최종 결과는 운영 성과 향상, 고객만족도 제고, 궁극적으로는 기업의 성공이다.

전문적인 발전의 80~90%는 도전적인 직무의 완수, 측정 가능한 수행 결과에 대한 책임 그리고 리더로부터 받는 코칭 및 멘토링을 통한 직무경험에서 나온다. 리더들은 전략을 제공하고 자원들을 조율하며 개인의 발전도 가능하게 해야 한다. 즉 전문적인 성장의 원천은 도전적인 직무과제+체계적인 학습경영+수행결과에 대한 책임성과 리더의 코칭, 멘토링이다.

개인은 성장과 발전을 지속하기 위해서 도전적인 과제를 필요로 한다. 개인 발전의 대다수는 현장 체험을 통해 일어나지만 체계적인 학습도 매우 중요한 요소이기 때문에 리더는 직원개발을 지원하고 지속적인 피드백과 코칭을 제공해야 한다. 리더가 팀원에게 평가와 피드백을 제공할 때는 성장과 발전을 위한 강력한 관계를 육성하고 있는 것이다.

인재개발 가치 사슬은 효과적인 리더십 바탕 하에 사람 중심의 문화를 구축하여 종업원 만족을 이끌어내고, 고객만족을 유지하여 기업의 성공에 기여하는 것이다.

3. 3R

전략과제를 훌륭하게 수행하려면 3R을 잘 운영해야 한다. 3R이란 Right Project를 Right People에 의해 Right Process이다. 비전의 전략목표를 달성하기 위해서는 첫째로 올바른 전략과제를 설정해야 하며,

둘째로는 이를 책임지고 실행에 옮길 우수 인재 양성, 마지막으로는 전략과제 수행에 적합한 프로세스를 채택해야 한다. 이 세 가지가 제대로 작동되지 않으면 어느 프로젝트든 성공을 보장할 수 없다.

Right Project

Right project는 성공방정식 Y=ABC의 핵심 성공요인을 발굴하여 이를 달성할 수 있는 핵심과제를 중장기에 걸쳐 꾸준하게 전략적으로 추진한다. 지속적인 리더십을 유지하기 위해서는 3~5년 이상의 미래 Big picture를 보고 준비해 들어가야 하며 현재 전략은 이에 정렬되어야 한다. 전략은 SMART 툴에 의거하여 명확화·구체화하고 조직 구성원과 공유한다.

☞ SMART: Specific, Measurable, Achievable, Relevant, Time bound

Right People

짐 콜린스는 『좋은 기업을 넘어 위대한 기업으로(Good to Great)』에서 위대한 리더들이 맨 처음 한 일은 적합한 사람들을 버스에 태우고 부적합한 사람들을 버스에서 내리게 하는 일이라고 했다. 그리고 나서 버스를 어디로 몰고 갈지 생각했다. 즉 비전, 전략, 조직시스템, 전술 등이 아니라 누구와 함께 일하느냐가 더 중요하다는 것이고, 결국 '사람'이 아니라 '적합한 사람'이 중요한 자산이라는 뜻이다. 김영삼 전 대통령이 "인사가 만사"라고 했듯이 우수인재는 기업경영이나 국가경영에 있어 제일 중요한 자산이다. 기업체에서 CEO 한 명을 잘못 임명하면 회복하기 어려운 지경으로까지 가버려 복구하는데 많은 시간과 비용이 소요된다. 고(故) 이건희 회장의 지행 33훈 중 9훈 "미래를 위해 가장 먼저 할 일은 인재확보", 10훈 "잘 뽑는 것만큼 잘 배치하고 잘 챙기는 게 중요하다.", 11훈 "성과를 내는 직원은 사장보다 더 많이 보상하라."는 Right people의 중요성을 보여주는 것이다.

이건희 회장의 인재경영의 12가지 포인트

1. 인재경영을 시작하라
2. 인재가 없다고 탓하지 말고 키워라
3. 경쟁을 통한 성과주의 조직 문화를 만들어라
4. 제도와 시스템에 의한 경영시스템을 구축하라
5. 순혈주의를 타파하라
6. 조직과 직급을 파괴하라
7. 확실한 동기부여 시스템을 만들어라
8. 핵심 인재를 뽑아 제대로 관리하라
9. 지속적인 위기의식을 조장하고 관리하라
10. 중간 허리를 강하게 만들어라
11. 종교적 기업문화를 만들어라
12. 입구와 출구를 동시에 관리하라

12훈에는 일찍이 여성인력을 중시해서 "먼저 뽑고 적극적으로 활용해야 한다."고 했다. 또한 16훈에는 "간부교육을 강화하고 양성교육을 체계적으로 실시해야 한다."라고 강조했으며 이는 삼성의 경영자들이 기본적으로 갖추어야 할 자질인 '지행용훈평'으로서 오늘날 삼성을 초일류 글로벌 기업으로 만드는 원동력이 되었다.

근래 각 기업들이 디지털 트랜스포메이션을 추진한다고 무척 분주한데 하나같이 하소연하는 점이 디지털 인재확보가 어렵다는 것이다. 미리 우수인재 확보 및 양성을 통해 인재풀을 만드는 기업이 경쟁에서 최종 승자가 될 것이다.

BSC(Balanced Score Card: 균형성과 관리지표)에 따르면 기업의 성과를 최대로 이끌어내는 원동력은 우수인재가 열정을 갖고 자율적으로 일할 수 있는 조직 분위기를 만들어 주는 것이다. 지행 33훈에서 인재경영에 관련한 12가지 포인트를 항상 염두에 두고 경영에 임하자.

Right Process

프로세스는 일이 처리되는 경로나 공정을 뜻하는 것으로 모든 일에는 그에 적합한 프로세스가 있다. 코끼리를 냉장고에 넣는 방법(How to put an elephant in a fridge)이라는 재담이 있다. 냉장고 문을 열어 코끼리를 구겨서 넣고 문을 닫으면 코끼리를 냉장고에 넣을 수 있다는 것이다. 또 기린을 냉장고에 넣으려면 냉장고 문을 열고 코끼리를 빼고 기린을 접어서 냉장고에 넣고 문을 닫으면 된다. 이는 프로세스를 논할 때 자주 얘기하는 이야기다.

예를 들어 시장에서 소비자들이 구입상품에 대한 불만이 생기거나 더 좋은 품질, 더 나은 서비스를 더 빠른 대응이 필요해지면 비즈니스 프로세스를 전반적으로 살펴봐야한다.

고객이 원하는 가치를 제공하기 위해서는 업무처리 절차나 부서 간 협업에 대해서도 근본적으로 다시 생각해보고 필요하면 혁신을 단행한다. 현재 상황에 가장 적합한 툴을 선택하고 정기적인 피드백 및 결과 달성에 필요한 정기적 개발을 통해 팀을 최상의 상태로 유지해야 한다. 즉 그에 맞는 적합한 프로세스가 있고 이를 글로 잘 정리한 것이 매뉴얼이라고 할 수 있다. 10여 년 전 품질 혁신에 있어서는 대부분의 기업체들이 6시그마 툴을 적용해 품질 개선을 하였다. 후쿠시마 원전 사고 때 수많은 차량이 길거리에 널브러져 있었는데도 한동안 방치되었다고 한다. 일본의 매뉴얼에 의하면 차량을 치우려면 차주의 동의를 받아야 하는데 차주의 생사를 모르니 마냥 기다려야 한다는 해프닝이 있었던 것이다.

기업체 액션코칭*을 할 때 "혁신은 어떻게 해야 되는가?"라는 질문을 자주 받는다. 나는 주저하지 않고 "혁신은 기업이 처해있는 환경을 냉철하게 인지하는 것부터 시작하며, 프로세스를 개선하는 것"이라고 답한다.

기업역량분석 툴도 밸류체인 분석, 핵심역량평가, 잠재역량평가, 포트폴리오 분석, 5Force 분석, 3C 분석, SWOT, BSC, 린 프로세스 등 무수히 많다. 혁신의 대상에 따라 어떤 프로세스로 업무를 개선하느냐가 결정된다.

옳은 방법과 프로세스는 한 가지만 있는 것이 아니다. 최적의 업무수행과 성과창출을 위해 기업과 조직에 맞는 다양한 방식 및 프로세스를 결합할 수 있다면 이것이 효과적이다. 빠른 실패, 실패의 포용과 전진을 위한 실패 애자일 경영은 일회적인 실험이 아니라 지속적 테스트와 학습이 특징인 문화다. 지속적이고 빠른 템포로 테스트해서 서비스를 점진적으로 향상하거나 새롭고 획기적인 이니셔티브를 중심으로 실험하고 학습하도록 기업 문화를 만들어 나가는 것이 비즈니스 성과뿐만 아니라 기업의 생존에 있어서도 중요하다.

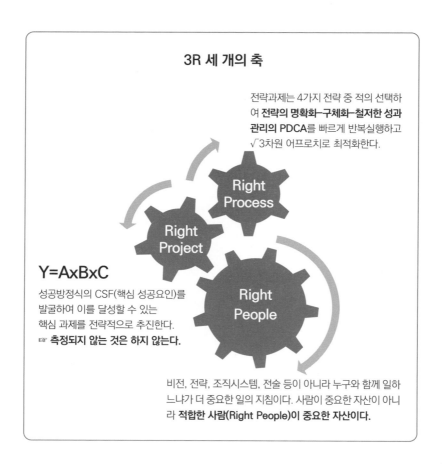

3R 세 개의 축

전략과제는 4가지 전략 중 적의 선택하여 **전략의 명확화-구체화-철저한 성과관리의 PDCA를** 빠르게 반복실행하고 √3차원 어프로치로 최적화한다.

Right Process

Right Project

Right People

Y=AxBxC

성공방정식의 CSF(핵심 성공요인)를 발굴하여 이를 달성할 수 있는 핵심 과제를 전략적으로 추진한다.
☞ **측정되지 않는 것은 하지 않는다.**

비전, 전략, 조직시스템, 전술 등이 아니라 누구와 함께 일하느냐가 더 중요한 일의 지침이다. 사람이 중요한 자산이 아니라 **적합한 사람(Right People)이 중요한 자산이다.**

4. 점·선·면 경영

어떤 기업은 문제가 터질 때마다 그 문제를 푸는 데만 급급하다. 일단 풀고 나면 다음 긴급 과제를 푸는 데 몰두하고 끝내면 또 다른 과제를 붙들고 끙끙댄다. 결국 똑같은 문제가 재발된다. 그때마다 나서서 해결하는 일종의 소모전이다. 이렇게 하는 일은 '일'이라기보다는 하나의 단순 '노동'에 가깝다. 개선이 없는 일은 Work가 아니고 Labor다. 이렇게 하는 것을 '점(點)의 경영'이라고 정의하며 이러한 형태의 업무를 하는 기업은 미래가 보이지 않는다고 할 수 있다.

똑같거나 유사한 문제가 계속 발생할 시에는 근본 원인을 파악하여 이와 같은 문제가 재발되지 않도록 프로세스를 개선하는데 주력한다. 예를 들어 6시그마 기법을 이용하면 DMAIC(문제정의-문제의 수준 측정-원인 분석-개선안 수립·개선하여 의도된 성과가 나도록 관리하는 혁신 툴)로 근본적으로 관리할 수 있다. 프로세스는 업무 환경의 변화에 따라 계속 바뀌고 새로운 프로세스를 요구한다. 이는 '선(線)의 경영'이다. 이러한 선의 경영이 많아지면 누더기가 되어 결국 면의 경영으로 자연스럽게 넘어간다.

마지막으로 면의 경영이라는 것은 보다 높은 목표를 달성하기 위해서 하나의 프로세스에 그치지 않고 관련 있는 여러 프로세스 전체를 묶어서 단계적으로 고도화·정교화하는 것을 뜻한다. 예를 들면 증권사의 HTS 홈 트레이딩 시스템의 경우 에러 발생 시 그때그때 보완해 나가다가 2~3년 간격으로 한꺼번에 차세대 선진 시스템으로 바꾼다. 고객이 주식 거래를 쉽게 편리하게 할 수 있도록 유저 프렌들리하게 만들어 타사와의 비교우위 경쟁력을 제고하는 것이다. 이것이 바로 '면(面)의 경영'이다. 특히 금융계의 앱은 1년에 한두 번씩 자주 개선해 나간다. 이는 CRM의 활발한 활동의 결과라 여겨진다. 즉 점의 경영에서 선의 경영으로, 나아가 면의 경영으로 도약을 하는 기업만이 살아남을 수 있다.

5. 3차원 경영

이 세상에 모든 문제는 일방통행 커뮤니케이션을 하다가 사달이 나는 경우가 많다. 상사가 부하에게 권한을 갖고, 아니 생사여탈권을 갖고 지시하면 대부분의 부하는 군말 없이 잘 따른다. 이런 것을 보고 믿은 나머지 견제장치를 만들지 않고 모든 것을 일임하다가 큰 문제가 터지는 것을 현장에서 많이 봐왔다. 나는 리더들에게 "그림자(실체가 아닌 허상)에 속지 말아야 한다."고 강조한다.

예를 들어 중국 천하를 통일한 진시황의 말로는 비참하기 이를 데 없다. 전국 순방 중 병으로 객사했는데 후사를 태자 부소에게 물려준다고 유언했으나 환관 조고가 승상 이사와 함께 음모를 꾸며 자기들이 조종하기 쉬운 다른 황자 호해를 내세우고 부소와 그를 지지했던 공신들을 살해했다. 이로 인해 진시황의 장기 통치(BC 221~207)의 꿈은 한순간에 산산조각이 났다. 반면 유비는 고명대신으로 제갈공명을 임명하고 어린 황태자 유선을 돌봐 줄 것을 당부하고 운명했는데(AD 223) 제갈량은 어린 유선을 잘 보필하고 유비의 숙원사업인 북벌 중에 병사하여 죽음에 이르렀다. 그는 그야말로 진정으로 '권신, 충신, 능신(能臣)'이었던 것이다. 유선이 어려서 촉나라를 능히 취할 수도 있었음에도 그리하지 않았다. 제갈량이 죽었을 때의 재산은 초라한 집 한 채와 논 몇 마가지가 다였다고 한다. 근래의 임플란트 업체 O사의 2,215억 횡령사건을 보자 어떻게 이런 일이 가능할까 하는 의구심이 들 뿐이다. 내부 통제시스템이 부실했던 단적인 예다. 3차원 경영은 이와 같은 부실 방지는 물론 전략의 수립 및 실행을 완벽히 지원한다. 전략방향은 조직 구성원들 의견을 수렴하여 밑에서 위로(Bottom up), 위에서 아래로 내려가(Top down) 조율을 통해 최적화해야 하며, 실행에 있어서는 고객의 소리를 리얼타임(Real time)으로 수시로 들어 경영에 반영하는 Middle-up-down 매니지먼트를 한다.

3차원 경영이란 한마디로 표현한다면 'Awake, 항상 깨어 있어야 한다'는 뜻이다. 직관에 따라 일방적으로 전략을 정하고 마구잡이로 밀어붙이면 최종에 가서는 사달이 나게 되어 있다. 적절한 견제장치를 만들고 현장에서 잘 진행되고 있는지 항상 주시해야 한다. 그래서 최근에는 VOC와 CSI를 하나의 조직에서 추진하는 기업이 증가하고 있다.

☞참조: 11장 10. CRM 혁신 프로세스

6. 백본(Back bone)

백본은 통신용어로서 기간(基幹)으로 번역되며 자신에게 연결되어 있는 소형 회선들로부터 데이터를 모아 빠르게 전송할 수 있는 대규모 전송회선이다. 필자가 즐겨 사용하는 백본이라는 용어는 모든 업무를 추진할 때 반드시 작성되어야만 하는 기본 중의 기본 데이터로서 향후 목적에 따라 여러 형태로 분화가 빠르게 진행될 수 있다. 보통 실무자가 보고 자료 등을 작성할 때 상사마다 지침이 달라 그때그때마다 자료 작성에 상당한 시간을 허비하는 경우가 다반사다. 이러한 상황에 대처하기 위해 다음과 같은 세 가지를 반드시 업데이트하여 가지고 있다면 언제든지 목적에 따라 자유자재로 빠른 변신이 가능해져 업무시간을 효율적으로 사용할 수 있다.

• 중점 추진전략(제조업 Y=ABC를 예로 들음)

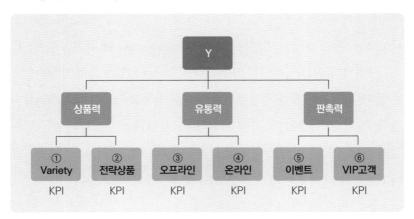

• 경쟁력 비교(KPI 대비)

경쟁사와의 갭을 항상(월 단위가 좋으나 불가 시에는 분기별로 업데이트) 파악하여 자사의 위치를 정확히 알고 있어서 자사의 강약점은 무엇인지, 경쟁사가 주력하고 있는 부문은 무엇인지를 알고 이에 알맞게 대처한다.

작성해야 하는 자료는 본인 업무의 연간 중점 추진전략인데 이는 목표달성을 위한 핵심 KPI로 이루어진다. 중점 추진전략이 있으면 부하사원들에게 업무할당(Cascading-하향전개)이 용이하게 된다.

☞ KPI Tree

경쟁사대비 경쟁력 비교 인사이트

	핵심KPI	자사	경쟁사	갭	인사이트
상품력	Variety				
	전략상품				
유통망	오프라인				
	온라인				
판촉력	이벤트				
	VIP고객				

- **월(분기별)실적 분석(Y=ABC)**

월 실적보고를 성공방정식 Y=ABC에 의해 작성한다. 실적 Y의 핵심 KPI별로 실행계획 TO-BE 대비 실적 AS-IS의 갭을 산출하고 차질 시에는 그 근본 원인을 파악해서 인사이트를 도출하게 되는데 이는 차월 중점 추진계획이 된다.

☞ CSF: Critical Success Factor-핵심 성공요인

	Y	A	B	C
TO-BE				
AS-IS				
GAP				
Analysis				
Insight → CSF				

이와 같이 세 개의 데이터는 리얼타임으로 업데이트가 되어야 하며 본인(자사)의 위치를 항상 파악, 다음에 어떤 방향으로 움직일지를 항상 염두에 두고 업무에 임한다면 전천후 천하무적이 된다.

• 실적회의 자료 작성

백본이 있으면 어떠한 내용의 전략기획서라도 자유자재로 만들 수 있다. 기획서 작성의 기본방향은 보고 받는 자의 관심사항(경영효율, 비전 달성 등 평소 상사와 코드를 맞추는 게 핵심)과 최근 이슈(경기불황, 경쟁심화에 따른 구조조정 등)를 중심으로 전개한다. 그 이후는 다음과 같은 콘텐츠를 중심으로 기획서를 작성하되 자사 경영환경에 맞게 첨삭한다. 보고서는 10~15매 이내가 적정하다.

1. 경영실적 및 반성(잘한 것보다는 잘 못한 것 중심)
2. 주요 경영지표(KPI 계획 대 실적)
3. 최근 시장동향(PEST) 인사이트
4. 사업계획(매출, 손익)
5. 중점 추진전략 & 세부 추진사항(추진일정 포함)
6. 현안 및 건의사항
7. 베스트 프랙티스 BP 발표공유

성   공
알고리즘
비밀노트

"

자신의 재능과 능력이 성장할 수 있으며
실패는 성공의 디딤돌이 된다고 믿으며
부단한 노력과 훌륭한 전략으로
원하는 바를 달성할 수 있다고 여긴다.
도중에 포기하지 않는 한 실패라는 것은 애당초 없다.

"

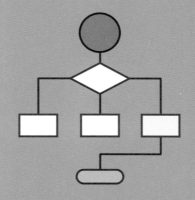

3장

성공 습관

1. 성공하는 사람들의 습관

스티븐 코비(Stephen Covey)가 지은 『성공하는 사람들의 7가지 습관』은 개인이나 조직을 대단히 성공적으로 만드는 습관들을 배양하는 것에 대한 내용이며, 여전히 유효한 메세지를 담고 있다고 본다. 변화가 크고 도전이 어려울수록 7가지 습관의 유효성은 커진다고 코비는 말하고 있다. 그가 삶에서 얻은 가장 큰 교훈은, 큰 포부를 이루고 큰 도전을 극복하고 싶으면 원하는 결과를 지배하는 원칙이나 자연법칙을 찾아서 적용해야 한다는 것이다.

> **"성공은 성공 알고리즘을 따라 했을 때 비로소 얻을 수 있다."**

우리는 날이 갈수록 엄청난 변화 속에 도전과 두려움으로 살고 있다. 이러한 도전의 해결책은 여러 원칙들이 있으며 이 원칙들은 영원한 것이다. 패러다임이란 우리가 세상을 '보는' 방식을 말한다. 이때 보는 것은 눈으로 본다는 뜻이 아니라 지각하고 이해하고 해석하는 의미에서 이 세상을 보는 것을 의미한다. 가족, 친구, 동료들과 좋은 관계를 유지하려면 반드시 다른 사람들의 말을 경청하는 법부터 배워야한다. 경청에는 높은 수준의 성품인 인내심과 솔직함, 이해심이 필요하다. 나는 비즈니스 세계에서 자연법칙에 따른 성장과정을 무시하고 지름길을 찾고자 시도할 때 나타나는 결과를 종종 봐왔다. 인식이란 우리가 무엇을 해야 하고, 왜 하는지에 대한 이론적 패러다임이며, 스킬이란 어떻게 해야 하는가에 대한 방법을 말한다. 욕구란 하고 싶어 하는 것, 즉 동기를 말한다. 무엇인가를 습관화하기 위해서는 반드시 인식과 스킬, 욕구(동기)이 세 가지가 있어야 한다.

피터 드러커(Peter Drucker)와 워렌 베니스(Warren Bennis)는 관리하는 것은 어떤 일을 바르게 하는 것이지만 리더십은 바른 일을 하는 것이라고 정의했다. 관리한다는 것은 성공의 사다리를 어떻게 효율적으로 올라가느냐의 문제이고, 리더십은 그 사다리가 올바른 벽에 걸쳐져 있는가를 결정하는 것과 관계된다.

삶의 네 가지 요소는 안정감, 지침(인생의 방향을 결정해주는 길잡이), 역량, 지혜이다. 지혜는 인생을 보는 시각과 균형유지 감각에서 나오며, 다양한 개체와 원칙이 어떻게 상호 관련되고 적용되는지에 대한 이해력이다. 이상의 네 가지 요소는 상호 의존적이다. 안정감과 명확한 지침은 참된 지혜를 낳고 지혜는 역량에 불을 붙이는 스파이크이자 촉매가 된다. 네 요소가 조화되고 활성화 될 때 이것은 멋진 성격, 균형 잡힌 성품, 매우 성실한 개인을 만드는 훌륭한 도구가 된다. 협업이 안 되는 이유는 부서 간 이기주의, 협력에 대한 자발성 부재, 권위에 대한 반항 등 방어기제적인 커뮤니케이션이 회사에 도사리고 있기 때문이다. 성과주의 경영에는 많은 장점이 있지만 상호 경쟁시킴으로써 이들을 갈라치기 하는 역작용도 있는 게 사실이다. 왜냐하면 한 팀의 성공은 다른 팀의 실패를 뜻하기 때문이다.

원원(Win-win)이 되기 위해서는 타인에 대해 관대하면서도 용기가 있어야 하며 공감적이면서도 자신감을 가지고 있어야 한다. 풍요의 심리가 바탕이 되어야 한다는 뜻이다. 부족의 심리를 가진 사람을 상호 보완적인 팀의 구성원으로 만들기란 어려운 일이다. 이들은 각자의 다른 의견을 불복과 불충의 표시로 보기 때문이다. 풍요의 심리는 내면 깊숙이 있는 개인적인 가치의식과 안정감에서 나온다. 우리는 서로를 신뢰하기 때문에 마음의 문을 연다.

원원의 전략은 조직 내 시스템이 이를 인정해줄 때만 가능하다. 기본적으로 무엇을 보상해주는가에 따라 어떤 결과를 얻을지 결정된다. 수용 가능한 타협점을 찾을 때까지 자신의 입장에서 조금씩 물러서는 숙련된 양보의 기술로부터 많은 이익을 얻을 수 있는데도 자기 입장만 고집하다가는 아무것도 얻어내지 못한다. 상호의존이 고성과를 창조한다.

그럼 이제부터 성공하는 사람들의 습관에 대해 구체적으로 알아보도록 하자. 성공을 이루는 첫 번째 법칙은 집중하는 것이다. 도요타의 경영 철학인 도요타 웨이를 보면 "매일같이 Kaizen(개선)이 없는 일은 일이 아니고 단순 노동이다."라면서 스스로를 경계한다. 가령 오늘 벽돌 1,000장을 만들었으면 내일은 1,001장, 한 달 후에는 1,030장, 1년 후에는 1,365장을 만들어야 비로소 일을 했다고 할 수 있다는 얘기다. 가장 빠르게 성장하는 회사는 가장 빠르게 배우는 회사다.

작은 개선이 모여 큰 개선이 되는 것이며 이는 곧 혁신이다. 처음부터 큰 것을 목표로 하지 않는다. 이렇게 10년을 열정을 가지고 집중하면 누구나 꿈에도 그리는 달인의 경지로 가는 것 아닐까?

가장 창의적이고 생산적이고 혁신적인 리더들은 비즈니스를 재미와 도전을 위해 하는 놀이 같은 체스 게임처럼 생각한다. 리더는 사람들에게 집중하고 장기적인 안목을 가지며 미래에 초점을 맞추고 사람들에게 영감을 준다. 실패를 두려워하지 마시라. 도중에 포기하지 않는 한 실패라는 것은 애당초 없다. 실패는 단지 도약을 위한 밑거름이다. '없다'를 '있다'로 바꾸어 짜내는 것이 지혜이고 그려내는 것이 꿈이다. 성공적인 리더의 최고 비결은 애정이다. 즉 리더로서 일을 사랑하고 그런 일을 하는 사람들을 사랑하며, 조직이 생산하는 것들을 사랑하고 능력을 발휘하여 조직을 빛내는 사람들을 꾸준히 사랑하는 것이다.

리더는 머리로 하는 것이 아니라 가슴으로 하는 것이다. 리더 코치는 자신에 대해서보다는 자신이 육성중인 리더에 대해서 더 많은 관심과 배려를 쏟아야 한다. 루카스 쉬베켄디엑의 〈성공한 사람들의 14가지 공통된 습관〉에서 "긍정적인 미래만 말하라. 당장 실천에 옮겨라. 중요한 것은 절대 양보하지 마라. 목표를 향해 끊임없이 정진하라. 끊임없이 동기부여하라."는 본서를 관통하는 메시지이다.

전문가의 주장에 의하면 커뮤니케이션 중 불과 10%만이 우리가 말하는 내용에 의해 전달되고 있다고 한다. 다른 30%는 우리가 내는 소리에 의해, 나머지 60%는 우리의 신체언어를 통해 전달된다. 공감적 경청은 말하는 내용을 마음에 새기고 반응하고 이해하는 것보다 훨씬 더 많은 것을 포함하고 있다. 사람들에게 자기 말을 이해시키고자 하는 욕구보다 더 큰 욕구는 없다. 바로 경청 받고 존중 받고 가치 있게 여겨지는 목소리와 의견을 갖고자 하는 욕구이다.

시너지의 가장 고차원적인 형태는 인간만이 가진 네 가지 천부능력인 자아의식, 상상력, 양심, 독립의지와 원원을 하려는 용기 그리고 공감적 경청기술을 가지고 우리가 일상생활에서 직면하는 가장 어려운 문제에 도전하는 것이다. 시너지란 전체가 각 부문의 합보다 더 크다는 것을 의미한다. 시너지의 본질은 차이점을 인정하는 것, 서로의 차이점을 존중하고 강점을 활용하며 나아가 약점에 대해 서로 보완하는 데서 나온다.

'자기 쇄신'이란 원칙이며 과정이다. 이는 지속적인 개선을 추진할 수 있는 힘을 부여한다. 신체적, 영적, 정신적, 지적 영역의 균형적인 자기 쇄신을 통해 자기 관리능력이 강화된다. 능력 있는 사람들이 "나는 시키는 대로 하는 꼭두각시이고 부속품이다. 내가 할 수 있는 것은 아무 것도 없다. 어떻게 해야 되는지 말해달라."라고 느끼고 낙심 하는 순간 노예로 전락하게 된다.

2. 지행용훈평

필자가 삼성전자 C&C마케팅 총괄 임원을 할 당시 1993년 6월 프랑크푸르트에서 고(故) 이건희 회장의 특강도 받고 그의 신경영 선언에도 함께 했다. '지행 33훈'은 고(故) 이건희 회장의 경영철학으로 경영자들이 갖춰야 할 자질로 꼽는 5가지 능력 '지행용훈평'을 말한다. 이는 곧 삼성 경영자(리더)의 덕목이다. 고(故) 이건희 회장의 모든 지식과 노하우를 33개의 카테고리로 만들어 놓은 비밀무기 즉 성공방정식이다.

　내 분야에서 짧은 시간에 최고가 되는 5단계 절차의 비밀 지행 33훈은 모두 9개 항목으로 경영자, 사업전략, 경영 인프라, 인사조직, 연구개발, 생산, 마케팅, 글로벌, 기업문화로 구분되어 있으며 오늘날에도 엔터프리너(entrepreneurship)의 훌륭한 가이드라인이 되고 있다.

지(知) – 전략적 지향성, 시장에 대한 통찰력으로 전략수립과 비전목표를 달성할 수 있어야 한다. 전략방향을 수립할 줄 알고 조직에 제시해 "나를 따르라." 하는 자신감!

행(行) – 결과지향성, 고객지향성으로 실행역량 달성전략을 만들어 전략적·조직적으로 실행에 옮길 줄 알아야 하며, 당초 목표한대로 성과를 내야한다.

용(用) – 협력 및 영향력, 조직발전, 팀 리더십을 지휘하는 인재경영 전략과제 추진에 적임자(적재적소)를 선정하여 일을 맡기고 잘 안 되는 부분은 뒤에서 지원해주고 일을 할 수 있는 터전을 만들어 주는 능력이다.

훈(訓) – 변화 리더십으로 끊임없는 전략 학습을 통해 인적역량 강화 교육, 현장 코칭 등을 통하여 부하사원들이 역량을 강화한다. 부하들에게 명령이 아닌 질문을 던져 스스로 답을 구해 도전하게 하라.

평(評) – 결과 지향성의 성과주의 경영. 일의 추진 성과를 공정하게 평가·보상할 줄 알아야 한다.

3. 아마존의 14가지 리더십 원칙

아마존의 리더십 원칙은 모든 아마조니안(Amazonian)이 매일 숙지하고 행동해야 하는 행동강령이다. 여기에서 리더는 당신이다. 즉 셀프 리더십(Self-leadership)을 말하고 있는 것이다. 오늘날 리더들이 가져야 할 사항을 잘 음미해서 실천에 임하기를 권한다.

- 고객에 집착하라

  리더는 경쟁사에 신경을 써야 하지만 무엇보다 고객을 중심으로 생각하는 데 집착해야 한다. 아마존의 미션과 비전인 고객 중심주의와 일맥상통하는 표현이기 때문에 가장 중요한 항목이다.

- 주인의식을 가져라

  리더에게는 주인의식이 필요하다. 리더는 장기적인 시야로 생각해야 하며, 단기적인 결과를 위해 장기적인 가치를 희생해서는 안 된다. 또한 자신의 팀뿐만 아니라 회사 전체를 위해 행동해야 한다.

- 발명하고 단순화하라

  외부의 상황 변화에 주의하고 모든 곳에서 새로운 아이디어를 얻는다. 리더는 팀에 혁신과 창조를 요구해야 한다.

- 리더는 정확하고 옳아야 한다

  리더는 모든 상황에 올바르게 판단해야 한다. 강력한 판단력과 더불어 경험에 기반을 둔 직관을 갖추어야한다. 다양한 사고방식을 추구하고 자신의 생각을 반증하는 데 거리낌이 없어야 한다.

- 자기계발: 배우고 호기심을 가져라

  끊임없이 배우고 자신을 향상해야 한다. 새로운 가능성에 호기심을 가지고 실제로 그것을 행동으로 옮겨야 한다.

- 최고를 채용하고 육성하라

  뛰어난 재능을 가진 인재를 발굴해서 조직전체를 위해 능동적으로 활용해야 한다. 리더는 다른 리더를 육성하고 지도하는 데 진지하게 노력해야 하며 모든 구성원을 위해 새로운 성장 매커니즘을 창출해야 한다.

- 최고의 기준을 고집하라

  리더는 많은 사람들이 터무니없다고 생각할 정도로 높은 수준을 추구해야 한다. 끊임없이 본인이 추구하는 수준을 끌어올려야 한다.

- 크게 생각하라

  대담한 방침과 방향성을 마련하고 제시하여 성과를 끌어내야 한다.

- 신속하게 판단하고 행동하라

  비즈니스는 속도가 생명이다. 대부분의 의사결정과 행동은 나중에 바로 잡을 수 있으므로 거창한 분석과 검토는 불필요하다. 리더는 예측 가능한 위험을 감수하는 것도 중요하다.

- 근검절약을 실천하라

  리더는 더 적은 자원으로 더 많은 것을 실현해야 한다.

- **신뢰를 얻어라**

  리더는 주의 깊게 듣고, 솔직하게 말하며, 구성원을 존경심으로 대해야 한다. 자신과 팀의 잘못을 그냥 넘어가서는 안 된다.

- **깊게 파고들어라**

  리더는 모든 수준의 업무에 관여하고, 항상 세부내용을 파악해 현황을 수시로 감시하며, 문제가 악화되기 전에 미리 손써야 한다.

- **기개를 가져라–반대하되 받아들여라**

  리더는 찬성할 수 없는 사안에는 정중하게 이의를 제기해야 한다. 리더는 신념을 가져야 하며 금방 포기해서는 안 된다.

- **구체적인 성과를 내라**

  리더는 비즈니스상의 핵심 KPI에 초점을 맞추고 이를 신속하게 실행해 결과를 내야 한다. 설령 어려운 일이 생기더라도 당당하게 맞서야 하며 결코 타협해서는 안 된다.

4. 상황적 리더십

리더십을 효과적으로 발휘하기 위하여 부하 직원의 성숙도에 따라 리더의 행동 유형이 달라져야 한다. 예를 들면 어린 아이가 성장함에 따라 부모가 아이에게 서서히 통제권을 넘겨주듯이, 리더는 부하 직원이 성숙해짐에 따라 권한을 점진적으로 넘겨줘야 한다는 태도를 취한다. 칼라일(Carlistle)은 리더가 직면하는 모든 상황을 초월하는 최상의 리더십 스타일은 존재하지 않는다고 주장했다.

리더십의 유형

	특성	공감을 유도하는 방법	비고
전망 제시형	변화에 대한 새로운 전망이 요구될 때나 뚜렷한 방향성이 요구될 때	사람들과 꿈을 공유한다.	긍정적
코치형	장래를 내다보면서 구성원의 업무수행력 향상에 도움을 주고자 할 때	개인이 원하는 것을 전체의 목표와 결부시킨다.	긍정적
관계 중시형	어려운 상황에서도 팀의 불화를 해소하기 위해 사람들에게 용기를 심어주거나 유대를 더욱 공고히 하려고 할 때	사람들을 서로 엮는 가운데 조화를 일궈낸다.	긍정적
민주형	사람들의 의견을 수용하여 의견의 일치를 얻고자 할 때나 구성원들로부터 가치 있는 자발적 참여를 유도하려 할 때	사람들의 자발적 행동을 존중하고 참여를 통해 조직에 헌신하도록 한다.	긍정적
선도형	의욕이 넘치고 유능한 팀으로부터 최고의 결과를 이끌어내고자 할 때	도전할 만한 흥미로운 목표를 제시한다.	제대로 된 성과 없을 시는 부정적
지시형	위기상황에서 전환을 꾀하고자 할 때나 문제가 있는 구성원을 다룰 때	비상 시 뚜렷한 방향을 제시해 두려움을 누그러뜨린다.	잘못 사용하면 매우 부정적

〈출처: 다니엘 골먼, EQ창시자〉

리더십의 유형 중 코치형은 직무지향 행동과 관계지향 행동이 높은 영역으로, 장래를 내다보면서 구성원의 업무 수행력 향상에 도움을 주고자 할 때 유용한 리더십이다. 리더가 계속 지시하고 명령을 내리면서 업무수행을 면밀하게 감독하지만, 결정사항에 대해서는 함께 논의해 나가면서 수행과정에 있어 부하 직원의 제안을 받아들여 전진할 수 있도록 계속 지원해주는 리더십이라 할 수 있다.

어느 정도 수행능력은 있지만 의욕이 없는 사람에게도 코치형 리더십은 유효하다. 이런 사람에게는 자존심을 북돋아 주기 위해 지원과 칭찬이 필요하며, 경우에 따라서는 경험을 보충할 수 있도록 감독이 필요하다. 지도형은 명령과 원조 모두를 포함하며 상대방의 제안을 요구하므로써 일방 통행이 아닌 쌍방향의 커뮤니케이션 방법으로 사용하는 것이다.

리더에게 바람직한 리더십은 '전망제시+관계중시+민주+선도+지시형'을 모두 업무 상황에 따라 적절하게 사용하는 상황적 리더십을 능수능란하게 발휘하는 것이다. 때로는 전망제시형의 엔터프리너처럼 문제가 있을 때는 지시형으로, 어려운 난제를 헤쳐 나가고자 할 때는 카리스마로 대응하는 카멜레온형의 리더가 되어야 한다는 점을 액션코칭* 현장에서 자주 강조한다.

5. 권한위양

Empowerment(권한위양)는 관리자들이 지니고 있는 책임, 권한을 개개인에게 부여하고 이를 충분히 활용할 수 있도록 코치하고 배려하여 실무자들의 업무 수행 능력 및 창의성을 최대한 발휘하도록 배가시키는 시너지 창출 프로세스이다. 자신이 담당하는 일에 대해 스스로 의사결정권을 갖게 해 사명감을 높임으로써 환경변화에 신속하게 대응할 수 있는 기반이 된다. 필자는 액션코칭* 시에 권한위양을 위한 몇 가지 전제조건이 충족되지 않으면 결코 시행해서는 안 된다고 경고하고 있다.

첫째, 권한위양의 범위를 명확하게 할 것. 예를 들면 결제 권한, 업무처리 매뉴얼에 벗어났을 때 어떻게 처리해야 하는지가 명확히 규정되어 있어야 한다. 매뉴얼은 IT화가 되어 자동적으로 감지하게끔 만든다. 권한위양은 그냥 사람을 믿고 업무를 맡겨 알아서 잘 추진하라는 의미가 아니다. 필자는 임원으로서 일할 때 기본적으로 사람 자체를 그냥 믿지 않는다. 일을 몇 번 시켜보고 제대로 일하면 그때 가서 신뢰한다. 신뢰하더라도 Check & Balance(견제 장치)를 둔다. 즉 일의 추진 과정을 모니터링하고 3차원 경영방식으로 위, 아래, 현장의 반응을 수시로 들여다봄으로써 실무자가 한 눈 팔지 않도록 함은 물론이고 행여 실수로 회사에 큰 부담을 주지 않도록 해야 한다.

인재를 알아보려면 겉모습만으로 평가해서는 절대 안 된다. 눈에 보이는 것보다 보이지 않는 것이 훨씬 중요하기 때문이다. 즉 외모나 말이 아닌 능력, 품성 같은 본질이 더욱 중요하다. 사람의 가치를 한눈에 알아보는 것만큼 어려운 것이 없다. 하지만 더 어려운 것은 그렇게 해서 얻은 인재를 잘 쓰기가(적재적소) 더 어렵다는 것이다. 주위를 둘러보면 능력이나 전공, 적성이 전혀 맞지 않는 관료나 기업체 간부가 괜히 자리만 차지하는 경우가 적잖이 있다. 과연 그 사람이 제대로 일하고 리더십을 발휘할수 있을까? 그 결과는 보지 않아도 뻔하다. 일의 성과는 차치하더라도 그를 진심으로 믿고 따르는 사람은 아마 거의 없을 것이다. 오히려 이용만 하다가 버릴지도 모른다.

둘째, 리더는 시스템을 만들고 프로세스와 조직을 구성하며 부하 사원에게 권한위양을 해야 한다. 뒤에서 일의 진척사항을 살펴가면서 잘 안 되는 것은 도와주고 필요한 것은 지원 해준다. 따뜻하게 안아야하지만 때로는 매정하게 대해야 한다. 조직을 장악하면서도 자율도 보장해야 한다. 훌륭한 리더의 중요 자질은 낙관주의, 용기, 명확한 초점, 결단력, 호기심, 공정성, 사려 깊음, 진정성, 완벽주의, 품질과 고결함을 갖추고 사람을 존중하는 것이다. 권한위양은 열정을 불러일으키는 동기부여이며 적절한 성과보상으로서 도전과 창의혁신의 조직 문화를 만들어 준다. 권한위양은 조직 구성원의 역량과 깊은 관련이 있다. 역량이 있는 경우에는 선도형이나 민주형으로 하면 좋지만 그렇지 않은 경우에는 지시형으로 하는쪽이 효율적이다. 권한위양은 조직 및 개인역량을 강화하기 위해 반드시 거쳐야하는 과정이다. 위임 받은 자가 직접 해보고 문제점이 발생하면 해결해나가는 과정에서 동기부여가 되고 역량도 향상되는 일석이조의 결과를 얻게 된다.

6. 역사로부터 배운다

우리가 고전을 읽는 이유는 과거의 사례를 통해 현재의 교훈을 얻고자 함이다. 고전의 지혜 중에서도 춘추전국시대 진시황의 통치이념으로 자리잡은 한비자(BC 280~233, 한나라)가 주장하는 법·세·술은 오늘날 우리 리더들에게 많은 점을 시사해주고 있는 리더십 지혜의 보고(寶庫)라고 생각한다. 예를 들면 무욕계(無慾計)에서 속셈을 섣불리 노출시키지 말라는 말은 후에 후흑학의 원전이 되었고 1980년대 등소평의 "자신을 드러내지 않고 때를 기다리며 실력을 기른다."는 도꽝양회(韜光養晦)도 이에 기초하고 있으며, 지금도 이 글귀는 국가나 기업체 리더들에게 널리 통용되는 진리로 여겨진다. 스스로를 아는 것, 사람들의 지혜를 이용하는 것, 상벌로 다스리는 것, 아첨과 충성을 구분하는 것, 유능한 인재를 구하는 것, 겉모습만 보고 판단하지 말 것, 결정은 리더가 하는 일, 상대가 원하는 것을 파악하는 것 같은 내용은 그야말로 리더들에게 있어 금과옥조와 같은 리더십 지침서이다.

『후흑학』에서 유세의 어려움을 논하는 내용이 나온다. 상대의 마음을 헤아려 자신의 의견을 그것에 맞추는 것이 쉽지 않다거나 유세의 요체는 상대가 자랑으로 여기는 것을 은근히 칭찬하고, 부끄럽게 여기는 것을 은근히 덮어주는데 있다고 한다. 유세하는 자는 자신이 말하고자 하는 의도가 상대의 뜻에 거슬리지 않도록 해야 하고 말씨가 상대의 감정을 자극하지 않도록 조심해야한다고 말한다. 즉 보스의 속마음을 정확히 헤아린 연후에 자기의 주장을 능히 펼쳐야 한다. 이 얼마나 멋진 처세술인가. 지금 들어봐도 틀린 구석이 하나도 없다.

소셜 네트워크에는 가짜 정보가 적잖이 넘친다. 소위 "~카더라."가 판치고 있다. 나는 속는 사람보고 "속이는 사람보다 속는 사람이 문제다. 처음에는 잘 몰라서 속았다지만 두 번째도 속으면 속은 사람 탓이다."라고 일갈한다. 화이부동(和而不同)이란 고사성어가 있다. "부화뇌동(附和雷同)하지 않고 다른 사람의 말을 자기 말처럼 하지 말고, 다른 사람의 의견에 동조하지 말라. 그래서 당신의 선택의 기준이 중요하다. 선택 기준을 높이려면 당신의 인지구조(Schema)를 깊게 폭 넓게 해야 한다."라고 유세한다.

인사관리에 있어서 대부분의 조직 구성원들은 권력자·상사가 보는 앞에서는 순종하는 체하고 속으로는 딴 마음을 갖는 속성을 지녔다(陽奉陰違). 그러니 공정한 인사, 공정한 평가가 선행되어야 한다. 공(公)과 사

(私)를 명확히 구분하지 않으면 언젠가는 큰 코 다친다."라고 주의를 준다. 그리고 사람을 판단할 때 "잘 짖는다고 좋은 개가 아니고, 말 잘 한다고 현명한 사람이 아니다. 행동이 그 사람의 말뜻을 결정한다. 이력서에 있는 경력사항은 참고만 하라. 실력이 있다면 향후 실적으로 증명해 보일 것이다. 그림자에 속지마라." 또한 "무원칙적으로 관용을 베풀며 눈 감아주면 후환이 끝이 없다. 천리마를 타도 손에는 채찍이 있어야한다." 부하 관리에 있어서 "아랫사람을 부리는 방법은 쓸데없는 참견이 아니라 그들이 하는 일을 살펴보면서 잘잘못을 가려낼 줄 아는 요령을 터득하는데 있다(대공무사-大公無私)."

프로젝트를 추진함에 있어서도 "운은 하늘이 내리는 것이지만 일의 성사는 사람이 하는 대로 이루어진다. 뜻이 있는 곳에 길이 있다. 하늘은 스스로 돕는 자를 돕는다." 뭐든지 적당히 대충하면 안 된다. 미치지 않고는 이룰 수 없다(불광불급-不狂不及). 전략수립에 있어서는 "하늘이 주는 것을 받지 않으면 오히려 해를 입고 시기가 이르렀는데 행하지 않으면 도리어 재앙을 입는다(한신의 책사 괴철-천하삼분지계 효시).", "기회는 준비된 사람에게만 찾아온다(히포크라테스)." 또 "손권은 나에게 신선한 풀과 사료는 주지만 넓은 초원은 안 준다(제갈량)." 등의 내용을 말해준다. 장황한 설명보다 이렇게 얘기하는 게 상대방에게 많은 내용을 전달한다.

7. 인맥도 실력이다

임원들의 요구역량 중 제일 중요한 것 중 하나가 네트워크 역량이다. 특히 신규 사업이나 신성장 동력을 찾아야하는 기업체의 임직원들이나 스타트업은 네트워크 역량이 프로젝트의 성패를 결정짓는다고 해도 과언이 아니다. 중국에서는 콴시(關係), 일본에서는 츠나가리(連繫) 없이는 사업을 하지 말라는 얘기도 있듯이 이는 매우 중요하다. 네트워크는 인맥과 다르다. 인맥은 많은 사람을 알고 있다는 것이고, 네트워크는 사업상 필요로 할 때 도와줄 수 있는 인맥을 뜻한다. 네트워크라는 레버리지를 잘 활용하면 자원을 효율적으로 운용할 수 있고, 인맥을 통한 학습효과도 올릴 수 있으며 나아가서는 정보수집이 용이하고 결정적인 순간에 큰 힘이 될 뿐만 아니라 힘들 때 버팀목이 되어준다. 좋은 인맥을 만드는 비법은 작은 만남의 기회를 소중히 하고 첫사랑보다 강렬한 인상을 남기는 것이다. 헤어질 때는 다시 만나고 싶은 사람으로, 고마운 사람이 아니라 필요한 사람으로 남도록 접근해야 한다. 얼마나 많은 사람을 알고 있는게 중요한 게 아니라 얼마나 필요한 사람들을 알고 있느냐가 중요하다.

대기업 임원이나 팀장 액션코칭* 시 필자는 피코치에게 현업에 있을 때 "되도록이면 업무 관련은 물론 업무에 관련 없는 분야라도 좋은 인맥을 구축하세요."라고 말한다. 회사를 관두거나 전직하고자 하면 당신을 도와줄 수 있는 사람은 당신이 지금까지 닦아온 인맥이라는 것을 실감하게 될 것이다. 사실 직장에서 업무 관련하여 구축한 인맥은 직장을 떠남과 동시에 1~2년 이내 95% 이상이 당신 곁을 떠나간다는 사실을 잊지 말아야 한다. 결국 시니어가 될 때는 고교 동창이 여러분의 곁에서 희로애락을 같이 하면서 놀아주고 도와주니 평소 동창회에도 소홀히 하지 말아야 한다.

　과거에는 백, 연줄, 낙하산이 중요했지만 지금은 인맥이 중요하다. 핵심 인맥구축은 하루아침에 이루어질 수 없으며 체계적인 시스템과 실행에 부단한 연구와 활용이 그 성과를 좌우하게 된다. 불교에서 '인드라망'처럼 인간세상은 서로 연결되고 있으며 서로 비추고 있는 밀접한 관계라는 것을 잊지 말아야 한다. 지금부터라도 네트워크를 만들어라. 결코 늦지 않았다.

4장
마인드 셋

1. 성장 마인드 셋

어떤 행동이든 개개인이 가지고 있는 마인드 셋에서 그 행동이 시작
되기 때문에 어떤 마인드 셋을 갖고 있는지는 매우 중요하다. 마인드 셋
은 원하는 것을 이루게 하는 힘이기 때문이다. 마인드 셋에는 두 가지 종
류가 있다.

하나는 **고정 마인드 셋**으로, 자신의 능력과 재능은 불변하다고 믿는 것
이다. 고정 마인드 세계에서 실패는 패배와 동의어로 여기기 때문에 도
전과 실패를 두려워해 감추려하여 현재 수준에서 정체되고 잠재력을 발
휘하지 못한다.

다른 하나는 **성장 마인드 셋**으로, 자신의 재능과 능력이 성장할 수 있
으며 실패는 성공의 디딤돌이 된다고 믿으며 부단한 노력과 훌륭한 전략
으로 원하는 바를 달성 할 수 있다고 여긴다.

2. 아는만큼 보인다

필자가 만든 용어로 '역량 자승의 법칙'이 있는데, 그 의미는 하나를 알면 1, 둘을 알면 2^2, 셋을 알면 2^3, 넷을 알면 $2^4=16$이 된다는 뜻이다. 전략 하나만 알면 퍼포먼스는 1이며, 여기에 마케팅을 알면 2^2인 4의 파워를, 여기에 인문학을 더하면 2^3, 즉 8의 퍼포먼스를, 나아가 매니지먼트 역량을 갖추면 2^4인 16의 막강한 융합지식을 갖게 되어 통섭의 경지에 오르게 되고 창의혁신 등의 업무 추진에 있어서 리딩 파워를 갖게 되어 그 누구하고 다투어도 지지 않게 된다는 것이다.

예를 들면 반도체의 경우 아키텍쳐, 디바이스, 디자인 세 분야를 능수능란하게 잘 다루어야 1인자가 된다. 이처럼 다양한 실무지식과 더불어 많은 분야의 지식을 습득해야 파이(π)형 인재가 되어 더 높이, 더 멀리 더 빠르게 날 수 있고 그래야 더 많은 것을 볼 수 있다. 왜냐하면 "아는 것만큼 보이기 때문이다!"

통섭은 에드워드 오스본 윌슨(E.O.Wilson)의 책 『Consilience』를 최재천 교수가 '통섭(統攝)'으로 번역한 뒤 노무현 정부 때 유행한 말인데, 통섭은 지식의 통합이라고 부르기도 한다. 서로 다른 것을 한데 묶어 새로운 것을 잡는다는 의미로 자연과학과 인문과학을 통합해 새로운 것을 만들어 내는 범학문적 연구를 일컫는다. 통섭은 국내에서 융합이라는 뜻을 지닌 보편어로 널리 사용되고 있다. 지식역량 자승의 법칙은 당신을 통섭의 경지로 이끌어주어 사회생활을 하면서 무엇이 옳고 그른지 알게 해주고 남들보다 높은 수준의 인사이트를 얻게 해준다. 아인슈타인이 말했듯 "문제를 일으킨 것과 같은 수준의 생각으로는 문제에서 벗어날 수 없다."는 것과 같은 이치다. 더욱이 4차 산업혁명 시대에 있어서 한두 가지 지식 갖고는 치열한 생존경쟁에서 살아남기 힘들다. 당신의 역량을 강화하면 강화하는 만큼 많이 보인다.

통섭의 경지에 간 사람은 통합 인재라고도 불린다. 통재(通才)의 대표주자는 누가 뭐라 해도 능신, 권신, 충신인 제갈량이다. 그는 공고진주(功高震主)로 공이 주인을 떨게 할 만큼 높다. 현대에 와서는 오너와 전문 경영인의 역할과 책임이 확연히 분리되어 있기 때문에 이런 염려는 없다. 오히려 오너가 전문경영인의 성과에 맞는 칭찬과 보상으로 더 큰 발전을 도모할 수 있다. 융합인재는 인지 구도가 달라 가짜 정보를 가려내는 것도 능숙하며 쉽게 부화뇌동하지 않는다. 이런 인재에게 적절한 격려를 해주어 힘을 실어주어야 할 것이다.

기술과 경영을 접목한 융합적 사고가 4차 산업혁명 시대에 각광받고 있다. 융합학문 IT 분야에서는 다양한 영역과의 융합이 활발하게 이뤄지기 때문에 주어진 상황에서 최적의 해법, 최적의 결정을 내려야하는 포지션에서는 융합인재가 강한 강점을 드러낸다. 최근 기술이 점점 고도화되면서 기업마다 공대 출신인재들이 경영 전면에 많이 나서고 있다. 경영을 함께 아는 융합인재는 문제해결 능력은 물론이고 보다 넓은 관점에서 문제를 조망하는 시각을 갖고 있다.

미래에는 어느 한 분야의 지식만으로는 복잡한 사회문제를 해결할 수 없다. 다양한 관점에서 생각하고 융복합적으로 해결책을 찾는 능력이 필요하다. 교육부 산하 한국과학창의재단에서는 융복합적인 사고를 가진 우수한 인재를 양성을 목적으로 STEAM(Science, Technology, Engineering, Arts, Mathematics) 교육 사업을 운영하고 있다. 이 교육을 받은 통합인재들이 앞으로 각계계층의 혁신을 주도하여 또 다른 성장의 발판을 마련할 것이다.

IT 주요 기업 리더 중 많은 사람이 경영과 기술, 인문학을 공부한 통합인재들이 많다. 이는 기술에 대한 이해뿐만 아니라 소비자가 원하는 것을 정확히 짚어내는 능력이 뛰어나기 때문이다. 융합인재는 공과대를 나왔다고 해서 유리한 게 아니다. 문과 출신도 K-MOOC, TED, 유튜브, 전문서적 등 융합지식을 접할 기회가 무궁무진하다. 다 생각하기 나름이다. 생각이 행동을 이끄는 법이다.

3. 답은 현장에 있다

어려운 문제가 있으면 책상에 앉아서 고민하지 말고 무조건 바깥으로 나가라! 바깥으로 나가 고객, 경쟁사, 업계 관련기관에 발품을 팔아 부딪쳐 격의 없이 현안에 대해 논의하라! 피터 드러커는 '혁신 5원칙'에서 밖에 나가서 고객을 만난 다음 기회분석부터 시작하라고 피력했다. 필자가 마케팅·영업본부(팀)장을 맡을 때 우선적으로 하는 일이 전국(전 세계)을 한 바퀴 도는 것이다. 지역을 순회하면서 영업지점, 영업사원, 유통점 사장, 경쟁환경 등을 눈으로 보고 귀로 직접 듣고 나면 우리의 문제점이 무엇인지, 어떻게 풀어야 하는지 핵심을 잘 파악할 수 있다. 그 일의 요체를 알아야 최소의 비용으로 최대의 효과를 얻을 수 있다. 이렇게 하는 것을 MBWA(Management By Wandering Around)라고 하는데 그 이유는 대부분의 답은 현장에서 구할 수 있기 때문이다. 문제는 대부분의 관리자가 현장의 소리에 귀 기울이지 않는다는 점이다.

영업사원들이 현장을 잘 아는 것 같지만 실제 5 Why식으로 깊이 파고 들어가면 3단계에서 대부분 나가떨어진다. 본질을 모르고 어떻게 경쟁 우위정책을 만들 수 있을까? 영업현장의 임원이나 팀장에게 고객의 소리(VOC)를 물어보면 피상적이고 상투적인 선에서 답변하는데 이래 서는 인사이트가 있을 리 없고 개선이 될 리가 없다. 그림자에 속지 마라! 매사 '답은 현장에 있음'을 명심하고 업무에 임해야 할 것이다.

도요타의 3현주의가 있다. 개선활동과 관련된 용어로서 현장·현물·현실을 뜻하며 사무실에 앉아서 탁상공론만 하지 말고 3현주의에 입각해서 "현장에서 현물에 의한 현실 감각을 갖고 활동하라."는 뜻이다. 현장에 모든 답이 있다는 의미인 것이다. 필자가 자주 사용하는 '3차원 경영' 이야기도 현장의 의견을 Bottom up하라는, 즉 반영하라는 뜻이 담겨있다. 답을 찾아 헤매지 마라. 모든 답은 현장에 있다. Top down은 이런 것들을 최적화하여 회사의 정책으로서 하향전개하는 것이다.

4. 비전은 스스로 만드는 것이다

필자는 지금까지 자의보다는 타의로 인사·총무, 외자구매, 관리, 기획, 마케팅, 상품기획, 글로벌 마케팅전략, 국내영업, 혁신 등 주로 조직에서 제일 중요한 사업부문을 옮겨 다녔다. 항상 새롭게 업무를 셋업해야 하는 기구한(?) 운명을 받아들이고 맡은 바 소임을 다한 후 다른 사업부(부서)로 전출하기를 거듭했다. 업무에 임하면서 항상 '업의 본질은 무엇인지에 입각하여 중장기전략을 수립하고 이와 연계(Align)해서 행하는 것'을 철칙으로 삼았는데, 이럴 때마다 나는 팀원(조직 구성원)들에게 "비전은 누가 만들어주지 않는다. 기회란 스스로 만들어 가는 것으로 우리가 Vision Making을 해야 한다."고 역설하면서 밀어붙이곤 했다.

이 세상에 장밋빛 비전이 보장된 업무는 없다. 코닥, 노키아를 보라! 한때는 전 세계 No.1이었지만 지금은 쇠락의 길을 걷고 있다. 의타적으로 "일할 환경을 만들어 주세요."라기 보다는 본인이 일할 환경을 직접 긍정적 마인드로 조성해 나가야 한다. 하늘은 스스로 돕는 자를 돕는다고 했다. 미래 학자 피터 드러커는 **미래는 예측하는 게 아니라 창조하는 것이라**고 했다. 미래는 준비하는 자의 몫이다. "할 수 있는 것을 하는 게 아니라 해야 할 것을 하라."가 현명한 자세다. 숙명은 어떠한 의지나 노력으로도 바꿀 수 없는 이미 결정되어 있는 삶을 사는 것이지만, 운명은 정해져 있는 것이 아니라 스스로 만들어 가는 것이라 할 수 있다. 당신의 운명을 스스로 만들어 가라. 바보들은 항상 노력하지만 똑똑한 사람들은 환경을 바꾼다. 당신이 환경을 만들지 않으면, 환경이 당신을 만들 것이다.

인생은 목표와 목적이 있어야 하는 것이고, 목표를 향해 전진할 때 살아있는 것이다. 바탕이 없으면 아무리 노력해도 안 된다. 길은 나아가면서 자기 스스로 만드는 것이다. 정해진 길은 없으며 다만 목표만 있을 뿐이다. 인생이란 주어진 상황을 끊임없이 개선하면서 살아가야 하는 것이다. 비전을 만들어 간다는 것은 미래에 언젠가 찾아올 기회를 포착하는 데 매우 유리하다.

5. 오픈형 인재가 되자

오픈형 인재란 '본인 생각이 틀렸으면 솔직히 인정하고 타인의 좋은 의견을 받아들일 줄 아는 사람'을 뜻한다. 본인 생각이 때로는 틀릴 수 있다고 생각해야 한다. 예를 들면 인생은 5차 방정식이며 해(解)는 여러 개

(5개)가 존재하는 것처럼 상황과 조건에 따라 답은 달라지는 것이다. 살다 보면 자기가 보는 것만이 전부가 아닐 때도 아주 많다. 그러니 "반드시 이렇게 해야만 한다."라고 하기 전에 다른 사람들의 의견을 충분히 경청하라. 그 후에 결정해도 결코 늦지 않다. 정상에 도달하는 방법은 여러 개가 존재하며 상황에 따라 최적해(最適解)가 달라지기 때문이다. 휴브리스(Hubris)는 자신감이 충만한 엘리트의 과신과 오만을 가리키며, 그로 인해 저지르게 될 과오까지 은연 중 내포하는 개념이다. 우리는 항상 이 것을 경계해야 한다. 오히려 난득호도의 자세로 임하는 편이 보다 더 많은 것을 얻을 수 있다고 본다.

☞ 난득호도(難得糊塗): 잘 모른 체 하며 아랫사람의 의견을 구한다.

리더에게 요구되는 가장 중요한 자질 가운데 하나가 경청이다. 때로는 받아들이기 힘든 직언도 포용해야 아랫사람들과 소통할 수 있다. 당태종의 충신인 위징은 직언에 거침이 없는 인물이었다. 이런 신하를 곁에 두기 위해서는 열린 마음을 지녀야 가능한 일이라고 생각한다.

열린 인재는 모든 것을 이기려 하지 않는다. 오프라 윈프리가 "사람의 마음을 바꾸고 싶을 때는 토론에서 이기는 것이 아니라 그들의 마음에 호소해야 한다."라고 했듯이 다 이긴다는 것은 모두 다 잃는다는 것을 알아야 한다.

6. 꿈과 야망 그리고 열정

나이가 젊어도 꿈과 야망 그리고 그것을 이룩하기 위한 열정이 없으면 죽은 것이나 다름없고 반대로 나이가 들어도 꿈과 열정이 있으면 젊다고 봐야 한다. 야망으로는 불충분하다. 그것을 달성하기 위한 로드맵을 만들어 열정을 갖고 적극 실천하는 것 자체가 큰 보람이 아니겠는가? 진정한 행복은 과정의 몰입에서 나온다. 열정 없이 이루어지는 것은 없다. 열정적인 사람이 되는 방법은 열정적인 것처럼 연기하는 것이다.

몰입(Flow)에는 세 가지 조건이 있다.

'높은 목표·핵심가치·일하는 방법을 달리하는 것'이고 희생을 보더라도 기꺼이 헌신하겠다는 마음가짐이 필요하다. 톨스토이의 Memento mori처럼 '항상 죽음을 생각하며 살고 매사 노심초사하면서 최선을 다하는 자세'를 견지해야 한다. 젊은이들에게 고한다. 꿈과 야망을 갖고 도전하라! "여러분이 살면서 가장 즐겁게 할 수 있는 일을 찾아 직업으로 삼으세요. 인생은 짧습니다. 여러분의 열정을 좇으십시오."

GE의 잭 웰치 회장이 제시한 4E 리더십은 Energy, Energizer, Edge, Execute인데 이것만으로는 기대했던 성과가 안 된다는 것을 깨닫고 그 이유를 분석한 끝에 추가한 것이 바로 열정(Passion)이다. 열정은 어떠한 일에 대해 뜨거운 마음이고 이러한 마음에서 피어나오는 감정을 정열이라 한다. 무슨 일을 하든지 일단 열정을 가지고 한다면 적어도 후회는 안 할 것이다. 열정을 지니고 포기하지 않는 한 실패는 없는 것이기 때문이다.

유펜(UPenn)의 교수 앤젤라 더크워스(Angela Duckworth)의 저서 『그릿(grit)』에서 끈기를 기르는 네 가지 방법을 소개했는데 그 키워드는

'관심·연습·목적·희망'이다. 자신의 일이 중요하다는 희망과 확신이 열정을 무르익게 하며, 특정 영역에 관심을 두고 발전시킨 다음 온 마음을 다해 집중하고 어제보다 더 잘하려고 마음먹은 채 매일 단련하는 과정에서 끈기가 생긴다. 열정을 좇고 싶지만 아직 마음에 품은 열정이 없다면 그 대상을 처음부터 되돌아가서 찾기를 저자는 권유한다. 나는 무엇에 가장 관심이 가는가? 무엇이 내게 중요한가? 나는 어떻게 시간을 보낼 때 즐거운가? 마음속에 대략적인 방향이라도 잡히면 그 즉시 흥미의 싹을 자극해야만 한다. 실험해보라! 시도해 보라! 아무것도 하지 않는 것보다 분명 많이 배울 것이다. 끊임없이 도전하라.

열정의 원천은 흥미이고 또 하나는 목적이다. 투지가 강한 사람들의 성숙한 열정은 이 두 가지에 의해 결정된다. 멀리 목표를 둔 채 일하고 이후의 삶을 적극적으로 준비하며 확고한 목표를 향해 노력할 때 지속적인 동기부여가 생긴다. "미치지 않으면 도달할 수 없다."라는 불광불급(不狂不及)이 아닌가 한다.

열정 있게 만들려면 스스로 동기부여하는 방법을 깨우쳐야한다. 비즈니스 세계에서 제일 좋은 방법은 '스스로 높은 목표를 설정하여 도전하는 것'이다. 일반적으로 열심히 일한다는 것은 목표 달성보다는 그 과정에서 '열심히 한다'에 방점이 찍혀 있다고 본다. 윈스턴 처칠(Winston Churchill)은 "열정을 잃지 않고 실패에서 실패로 걸어가는 것이 성공이다. 최선을 다하고 있다고 말해봤자 소용없다. 필요한 일을 함에 있어서는 반드시 성공해야 한다."고 했는데 이는 말콤 포보스(Malcolm Forbes)의 "우리가 실패에서 배우면, 실패는 성공이 된다."는 격언과 일맥상통한다. 어디까지나 목표 달성을 했을 때 열정의 의미가 더 우리에게 와닿는 것이라 할 수 있다.

인간은 동기부여가 올라가서 행동할 수 있는 게 아니라 행동함으로써 동기부여가 올라가는 것이다. 인생은 목표와 목적이 있어야 하고, 목표를 향해 행동할 때 살아있는 것이다. 벤자민 프랭클린(Benjamin Franklin)은 "기운과 끈기는 모든 것을 이겨낸다."고 말했다. 당신이 열정적으로 일할 때 많은 장애물이 놓여있을 수 있다. 이때 빌 게이츠(Bill Gates)의 명언이 새삼 떠오른다. "인생은 원래 공평하지 못하다. 그런 현실에 대해 불평할 생각하지 말고 받아들여라."를 다시 한 번 되새겨보고 열정적으로 돌파하자.

7. 긍정의 힘

우리의 내면에는 긍정적인 씨앗과 부정적인 씨앗이 있으며 우리의 태도에 따라 싹을 틔우기도 하고 그대로 잠들어 있기도 하다. 매사를 긍정의 눈으로 보면 긍정이 보이고 부정의 눈으로 보면 부정만 보이는 법이다. 긍정은 낙천적인 성격을 가진 사람에게 많이 나타난다. 혁신가들은 거의 낙천적 성격을 가진 사람들이 많다. 왜냐하면 혁신은 실패의 두려움이 상대적으로 크기 때문에 부정적인 사람에게는 애당초 궁합이 맞지 않기 때문이다.

현대 정주영 회장의 유명한 일화가 있다. 고(故) 정주영 회장은 "해봤어?"와 함께 "시련은 있어도 실패는 없다."라는 어록으로 세간의 화제가 된 적이 있다. "해봤어?"의 말뜻은 "안 해보고 멋대로 결정하지 말아라!"라는 의미이다. 일단 해보고 나서 무리니 뭐니 말을 하라는 뜻인 것이다.

대표적인 일화로 1966년 현대자동차 설립초기 정주영 회장이 독자모델 개발을 적극 추진하였을 때다. 내부에서 반발이 많았다고 하는데 이때 정세영 당시 사장에게 "이봐~ 해봤어?"라고 하여 결국 포니가 탄생했다. "해봤어?"라는 질문은 긍정의 힘에서 나오는 말이다. 아마존의 CEO 제프 베조스도 긍정적이며 낙관적인 사람으로 유명하다. "해봤어?"는 긍정의 열정을 일으키는 강력한 질문이며 승리는 긍정적인 태도에서 나온다.

코칭이란 코칭 대상자에게 긍정적인 영향력을 주기 위한 양방향 커뮤니케이션 과정이다. 상사가 부하 직원들을 믿고 긍정적인 기대를 표한 것이 직원의 근로 의욕과 생산성 향상으로 이어지는 것을 피그말리온 효과(Pigmalion effect)라고 설명할 수 있다. 긍정의 언어로 말하면 낙관주의를 발산시켜 동기부여가 되고 결국 조직 구성원들을 도전하게 만든다. 긍정적인 믿음이 진정으로 생길 때 불가능해 보이는 결단력과 업무방식도 가능해진다. 즉 자기긍정·부정적인 면과 한계를 받아들이면서 스스로 좋게 생각하는 능력이다. 낙관론자는 기회와 가능성 쪽으로 눈을 돌린다.

우리는 문제가 생길 때마다 다른 요인들을 탓한다. 사회는 탓하는 데 중독되어 있다. "상사가 너무 통제하지만 않는다면…, 다른 부서에서 잘 협조만 해주었다면, 우리가 사양산업 분야에 있지만 않는다면…, 하기만 한다면 좋을 텐데…." 자신의 문제와 도전을 모두 다른 사람과 상황 탓으로 돌려 고통에서 일시적으로 벗어날 수도 있을 것이다.

하지만 그러한 부정적 습관은 우리를 바로 그 문제 속에 가둬버리고 헤어나지도 못하게 한다. 자신이 처한 상황을 받아들이고 책임질 수 있을 만큼 겸손하고, 또 이 도전을 창조적으로 헤쳐 나가는데 필요한 것을 찾아 주도적으로 행할 수 있을 만큼 용기 있는 사람이 있다면 그는 놀라운 힘을 활용하는 사람일 것이다. "네 탓이오."라는 태도는 냉소와 절망감을 낳는다. 잘못된 것을 긍정적으로 생각하면 의외로 그 속에서 해결방책이 생길 수 있는 법이다.

그런 면에서 신앙심이 상대적으로 큰 사람들은 고난을 탓하기보다는 이를 극복의 대상으로 보고 굳게 헤쳐 나가는 경우를 주위에서 많이 봐왔다. "삶은 도전이다. 도전을 피해서는 안 된다."는 생각을 갖고 있는 사람과 "왜 나한테만 이런 일이!"라는 마인드를 갖고 있는 사람은 모든 일을 대하는 포지션이 근본적으로 달라진다. 부정적인 사람에게 망치를 쥐어 주면 모든 어려운 사안을 부정의 못으로 보고 마구잡이로 망치로 박으려고(해결하려고) 한다. 그러나 긍정적인 사람은 "불가능이란 노력하지 않는 자의 변명이다. 지금 하고 있는 것에 충실히 하자. 그러면 결국 오르게 되리라."는 강한 믿음을 갖고 있다. 신념이 있으면 태도가 달라지고 행동이 바뀌게 된다.

사람을 움직이는 건 '사실'이 아니라 '생각'이다. 긍정의 힘을 불어넣고 낙관주의를 발산하라. 낙관론자는 기회와 가능성 쪽으로 눈을 돌린다. 적어도 그만 두지 않을 때까지는 실패한 것이 아니다.

갤럽의 책임자인 톰 래스(Tom Rath)는 『위대한 나의 발견 강점혁명』에서 34가지 재능 중 자신만의 강점을 찾아 매일 강점에 집중하는 사람은 그렇지 못한 사람보다 6배나 의욕적이고 생산적인 일에 몰두하며 삶의 질이 3배 높다고 주장한다. 재능은 다이아몬드의 원석과도 같으며 당신의 재능을 갈고 닦는다면 그것은 당신의 핵심역량이 되며 당신을 긍정적으로 변하게 만들 것이다.

8. 철저한 책임의식(Accountability)

필자가 삼성에 입사했을 때 미국인 상사한테 처음 들은 얘기가 'Accountability'라는 단어이다. 그 당시에는 그게 무엇인지를 잘 몰랐는데 임원이 되고나서야 의미를 정확히 알게 되었다. 무슨 일을 하든지 간에 '책임자를 먼저 선정하고 일을 추진해야 한다.'는 얘기다. 책임으로 해석되는 영어 단어는 Responsibility와 Accountability가 있는데 그 의미가 엄연히 다르다. Responsibility는 어떤 상황이 주어졌을 때 대처를 하는 책임을 말하며, Accountability는 어떤 문제가 발생했을 때 그 문제가 왜 발생했고 누구의 잘못인지를 가려내는 책임을 말한다. 즉 누가 책임을 지고 옷을 벗을 것인가이다. 대체적으로 높은 직위에 있는 사람(정치가, 관료, 회사 임원 및 중요한 위치에 있는 사람들)이 이런 책임을 지고 있다. 그런 만큼 책임자는 목숨을 걸고 프로젝트를 추진해야 한다는 의미이다. 그런데 우리 주위를 보면 문제가 터졌을 때 서로 책임 회피하려는 추태를 보인다. 기업에서도 마찬가지다. 만약 매출에 차질이 나면 누가 1차 책임자인가? 신상품개발 부서인가? 구매부서인가? 생산부서인가? 영업부서인가? 마케팅팀의 문제인가? 아니면 관리부서인가? 회의를 하다 보면 영업은 개발팀을, 개발은 구매팀을 구매는 생산부서를 가리킨다. 서로 발뺌을 하는 데 이골이 나서 삼성에서는 SBU(Strategic Business Unit)라는 사업부문을 만들었다. 큰 문제가 생기면 SBU 부문장이 책임을 지며 정도에 따라 산하조직장이 책임을 진다. 이는 연말 임원 인사에 반영된다.

모든 사람이 책임을 지는 것은 아무도 책임을 지지 않는다는 얘기다. 집단지성은 다수의 개체들이 서로 협력 혹은 경쟁을 통하여 얻게 되는 결과이자 집단적 능력을 말한다. 소수의 우수한 사람이나 전문가의 능력보다 집단의 통합된 지성이 올바른 결론에 가깝다는 주장이다. 집단지성의 문제점은 구성원의 참여에 달려있으며 얼마만큼 구성원들이 참여하고 노력하느냐에 따라서 산출물의 결과가 달라질 수 있다는 점이다. 집단 속에서 소수 의견이 설 입지가 없어져 전체의견에 휩쓸리기 쉬운 폐해가 있다.

기업의 규모가 커질수록 의사 결정 프로세스가 복잡해져 회의 수가 늘어난다. 이것이 곧 생산성을 떨어뜨려 의사 결정의 속도 역시 상당히 저하되는 악순환을 초래한다. 구글에서는 회의가 끝날 때까지 그 회의에서 결정된 사항을 누가 책임지고 실행할지 반드시 결정한다. 책임자도 회의에 참석하여 "책임은 내가 진다." 하고 구체적으로 나서야 한다. 만약 직접 참석하기 어렵다면 참석한 누군가에게 "당신에게 책임을 맡긴다."라는 식으로 권한을 위임해야 한다. 그러면 책임과 권한을 위임 받은 참석자는 회의에서 필사적으로 지혜를 짜내기 위해 노력할 것이다.

그로부터 필자는 어떤 프로젝트를 추진할 때는 반드시 "Accountability는 누구인가?"라고 확인하고 시작하라며 스탭들한테 신신당부 한다. 만약 그 프로젝트가 실패한다면 회사를 관둘 수도 있으니 단단히 하라고 주의를 준다. 정말로 그 프로젝트가 잘 진척되지 않을 때는 책임자한테 사표를 받은 적도 있다. 어떤 면에서는 그래야 조직관리가 일사불란하게 된다고 본다. 책임을 질 때는 책임을 지는 기업문화가 조성되어야 기업이 발전한다. 열심히 해서 성과가 나와야 그 의미가 있는 것이지 성과가 없는 상태에서의 열정은 비즈니스 세계에서는 그 의미가 쇠퇴하다고 본다.

필자는 Accountability를 비즈니스에 한정해서 쓰지 않는다. 우리의 일상생활에서도 적용할 것을 독자 여러분에게도 권한다. 크게는 국가 발전에 헌신할 책무, 가정을 잘 이끌고 자녀들을 잘 키워 사회의 리더로 육성할 책무, 부모에게 효를 다하고 지역 사회에 기여해야 할 Accountability를 항상 염두에 두고 정진할 것을 권유하고 싶다.

9. 중과독재

　결정은 리더가 하는 것이다. 결정하지 않는 리더는 문제가 생기면 그 책임을 부하들에게 떠넘긴다. 여론조사나 인기투표를 하여 의사결정 하는가? 여론조사나 인기투표는 어디까지나 참고사항일 뿐이다. 여론조사는 어떻게 모집단을 모으고 어떤 설문지로 하느냐에 그 결과값이 달라지게되므로 다만 트렌드 정도에서 의미를 찾아야 한다. 여론조사로 결정한다면 누구나 리더 역할을 쉽게 할 수 있다. 만약 문제가 생긴다면 그 때는 누가 책임을 지는가? 즉 조사과정에서 왜곡·허위·구성·억제변수가 의도적이든 비의도적이건 조사과정에서 개입이 되기 때문에 정확도가 떨어진다.

　중과독재란 무엇인가? 어떤 사안에 대한 의사결정 시에 리더가 주위의 의견을 충분히 듣고 결정은 이를 참조해서 리더가 하고, 실행을 할 때는 주저 없이 과감하게 밀어붙인다는 의미이다. 전략은 조직이 선택하고 행동을 취하는 방식을 구체화하는 일련의 개념들을 말하기 때문에 리더의 역량 중 제일 중요한 것은 전략방향을 정하는 일이며, 조직에 누수현상이 생기지 않도록 시스템을 구축하는 것이다. 리더가 늦게 내는 가위바위보를 내서는 안 되는 것이다.

생색을 낼 때는 부하의 공을 가로채고 책임을 져야 할 때는 뒤에 숨는 리더가 우리 주위에 많다. 이런 조직에서 조직 구성원들에게 충성을 요구하는 것은 어불성설이다. 주위의 눈치를 보면서 그에 휩쓸려 의사 결정하지 않으려면 어떻게 해야 하는가? 자신이 몸담고 있는 사업 영역에서의 요구역량에 맞는 전문지식을 갖춰야 올바른 의사결정 할 수 있을 것이다.

코칭현장에서 필자가 리더에게 자주 강조하는 점이 있다. "최종 의사결정은 리더인 당신이 해라. 그에 대한 책임도 당신이 지고 공은 부하에게 돌려라."는 충고인데 이는 짐 콜린스가 말하는 '단계 5의 리더십'이다. 즉 인간적 겸손과 전문적 의지의 결합으로 위대함을 확립하는 리더다.

2022년 6월 21일 한미정상회담에서 미국 바이든 대통령이 윤석일 대통령에게 준 선물이 'The buck stops here'라는 명패이다. '벅을 넘기다'는 포커게임을 즐겼던 해리 트루먼 전 대통령이 자주 애용해서 유명해졌는데, '모든 책임은 내가 진다'라는 뜻으로 여기서 발생한 일에 대해서는 나에게 책임이 있다는 말이다. '중과독재'란 이런 깊은 뜻이 담겨져 있다. 독단에 빠지지 말라! 세상 일 혼자 다 아는 것처럼 굴지 말라는 것. 남들이 하는 말에는 나름대로의 이유가 있으니 그 말에 귀 기울이라는 얘기다. 내가 아는 것만이 진리가 아닐 수 있다는 걸 인정하는 겸손함이다. 혹시 내가 틀릴 수 있다는 아량이다. 나 스스로 진리임을 선언하는 순간 독단이 된다는 경계의 표현이다. 나는 나름대로의 답을 찾았지만 어디까지나 나의 답일 뿐이다. 그게 너에게도 답이 될지는 모른다는 뜻이다. 결국 너는 너의 답을 찾으라고 하는 상대에 대한 존중이다.

중과독재의 성공요인은 "참가자를 줄여라.", "실행 책임자를 명확히 하라."는 여론에서 떠드는 말에 귀 기울이지 않고, 주위의 말을 그대로 믿기보다는 오히려 스스로 생각한 것을 끝까지 믿고 나가는 것이다. 물론 그렇게 한다고 반드시 성공을 거두는 것은 아니다. 스스로 믿고 길을 개척하는 사람들 대부분이 실패나 좌절을 겪는다. 하지만 그것을 극복해 내지 못하면 큰 성공을 거둘 수 없다는 사실 또한 명백한 진리다.

10. 내일은 내일의 태양이 뜬다

세상은 급변하고 있다. 준비한다는 자체가 큰 의미가 없다. 아무리 계획을 잘 잡아도 내일이면 그 가정이 틀릴 수 있기 때문에 미리 예측하고 준비하는 것보다는 급변했을 때 애자일하게 대응 할 수 있는 역량이 더 비중있게 요구되고 있다. 오늘 잘 팔리는 제품이 내일도 잘 팔린다는 보장은 없다. 그래서 도요타웨이에는 'Best'라는 단어가 없다. 'Better'만 있을 뿐이라 항상 Best를 향해 Kaizen(개선)해야 한다는 철학을 가지고 있다.

기업은 점점 더 높아지는 고객 기대에 부응하고 디지털 기술에서 비롯된 도전과 기회에 대처하기 위해 이전보다 더 높은 수준의 민첩성을 느껴야만 한다. 오늘날 디지털 기술은 전에 없는 속도와 확장성으로 기존 시장 질서를 적극적으로 바꾸고 대체한다. 조직, 전략, 혁신이라는 이 질적인 분야가 모두 합쳐지고 있는데, 이는 단기적인 경쟁 우위의 세계에서 승리하기 위해서 고도의 환경 대응력이 필요하기 때문이다.

모든 회사들은 이제 '스타트업'처럼 생각해야 한다. 필자는 기업체 액션코칭* 시에 "내일은 내일의 태양이 뜬다."라고 종종 말한다. 미래 계획을 잘 짜는 것보다 경쟁 환경 변화에 즉각 민첩하게 대응할 수 있는 조직 역량이 더 중요하다는 얘기다. 예를 들어 오늘날의 디지털 네이티브 기업들은 회사의 규모가 커짐에 따라 초기 스타트업 기업의 문화와 민첩성을 유지하기 위해 엄청난 노력을 기울이고 있음을 알아야 한다. 몇 년 전부터는 중장기 전략은 매크로하게 보고 마이크로한 경영 계획수립은 3개월 단위로 짜는 회사도 늘고 있다.

기우(杞憂)라는 고사성어가 있다. 중국에 기나라에 걱정 많은 사람이 살고 있었는데 이 사람의 걱정은 끝이 없었다. "하늘이 무너지고, 산도 무너지고 모두 죽겠지? 아이고 어떡하나?"라는 식이다. 걱정하지도 않을 것을 걱정하면서 매일 날을 샌다. 우리 주위에도 할 일은 제대로 안하고 내일 모레를 걱정하는 사람이 많다. 걱정해서 해결될 것 같으면 좋지만 그게 영 아니다. 그 사이 조직이나 조직 구성원들의 마음만 애가 탄다. 기업은 이럴 때를 대비해서 시나리오 경영을 통해 긴급사태 발생 시 애자일하게 대처하는 자세를 가지는 게 현명한 조치일 것이다.

『주역』에서 이르기를 누구에게나 평생 세 번의 기회가 온다. 그런데 그 기회는 우리가 손을 힘껏 뻗어야만 닿을까 말까 하는 거리에서 휙 지나간다고 한다. 그래서 우리 곁을 지나갈 때 빨리 낚아채지 않으면 안 된다. 자기한테 오는 기회를 적시에 낚아채려면 그에 맞는 역량을 평소에 잘 닦아 놔야 한다. 손을 뻗어서 낚을까 말까 고민하는 순간 그 기회는 이미 저 멀리 달아나 버리기 때문이다.

우리 인생의 10%는 우리에게 일어나는 사건들로 결정된다. 나머지 인생의 90%는 우리가 어떻게 반응하느냐에 따라 결정된다고 한다. 이것은 무엇을 의미하는 걸까? 우리는 인생에 일어나는 10%를 전혀 통제하지 못한다는 뜻이다. 통제할 수 있는 90%를 어떻게 대처하느냐에 당신의 미래와 운명이 달려있다고 본다.

그래서 평소에 플랜 B뿐만 아니라 C, D도 만들어 놓으라고 강조한다. 어느 사람이 A를 목표 삼아 자기의 모든 것을 거는 것은 참으로 어리석다고 생각한다. 우리는 살아가면서 본인이 의도한 바대로 못 가는 것을 많이 봐왔다. 아니 거의 그렇게 되지 않는다고 보는 게 좋을 듯하다. 그래서 현명한 사람은 플랜 B를 만들어 놓는다. 그게 전직이든, 직무전환이든 창업이든 무엇이든지 좋다. 선택의 폭을 넓히려면 그 기회가 요구하는 필요 역량을 사전에 갖추어 놔야 한다. 내일을 무탈하게 지나가기를 빌기보다는 무슨 일이 벌어져도 헤쳐 나갈 수 있다는 자신감을 갖고 대비하자. 왜냐하면 내일은 내일의 태양이 뜨기 때문이다.

"

전략은 승리하기 위한 특별한 선택이다.
성공 확률을 높이려면 전통적인 접근방식을 벗어나
역설계의 전략적 옵션을 선택해야 한다.

"

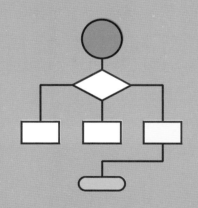

5장
전략수립

1. 비저닝(Visioning)

2005년 일본 춘계 경영자 세미나에 참석할 기회가 있었는데 그때 발표하는 대부분의 초일류 글로벌 기업들의 경영전략이나 성공 사례 발표 시에 비전을 우선적으로 설명하고 이에 정렬하여 실행 전략을 발표하는 것을 보았다. 당시 한국의 많은 기업들의 조직 구성원은 "비전은 비전일 뿐이다."라며 선언적 의미로 받아들이고, 실행을 비전과 연계하지 못하지 않았나 생각한다. 지금도 코칭 현장에서 이를 절실하게 느끼고 있다. 비전, 밸류, 실행이 따로 따로 움직인다. 심지어는 조직 구성원에게 회사의 비전이 무엇이냐고 물으면 "모른다."라든지 "이런 것 아닌가."라고 귀찮다는 듯이 대답한다.

그렇다면 비전, 미션은 무엇인가? 한마디로 요약하면 미션은 기업(개인)의 존재 이유이고, 비전은 달성하고자 하는 바람직한 미래의 모습이라 할 수 있다.

- 미션은 밤하늘에 떠있는 북극성과 같은 지향점이다.
- 비전은 배의 항해 방향을 알려주는 등대와 같다.
- 미션은 비전을 낳으며, 비전은 미션이 특정 시점에 구체화된 모습이다.

경영의 신이라 불리는 GE의 잭 웰치는 효과적인 비전의 특징으로 조직 구성원들이 상상할 수 있어야 하는 것, 모두 원하는 것이어야 할 것, 실행할 수 있고 구체적이어야 할 것, 융통성이 있어야 하고 쉽게 전파될 수 있어야 할 것이라고 강조한다. 얼마나 멋진 말인가! 예를 들어 1940년대 미국의 스탠포드가 내건 '서부의 하버드대학이 된다'는 비전이 대표적이다. MD 앤더슨 암 센터의 미션은 "암을 역사의 뒤안길로 보내겠다(We are making cancer history)."이다. 그리고 이 병원의 비전은 '세계 최고의 암센터가 되는 것'인데 이미 달성했으므로 또 다른 비전을 만들어야 하겠다.

비전은 3년에 한 번씩 점검하여 재수립한다. 도요타의 렉서스는 "벤츠를 따라잡자."라는 슬로건으로 신차 개발기획 단계에서부터 벤츠를 철저히 벤치마킹하고 연구개발 기획 요원들이 벤츠를 타고 미국 전국을 일주하는 등 벤츠의 특장점을 뛰어넘는 차를 개발하고자 심혈을 기울였다. 바람직한 비전의 요건들을 잘 반영하고 있는 사례가 바로 1950년 보잉의 "상업용 항공기 시장의 선두주자가 되어 세계를 제트시대로 이끄는 회사가 된다."라는 비전이다. 비전 없는 전략은 무모하며, 전략 없는 비전은 환상에 불과하다.

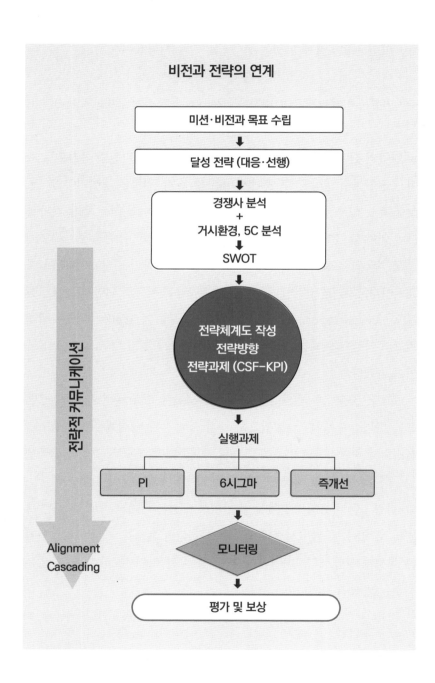

비전과 전략의 연계

미션·비전과 목표 수립

달성 전략 (대응·선행)

경쟁사 분석
+
거시환경, 5C 분석

SWOT

전략체계도 작성
전략방향
전략과제 (CSF-KPI)

실행과제

| PI | 6시그마 | 즉개선 |

모니터링

평가 및 보상

전략적 커뮤니케이션

Alignment
Cascading

밸류란 비전을 완수하는 방법이며 승리라는 목적을 이루기 위한 수단이다. 조직이 추구하는 자세나 정신에 입각해서 가치에 관한 내용을 결정할 때는 기업 내 모든 사람의 의견을 모아야 한다. 따라서 가치선언문(Value Statement)을 만들어 직원들이 항상 지니고 다니게 하여야 하며, 가치 전파의 핵심은 정곡을 찌르는 상세함으로 가치에 관련된 행동은 아무리 구체적일지라도 지나치지 않다고 볼 수 있다. 밸류는 비전 달성을 위해 요구되는 조직 및 임직원의 행동강령이다.

예를 들면 포스코의 핵심가치는 '고객지향, 도전추구, 실행중시, 인간존중, 윤리준수(Integrity)'인데, 여기서 Integrity가 무엇인지를 명확하게 밝혀 조직원들이 실천에 옮길 수 있게 하여야 한다. 참고로 클리블랜드 클리닉의 Integrity 행동강령은, "우리는 정직, 정보 보완, 신뢰, 상호 존중 그리고 투명성의 원칙을 견지함으로써 전문가의 덕목과 품위를 유지하기 위해 노력한다."라고 되어 있다. Integrity는 진실함, 명예롭게 행동하는 것을 의미하나 한편으로는 잘 설계된 구조나 체계 안에 존재하는 강인함을 의미한다. 온전함을 모두를 부드럽게 아우르는 것이라 할 수 있다. 이처럼 가치기술서는 일종의 행동강령으로서 조직원들이 실행에 옮기는 데 용이하게끔 해야 한다.

2. 성장 파이프라인

이제는 단순한 프로세스 혁신, IT 혁신, 조직 혁신과 효율제고형 혁신으로는 진정한 경쟁력을 갖추기가 어려워졌다. 전략과 연계하여 비즈니스 모델 전체를 혁신하는 기업(Strategy Aligned Innovation)만이 경쟁사

대비 상대적 우위(Comparative Advantage)를 확보하여 지속성장 기업이 될 수 있다. 성장 파이프라인의 세 가지는 다음과 같으며 70:20:10의 비율로 사업 포트폴리오를 갖고 가는 게 바람직하다.

- 주력사업 70%

  소비자들이 기업의 이름을 들었을 때 가장 먼저 떠올리는 핵심 사업이다. 수익·현금 흐름의 상당 부분을 차지하는 캐시카우(Cash Cow) 역할을 하는 이른바 돈줄이며 성장의 원동력인 자금과 기술을 제공한다. 기업은 이를 바탕으로 미래 성장 동력을 모색한다.

- 승부사업 20%

  콘셉트가 자리를 잡아 급속도로 성장하는 사업-대규모 투자만 뒷받침되면 기업 전체를 변모시킬 수 있는 유형의 사업으로 기존 주력사업과 연관성이 깊다. 비교적 단기간 내 주력사업에 대한 보완적인 역할을 수행하며 궁극적으로 주력사업을 대체하고 매출과 시장점유율을 동시에 높인다.

- 미래사업 10%

  장기적으로 추진할 사업의 씨앗으로 높은 잠재력을 가지고 있어 현재 활동이나 자금이 소규모 투자되고 있는 사업이다. 장기적인 관점에서 시장의 다양한 요구에 부응하여 미래의 성장을 책임질 수 있는 사업 옵션으로, 가급적 자원을 많이 투자하지 않으면서 가능성 높은 옵션을 가능한 많이 발굴 유지한다.

톰 피터스(Tom Peters)의 초우량 기업 조건에서 초우량 기업의 특징을, 1. 행동중시 2. 고객밀착 3. 자율성과 기업가정신(무엇을-어떻게) 도전을 장려한다. 4. 사람이 자산 5. 가치 중심 6. 본질에 집중 7. 단순 편재(조직 등)와 소수의 관리 8. 느슨하면서도 엄격한 체제를 제시했다.

성장 파이프라인의 3요소

성장 파이프라인

주력사업
- SBU → 사업 포트폴리오
- Protection the Core
  새로운 마케팅전략
  상품다양화, 구조조정
  생산성 향상, 비용 절감 등

승부사업
- 전략적인 포지션을 중심으로 고객가치 증대
- 게임 룰을 바꿈
  Changing the game

미래사업
비즈니스 모델 혁신(BMI)

☞ SBU: Strategic Business Unit, 전략사업단위

3. 전략이란

전략의 아버지라 불리는 마이클 포터(Michael E. Porter)는 전략의 정의에 대해서 '전략이란 경쟁사와 싸워서 이기는 구체적인 행동 계획'이라고 했다. 그의 저서 『전략이란 무엇인가?(What is Stratagy?)』에서는 특정 산업군 내에서 경쟁우위를 점유하기 위한 방법론인 '본원적 경쟁전략'에 대해 경쟁우위 전략을 원가우위 전략, 차별화 전략, 집중화 전략 3가지로 나누어 설명했다. 전략 중에서 제일 바람직한 것은 차별화 전략이지만 구현에 있어 그렇게 간단하지 않기 때문에 많은 기업들이 쉽게 쓰는 것이 바로 선택과 집중이다. 집중화 전략은 틈새시장(Niche Market)에서 원가우위나 차별화 우위로 경쟁을 한다. 이 전략은 한정된 자원과 자본을 가진 중소기업이 시장을 세분화하여 특정고객군들을 만족시킨다. 제일 마지막으로 도입하는 것이 '저가격 전략'인데 이는 치킨게임으로 엄청난 출혈을 감내해야 하므로 총알에 여유가 없는 기업은 잘 생각하고 실행해야 한다.

최근에 들어서는 대기업에서도 전통적인 방식보다는 린 방식(lean system)의 전략수립을 부분적으로 도입하는 기업이 증가하고 있다. 린 방법론은 도요타의 린 제조방식에서 창안된 전략으로 프로젝트를 수행할 때 발생할 수 있는 모든 낭비를 제거하는 기법이다. 린 스타트업의 핵심 원리는 제품 아이디어 및 비즈니스 모델에 대한 가설에 기반 해 최소 기능을 갖춘 제품 MVP(Minimum Viable Product)를 빠르게 출시하고 시장에서 빠른 평가를 받아 기능을 업그레이드하거나 드롭 한다. 이런 과정을 통해 창업자들이 실패의 부담을 낮추면서 새로운 시도를 계속 할 수 있게 된다는 것이다. 최근에는 IT와 헬스 케어, 바이오, 코스메틱 등 여러 기술이 어우러진 비즈니스 모델이 활발히 등장하면서 히트 모델의 출현 가능성은 고조되는 반면 창업이 실패할 확률도 더욱 커지고 있다.

	린 방식	전통적인 방식
전략수립	**비즈니스 모델** 가정형	**사업계획** 실행중심
신제품 개발 프로세스	**고객개발** 사무실 밖으로 나가 가정을 시험함	**제품관리** 선형적이고 단계적인 계획에 따라 시장에 제공할 제품을 준비
엔지니어링	**Agile개발** 반복적이고 점진적으로 제품개발	**Agile 혹은 폭포수 개발** 반복적으로 제품을 개발하거나 개발하기 전에 제품에 대한 모든 사항을 구체적으로 정함
조직 안정성+민첩성	**고객과 Agile개발팀** 학습과 민첩함, 속도를 기준으로 채용	**기능별 부서** 경험과 실행능력을 기준으로 채용
재무보고	**중요한 지표** 고객확보 비용, 고객 생애가치 CLV, 이탈률, 입소문	**회계** 손익계산서, 대차대조표, 현금흐름
실패	**실패를 예상함** Idea를 반복적으로 시험하고 효과가 없는 것은 방향을 전환하면서 해결	**실패를 예외로 취급함** 경영진을 해고하여 해결
속도	**신속** 빠르게 변화하는 Data에 따라 운영	**신중** 완벽한 수준의 Data에 따라 운영

필자가 삼성전자 상품기획 센터장으로 재임 시 1993년 고(故) 이건희 회장의 지시에 따라 전사적으로 아이디어가 우수한 직원들을 모집해 기존 조직과는 별개로 '타임머신'이라는 T/F조직을 만들었다. 그리고 3~4명의 소규모 팀을 여러 개 조직하여 새로운 아이디어로 이 세상에 없는 차별화된 제품을 만들 수 있는 환경을 구축했다. 그때 나온 아이디어 중 하나가 바로 냉장고 문에 노트북을 삽입해 저장식품 관리, 요리 레시피 보여주기, 아이들과 채팅할 수 있는 기능을 가진 차세대 냉장고였는데 25년이 지난 뒤 상품화 되어 런칭되었다. 지금 생각하면 고(故) 이건희 회장의 선견지명에 감탄을 금할 길이 없다. 그때의 개발 콘셉트가 지금의 린 방식이라 생각한다.

린 스타트업에 대한 관심은 벤처기업에 국한되지 않는다. 최근에는 여러 대기업들도 린 스타트업에 큰 관심을 보이고 있다. GE나 코카콜라도 2013년에 적용하여 큰 성과를 거두었다. 기술 트렌드가 빠르게 변화하고 시장과 산업의 경계가 사라지는 오늘날에는 획기적인 아이디어를 발굴하고 끈기 있게 실행할 수 있는 기업가 정신이 강조되고 있다. 70:20:10 자원할당 법칙에서 10%는 린 스타트업 모델을 적용해도 좋을 것이다.

린 방식 세 가지 원칙

비즈니스 모델 캔버스를 통해 가정을 요약하고, 건물 밖으로 나가 고객을 직접 만나며 애자일 개발 방식을 활용한다. 사업계획을 먼저 작성하지 않는다.

4. 전략수립 방법

전략수립은 경쟁상황에 따라 다양한 전략수립 방법이 있지만 필자가 경영현장에서 직접 했고 또한 액션코칭[*] 시에 주로 코칭했던 전략 4가지를 중심으로 설명하겠다.

- 전통적인 방식

경영대학 교과서에 나오는 전통적인 방식으로 지금도 대부분의 기업이 활용하고 있는 방법론이다.

> 비전➔목표➔SWOT·5C·PEST 분석➔STP➔4P믹스➔실행➔평가

- 잭 웰치의 전략수립 방법

GE의 전 CEO였던 잭 웰치가 만든 전략수립 방법 5가지와 전략실행 3단계이다.

전략수립 방법 5가지

현재의 경쟁판도를 분석하라 ➔ 경쟁업체를 파악하라 ➔ 스스로를 돌아보라 ➔ 가까운 미래를 주시하라 ➔ 당신이 가지고 있는 비장의 무기는 무엇인가

전략실행 3단계

적재적소 인사 ➔ 자신의 비즈니스에 대한 Big Aha를 찾아라 ➔ 베스트 프랙티스 발굴·공유

- 전략체계도(Strategy Maps)

전략체계도는 조직의 가치창출 방법을 묘사한 것이다. 미국 S&P

500 기업의 대부분이 이를 활용하여 전략을 수립하고 있으며 국내는 1997년 IMF 이후 공기업부터 도입되기 시작했다. 장기적 주주 가치를 증대하기 위해 유형자산보다는 무형자산을 중요시 한다.

재무관점→고객관점→내부 프로세스 관점→학습과 성장관점에서 전략수립

• 갭(Gap) 따라잡기

경쟁사와의 갭을 핵심 KPI별로 분석하여 중단기적으로 단계적으로 갭을 축소하는 전사적인 로드맵을 만들어 추진하는 것

☞ 선진제품 비교전시회 등

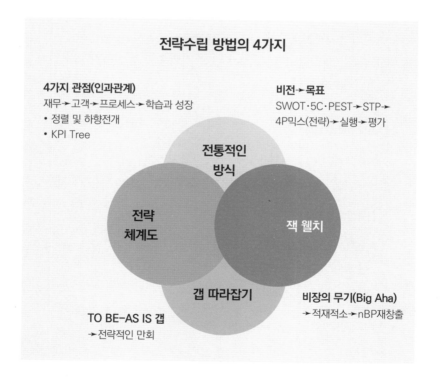

(1) 전략체계도

BSC(Balanced Score Card: 균형성과관리)는 조직의 비전과 전략목표 실현을 위해 4가지(재무, 고객, 내부 프로세스, 학습과 성장) 관점의 성과지표를 도출하여 성과를 관리하는 성과관리 시스템이다. 단기적 성격의 재무적 목표 가치와 장기적 목표 가치들 간의 조화를 추구하는 것으로 미국 S&P 500대 기업 대부분이 채택해서 운용하고 있다.

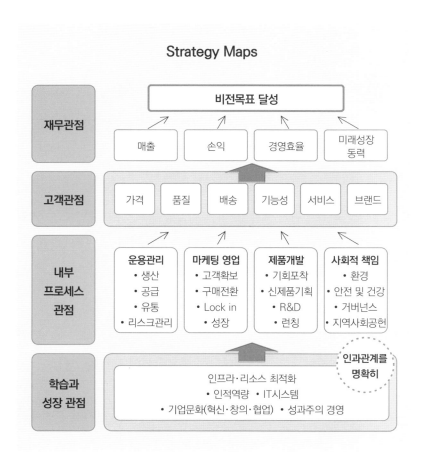

전략과제는 지속적인 고성과를 창출하기 위해 관점별로 해야 할 일을 말한다. 전략과제의 성공을 위해서는 관점별로 인과관계를 갖고 있는데, 예를 들면 브랜드 이미지를 제고하기 위한 홍보 전략을 성공적으로 추진하기 위해서는 인적자원, 정보자원 및 조직 서포트가 있어야만 가능하다.

- **재무관점**
  우리 회사가 달성해야 할 궁극적인 목표로서 매출, 손익, 마켓 쉐어, 신제품 매출 비중 등의 재무성과는 고객에게 제품과 서비스판매를 통해 달성한다.

- **고객**
  신시장, 새로운 고객을 확보하기 위해 어떤 차별화된 가치를 제공해야 하는가로 내부 프로세스를 통해 달성한다.

- **내부 프로세스**
  경쟁사보다 더 나은 제품·서비스 제공을 위해서는 내부적으로 어떤 부분을 개선하거나 무엇이 탁월해야 하는가 파악하는 것으로 운영·마케팅·제품개발, 규제 및 사회적 책임 프로세스가 있다.

- **학습과 성장**
  탁월한 내부 프로세스 구축을 위해서는 어떤 인력, 제도, 시스템이 필요하며 주로 유형적인 것보다는 무형자산에 포커싱 한다.

전략체계도가 지향하는 것은 단기적인 성과보다는 장기적 관점에서의 성장기반 구축에 있기 때문에 '학습과 성장기반'이 성장 동력으로서 제일 중요하다. 초일류기업들의 경우 윗사람이 자리를 장기간 비워도, 중요한 프로젝트 투자 결정을 위임해도, 임원을 많이 내보내도 잘 굴러가는 것을 봐왔을 것이다. 이런 조직들은 시스템 경영으로 한결같이 학습과 성장관점에서 튼튼히 조직운영을 떠받치고 있기 때문이다.

(2) 전략수립의 5단계-잭 웰치

필자가 삼성, 한솔, 동부그룹에서 40년간 기업전략-사업전략(경쟁전략)-기능전략(마케팅전략, 상품전략, 운영전략)이 통합된 형태의 전사전략을

전략수립의 5단계

현재의 경쟁판도를 분석하라	• 경쟁업체, 시장점유율 사업의 특성-범용성, 부가가치, 비즈니스 주기, 성장곡선, 수익의 원천, 경쟁업체의 장단점, 주요고객 등 시장에 대한 정의가 중요
경쟁업체를 파악하라	• 시장상황에 대한 경쟁사의 인식 획기적 신제품·신기술·신유통, 새로운 업체의 진입 등 • 보다 심도 있는 경쟁업체의 동태 파악
스스로를 돌아보라	• 작년에 경쟁 판도를 바꾸기 위해 한 일-M&A, 신제품, 인력 스카우트, 신기술 취득 등 • 3년간 경영계획 대 실적 분석을 통한 강약점 분석
가까운 미래를 주시하라	• 1년 후 가장 두려운 것-경쟁업체의 도전, 게임의 양상을 바꾸어 놓을 신제품, 신기술, M&A • 마켓 센싱을 통한 시장고객의 니즈·원츠 파악
당신이 가지고 있는 비장의 무기는 무엇인가	• 시장 판도-M&A, 제품, 글로벌화 • 고객의 마음 사로잡기 • 당신의 Big Aha는 무엇인가? ☞ Big Aha를 못 찾았으면 출시하지 말 것

선두에서 추진한 직무경험을 바탕으로 볼 때 잭 웰치의 전략수립 방법론은 매우 효과적이다. 그렇기 때문에 액션코칭* 시 기업체에게 적용해볼 것을 적극 권장하였다.

전략은 역동적인 게임이며 승리하고 싶다면 전략에 관해 더 적게 생각하고 더 많이 행동해야 한다. 전략이란 개략적인 행동 지침이며, 변화하는 시장 상황에 따라 수시로 재검토하고 수정할 필요가 있다.

전략실행의 3단계

자신의 비즈니스에 대한 Big Aha를 찾아라 Big Aha 커다란 깨달음. 지속적인 경쟁우위를 확보할 수 있는 효과적이고 현실적이며 신속한 방안	• 전략은 경쟁하는 방법에 대한 분명한 선택을 내리는 것이다 → 자원배분 • GE 전략의 두 가지 기본원칙 　1. 일반화는 악이다. 　　→ 차별화되지 않으면 만들지 말라. 　2. 사람이 가장 중요하다.
인재를 적재적소에 기용하라	• 전략을 올바르게 실행한다는 것은 사람과 업무의 짝을 제대로 맞추는 것을 의미한다. • 짝 맞추기는 사업의 성격(일반화vs차별화)에 따라 달라진다.
조직 안팎에서 끊임없이 BP를 찾고 이를 적용하여 지속적으로 발전시켜라	• 전략은 학습조직에서 성공적으로 구현된다. • BP는 전략실행의 필수 조건이며, 계속해서 개선해 나간다면 지속적인 경쟁력의 기반이 된다.

잭 웰치의 전략실행 3단계를 필자의 성공방정식 Y=ABC로 치환해 설명하자면, ABC는 Big Aha이며 성공방정식 Y를 구하지 않았다면 실행에 착수하지 말라는 논조다. 그리고 인재란 프로젝트 실행역량을 갖춘 적합한 인재(Right People)를 투입하고 끊임없이 PDCA를 돌려 BP를 창출 조직에 공유함으로써 새로운 BP를 만들어 나가라는 점을 누차 강조한다.

(3) Catch up 전략

경쟁에는 두 가지가 있다. 쫓아갈 경쟁사가 존재하느냐 없느냐에 따라 전략은 달라진다. 본 장에서는 경쟁사가 정해져 있는 경우를 중점으로 전략을 논하겠다.

• 경쟁사 선정

먼저 누가 나의 경쟁사인가를 명확히 선정할 필요가 있다. 2등 업체의 경쟁사는 업계 선두 업체겠지만 만약 4등이라면 2위의 경쟁사를 선정하는 게 바람직하다. 쫓아가더라도 경쟁사도 달리기 때문에 완전하게 추월하려면 도전적인 목표를 설정하고 집중하고 비장한 노력을 기울여야 할 것이다.

1. IF선언-BHAG선언(Big Hairy Audacious Goal: 크고 담대한 목표)

IF(Impossible Future), 불가능한 미래를 조직 내에 선포하여 조직 구성원에게 비전을 심어주고 적극 동참을 유도해라. 마치 삼성전자가 90년대에는 'SONY를 따라잡자'를 내세우고, 2010년도에는 전 세계 IT업계 1위를 선언, 도전한 것과 같다.

2. 갭(Gap) 인식

경쟁사가 정해졌다면 이제는 '어떤 부문이 뒤떨어지냐'를 분석해야 한다. 갭 분석은 당해 사업에서의 핵심 KPI 중심으로 비교분석한다.

3. 캐치 업(Catch up)전략

KPI별 갭의 근본 원인을 분석하여 캐치 업 전략을 중장기적으로 수립한다.

4. 돌파구 프로젝트(Breakthrough project)

혁신은 한꺼번에 되는 것이 아니다. 돌파구 프로젝트를 통해 작은 개선을 이루고 조직에 작은 변화를 일으켜 조직 구성원의 동참을 이끌어내어 큰 개선(혁신)이 되도록 한다.

5. 지속적인 실행(Sustainability)

전략체계도에 의한 전략과제를 지속적으로 추진해 나가고, 실행 도중에 발생한 시행착오를 PDCA 무한 반복으로 추진한다면 결국 최종목표에 이르게 될 것으로 확신한다. 손자병법에서 적을 알고 나를 알 때 가장 필요한 것이 냉철함이라 했다.

6. 경쟁사 조사는 다음과 같은 내용을 집중적으로 조사 분석한다.

- 상품전략, 유통전략, 광고판촉전략, 가격전략, 영업정책, CXO리더십

☞ CXO(Chief×Officer): CEO, CFO, CMO, CTO

- 원가구조(매출·손익·비용구조), 개발역량, 조직 및 영업능력, 재무측면의 장

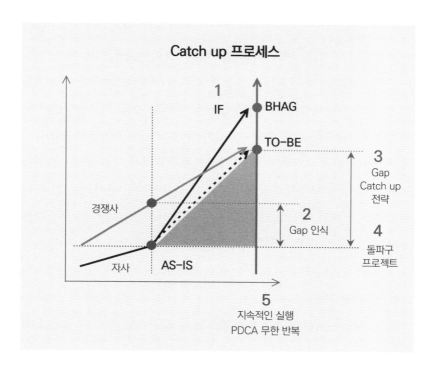

Catch up 프로세스

5. 핵심 KPI 설정

　　KPI(Key Performance Indicator)는 목표를 성공적으로 달성하기 위해 핵심적으로 관리해야 하는 요소들에 대한 성과지표를 말한다. 기존에는 이익, 매출, 비용과 같이 재무적인 지표를 기준으로 성과를 평가했지만 재무성과는 과거 활동의 성과라는 점에서 미래성과를 예측 반영하는데 미흡하고 결과만 보여줄 뿐 과정에 대한 정보도 결여되어 있다. 과정이 중요한 이유는 과정을 관리함으로써 단기목표를 관리할 수 있을 뿐 아니라 중장기적인 목표에도 도달할 수 있기 때문이다.

KPI를 도출하고 활용하는 궁극적인 목표는 구성원들이 기업이 원하는 방향으로 동기를 부여하는데 있다. 따라서 KPI를 도출할 때 가장 중요하게 고려해야 할 원칙은 KPI 활동을 통해 구성원들에게 동기부여를 할 수 있느냐다. 바람직하지 못한 KPI를 설정할 경우에는 구성원의 사고와 행동의 초점을 잘못된 방향으로 이끌게 되고 이는 궁극적으로 구성원의 의욕 저하를 유발한다. 결국 기업전체의 성과를 저하시키는 결과를 초래할 수 있다. 필자가 휴대폰 캐리어의 마케팅전략 본부장을 할 당시에 KPI를 신규 고객유치율보다 기존 고객유지율을 높이기 위한 전략을 전개하여 비용을 대폭 절감함과 동시에 영업이익에 많은 기여를 한 적이 있다. 그만큼 KPI 설정이 중요한 것이다. KPI는 조직이 어떤 방향으로 가야하는지를 확연히 보여준다.

KPI 도출 시에는 경영활동을 대표할 수 있는 핵심요인 중심으로 성과지표를 선정해야 하며 이를 통해 업적평가의 타당성을 높일 수 있는 관리의 중요성과를 구성원들이 직접 통제할 수 있어야 한다. 핵심전략과제(CSF: Critical Success Factor)의 목표인 결과물(Outcome)을 내기위해 과정 KPI인 활동(Activity)에 초점을 맞추어야 한다. 바람직한 결과를 내기 위해서는 과정 KPI를 선행해서 추진해야 진행 도중에 발생 할지도 모를 차질사항에 대해 사전 대처를 할 수 있다.

KPI 목표를 도출하려면 먼저 성공방정식 Y=ABC를 알아야 한다. Y는 전사 목표일 수도 있고 사업부 목표나 팀조직의 목표도 된다. 또한 Y는 특정 프로젝트의 목표이기도 하다. Y가 전사 목표인 경우는 경영목표(예: 매출 1000억 원) 달성이 결과 KPI가 되며, ABC는 목표 Y 달성을 위한 핵심동인이 된다. 아마존의 예를 들면 ABC는 '고객유치×프리미엄고객

전환×구매단가×재구매율'이다. 전략과제의 목표 Y는 Outcome이며, 이를 달성하기 위해서는 Activities ABC가 계획한대로 실행되어야만 달성될 수 있다.

이커머스의 KPI 목표 도출방법을 예로 들어 설명하면, Output, Outcome은 결과 지표이고, Input, Activity는 과정 지표이다. 결과를 내기 위해서는 마케팅 예산 확보나 디지털 인재를 충원해야 한다. 이렇게 투입된 리소스(Input)를 가지고 프로세스 개선, 제품 확충 SKU, 마케팅 오토메이션 시스템 도입 등의 여러 가지 마케팅 활동(Activity)을 한다. 이러한 활동을 통해서 1차적으로 얻는 결과가 Output이며, 당초 목표한대로 바람직한 결과가 산출된다면 이를 Outcome이라 한다.

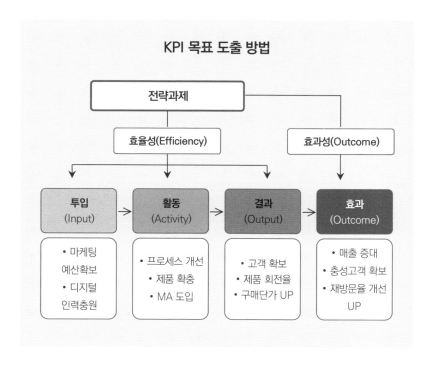

(1) 과정 KPI 설정

성공방정식 Y=ABC 달성전략의 과정과 KPI 설정 과정을 예로 들면, 핵심동인(전략방향) Y는 재무적 목표인 결과이고 이를 달성하기 위한 핵심동인이 A1, A2, B1, B2이며 전략방향이라 할 수 있다. 즉 매출을 올리려면 일반 고객을 모객하고 나아가 이들을 프리미엄 고객으로 유치한 다음, 구매혜택을 부여하여 구매를 유도하고 지속적인 고객관리를 통해 충성 고객으로 만드는 것이 핵심전략이다.

과정 KPI 목표 설정(예)

성공방정식	Y=AB =A1×A2×B1×B2	오랜 전략 학습에 의한 가설 검증(귀납법)을 통해 성공방정식을 성립시킴		
핵심동인	A1 모객(리드고객)	A2 프리미엄고객	B1 세트구매 증가	B2 구매빈도 증가
Activities (과정 KPI)	• 콘텐츠강화 • 옴니 채널 오픈	• 고객혜택 증가 • 가입선물 증정	• 추가구매혜택 • CRM 강화	• 취급상품 확충 • 홀 푸드 M&A
KPI 목표 (정량목표)	• 콘텐츠발굴 9건 • 아마존고 오픈 • 리드고객확보	• 물류거점확보 • 타깃고객 메일링 • 전환율 30%	• MA • 세트구매율 • 취급품목확충	• 객단가 • 연구매빈도 • 가격경쟁력

Activity(과정 KPI)

A1, A2, B1, B2를 달성하기 위한 전략과제로서 팔레트 법칙(8:2)에 의거, 전략 방향 당 2~3개의 전략과제가 적정하며 집중관리를 가능하게 한다. 전략과제나 KPI 목표가 많으면 IT화 하는데 시간도 많이 소요되고 관리하기도 힘들다.

KPI 목표

전략과제의 달성기준을 명확하게 정의한다. KPI 목표는 2~3개 이내로 하는 것이 바람직하며 정량 목표를 설정하고 반드시 상호간(과제 오우너와 경영관리 책임 임원) 문서로 합의를 맺어 책임지고 수행하도록 한다. KPI 목표를 조기에 달성했거나 경쟁사에 비해 낮을 때는 과제 오너와 협의를 통해 변경할 수 있다.

(2) BP-핵심 KPI 목표 설정

가전 양판점을 예로 들어 설명해보면, 재무목표인 매출, 손익, 마켓쉐어(MS)는 결과 KPI이며, 이를 달성하기 위한 전략방향은 과정 KPI로 유통력, 판매력, 차별화 상품력, 집객력, 탄력적인 가격전략, 고객지원 인프라 6개 부문으로 볼 수 있다. 여기 6개 부문에 있어서 경쟁력을 갖춰야만 업계를 리딩할 수 있다. 전략방향이 정해졌으면 전략목표가 있으며, 그 목표를 달성하기 위한 전략과제가 부문별 2~3개씩 설정한다. 각각의 전략과제는 SMART 툴에 의거하여 KPI 목표를 설정한다.

☞ SMART 툴: Specific(구체적), Measurable(측정가능), Achievable(달성가능), Relevant(전략목표에 연계), Time bounded(시간 내 완수)

KPI 목표는 도전적이되 달성 가능하게 설정하는 것이 중요하다. KPI 목표는 성과 평가 기준이 되기 때문에 의도적으로 낮은 수준으로 설정되는 것을 경계해야 한다.

어느 회사의 경영실적은 차질이 났음에도 대부분 부서들은 KPI 목표를 100% 달성하는 아이러니가 발생한다. 이는 대부분 KPI 목표가 너무 낮게 설정되었기 때문이다. 상대평가를 하게 되면 제로섬(Zero sum)게임이 되어 각 팀이 KPI 목표를 낮게 잡기 경쟁을 벌인다. 그렇다고 해서 KPI 목표를 너무 높게 잡으면 구성원들이 달성 의욕 상실을 초래하여 도전을 주저하게 될 것이다. 성장발전을 위해서는 목표를 도전적 스트레치 골(Stretch goal)로 10~15% 정도 상향 조정하는 편이 동기부여도 되고 조직 건강에도 좋다.

결과 KPI는 재무목표(매출, 손익, 시장점유율, 인당 매출, 경영효율 등)이며, 이를 달성하기 위한 과정 KPI로는 유통력, 판매력, 차별화 상품력, 집객력, 탄력적인 가격전략, 고객지원 인프라가 된다. 각각의 KPI는 하부팀으로 하향전개를 하여 small y가 되며 하부 전략 abc로 즉 y=abc로 분개된다. 이를 KPI Tree라고 하며 보통 대기업의 경우 4티어(Tier)까지 내려가는데 전부 IT화되어 자동으로 집계 대시보드로 임직원이 쉽게 접근하여 셀프 콘트롤 하게끔 제공한다.

☞ 4Tier: 사업부문 SBU-사업부-팀-파트

가전 양판점의 핵심 KPI(예)

결과 KPI	**재무목표** 매출, 손익·이익율, 마켓쉐어(경쟁력)	경쟁력(경쟁사 대비) 매출, 이익AMT/이익율
	유통력-O2O 옴니 채널, 전국망, 파워풀한 자사몰	유통 커버리지율 확충 브랜드 인지도 온라인 자사몰 경쟁력 개선
	판매력-skill 지점 현장 영업, 특수영업(입주, 혼수, 특판)	적자지점 개선(리뉴얼 등) 1인당 판매액 특수영업 시장점유율
과정 KPI	**차별화 상품력-Variety** 카테고리 확충, 상품 라인업	SKU 이익공헌도(부진품목개선) 전략모델 매출비중 강화
	집객력-5A 구매경로 홍보, 판촉	멤버십고객, PV(페이지 뷰) CPT, ROMI, 구매 전환율 구매빈도, 구매단가, VIP확보수
	Dynamic Pricing 경쟁사 대비, 재고 관리	경쟁사 대비 가격경쟁력 단종부진 재고 감축
	고객지원-Operation Excellence 구매편의 제공(금융), 물류, 서비스, IT	배송 리드타임 단축 클레임 대응률 개선 서비스 신속대응률 개선

6. 사업 포트폴리오

비전 목표를 달성하기 위해서는 전략적 사업단위(SBU)를 정의하여 신규 성장 동력을 찾아내고 핵심 성공요인(KSF)에 대한 경쟁우위 역량을 지속적으로 유지해야 하는 것으로, CEO, CXO, 사업 기획부서가 해야 할 가장 중요한 일은 미래를 위한 선택과 준비다.

☞ KSF: Key Success Factor, 핵심 성공요인

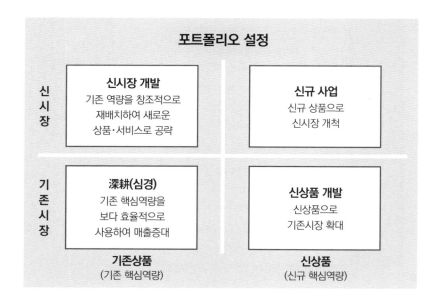

지속가능한 사업을 만들기 위해서는

내부역량 강화
① R&D로 기술 축적
② 핵심인재 영입
③ 업무 Process 혁신

사업포트폴리오 전략
환경 속에서 자사 핵심사업의 정체성을 정의하고 만들어 가는 과정임

기업 전략
기업의 단기적 비전 및 목표를 달성하기 위해 투자,
이를 통한 성장 및 이윤창출로 지속적 성장 구현

사업포트폴리오 전략
신규성장 엔진을 찾아내고, 기존사업에 대한 추가 투자를 결정하고, 한계 사업에 대해 정리하는 과정임

SBU(Strategic Business Unit)를 정의
• 고객, 경쟁구도, 내부 프로세스가 독립적 특성을 가져야 하며, 손익 관리하는 최소단위로 정의함

지속적 성장 가능 사업 구조
• 핵심 성공요인(KSF)에 대한 역량(Cost, 차별화, 장기적 관점 등)을 보유하여 지속적인 경쟁우위를 유지

7. 승리전략

실패하는 조직의 공통적인 특징은 시장변화에 둔감하고 우리 방식만을 고집하며 그게 여의치 않을 때는 경쟁사의 뒤를 쫓는다는 점이다. 반면 성공하는 조직은 언제나 고객의 소리에 귀 기울이고 시장변화에 애자일하게 대응하여 차별화된 제품이나 서비스를 출시한다.

보잉사 CEO 짐 맥너니(James McNerney)는 P&G의 최고경영자 A.G.래플리(A.G.Lafley)와 경영대학원장 로저 마틴(Roger Martin)이 함께 집필한 『PLAYING TO WIN』을 읽고 "이 책은 통찰력이 가득한 D.I.Y 안내서로, 효과적인 비즈니스 전략을 세우고 집행하고 지속적으로 개선하

는 데 무엇이 필요한지를 쉽고 분명하게 설명해준다."라고 극찬하였다. 이 책 첫머리에서는 전략에 대해 '승리하기 위한 특별한 선택'이라고 아주 간단명료하게 정의 내렸다. 전략의 아버지라 불리는 마이클 포터도 전략이란 '이기기 위한 구체적인 방안'이라고 했는데 모두 동일한 개념으로 보면 된다. 아울러 성공 확률을 높이려면 전통적인 접근방식을 벗어나 역설계의 전략적 옵션을 선택해야 한다고 강조하는데 이는 환경에 지배 받지 말고 거꾸로 지배하라는 뜻으로, 최근 우리가 처한 경쟁 환경에 딱 맞는 말이 아닌가 한다. 승리 전략의 키워드는 '누구에게 무엇을 어떻게 팔 것인가?'인데 이는 마케팅의 아버지라 불리는 필립 코틀러의 마케팅 정의와도 같은 맥락이다.

8. CSR & ESG

몇 년 전부터 지속성장기업의 조건으로 기업의 사회적 책임 CSR이 부각되고 있다. 향후 기업이 지속성장 하기 위해서는 이윤추구 활동 이외에 법령과 윤리를 준수하고 기업의 이해관계자 요구에 적절히 대응함으로써 사회에 긍정적 영향을 미치는 책임 있는 활동을 해야 한다. 즉 기업의 사회적 책임을 말한다. 환경경영, 정도경영, 사회공헌 등 CSR 활동은 기업의 성과에 긍정적으로 작용한다.

☞ CSR: Corporate Social Responsibility

이것이 진화한 것이 ESG로, E는 친환경, S는 사회적인 책임의식을 가지고 환원 또는 윤리적인 경영을 통해 사회적인 가치를 창출하며, 기업

운영에 있어서 투명하고 효율적으로 운영하는지 평가하는 것이다. G는 장기투자 리스크 관리 전략이다. 즉 ESG는 기업의 자발적 사회공헌이나 긍정적 이미지 형성에 국한되는 개념이 아니라, 비재무적 요소임에도 기업이 장기적 관점에서 안정적으로 수익창출을 하기 위해서 고려해야만 하는 장기투자 리스크 관리 전략이다. 삼성전자, SK 하이닉스, SK 이노베이션, 애플, 테슬라, 한화 태양광 등 대부분의 대기업들이 ESG 경영에 본격적인 참여를 선포했다. 세븐일레븐의 ESG 활동을 보면 가히 독보적이다. 투명 얼음컵, 친환경 모금함, AI 순환자원 회수로봇, 친환경소재 도시락 용기, 친환경 인증한 초밥 등 계속 그 활동 범위를 넓히고 있다.

CSR은 넓은 의미이며 ESG는 투자자 관점에서 보는 것이다. 글로벌 기업의 환경·사회·지배구조 경영강화로 전 세계 RE100 가입 기업은 2014년 13곳에서 2020년 376곳으로 늘었다. RE100은 2050년까지 탄소중립을 100% 실현하기 위해 노력하는 것을 뜻한다.

☞ RE100: Renewable Energy 100%

지속 성장기업으로 가는 길

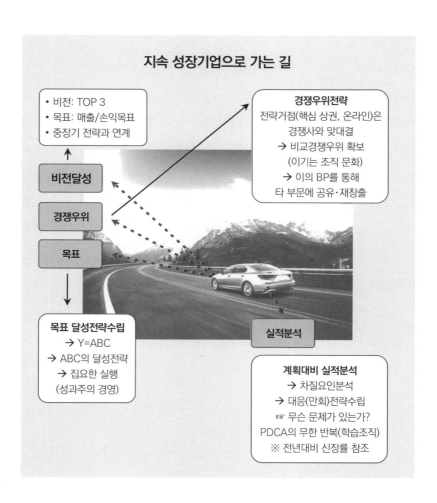

- 비전: TOP 3
- 목표: 매출/손익목표
- 중장기 전략과 연계

경쟁우위전략
전략거점(핵심 상권, 온라인)은
경쟁사와 맞대결
→ 비교경쟁우위 확보
(이기는 조직 문화)
→ 이의 BP를 통해
타 부문에 공유·재창출

비전달성

경쟁우위

목표

목표 달성전략수립
→ Y=ABC
→ ABC의 달성전략
→ 집요한 실행
(성과주의 경영)

실적분석

계획대비 실적분석
→ 차질요인분석
→ 대응(만회)전략수립
☞ 무슨 문제가 있는가?
PDCA의 무한 반복(학습조직)
※ 전년대비 신장률 참조

6장
혁신은 선택이 아닌 필수

1. 혁신이란

지금까지 필자를 관통하는 기본 스탠스는 '혁신은 선택이 아닌 필수'라는 점이다. 피터 드러커는 생전에 기업은 오로지 두 가지 기능 '마케팅과 혁신'만 있으면 된다고 강조하였다. 성공하는 기업이 되기 위해서는 혁신은 선택이 아닌 필수라며 늘 남과 다르게 일에 접근해야 한다고 말했다. 또한 기존의 관습에서 벗어나려고 의도적으로 노력하지 않는 회사에 미래는 없다면서 혁신을 일상화하는 창의적인 조직 문화를 만들고 특히 기존에 있는 것을 연결하여 새로움을 만드는 통찰이 필요하다고 역설했다. 스티브 잡스(Steve Jobs)가 이에 영감을 얻어 2007년 아이폰을 만들었다.

기업체에 근무할 때 혁신은 무엇인가를 가지고 몇 날 며칠에 걸쳐 논의했던 적이 있다. 논의 결과 "혁신은 기업가 정신을 구현하는 수단으로써 기존의 자원이 부를 창출하도록 새로운 능력을 부여하는 활동으로 목표 지향적이며 목표는 높고 커야 한다."라고 정의했다.

'창조적 파괴'라는 용어를 경제학에 널리 퍼트렸던 조자프 슘페터 (Joseph Alois Schumpeter)의 '기업가 정신'은 새로운 것, 다른 것을 독특하게 하여 그것의 가치를 바꾸거나 변형시키는 것이다. 기업가 정신과 혁신은 조직적, 체계적으로 추진해야 하며, 창조적 파괴는 '기업가 정신의 원동력'과 일맥상통한다고 본다. 실사구시(등소평)는 공론과 허상을 버리고 철저히 실제로 돌아가서 일을 하는 것으로, 쉽게 할 수 있는 일부터 실질적으로 도움이 되는 것부터 한다고 주창했다.

혁신을 IT 시사용어 사전에서 찾아보면 조직 내외부에서 새로운 아이디어를 도입하고 그것을 개발해 상용화하는 전(全) 과정을 말하기도 한다. 혁신은 기술, 관리, 인적자원혁신 세 가지로 분류하기도 한다. 전략적 혁신이란 기존의 게임 룰을 부정하거나 때로는 경쟁 자체에서 벗어나 새로운 시장을 창출하는 것을 말한다. 기존의 고정관념으로 불리는 한 산업에서의 지배적인 전략 또는 게임의 법칙을 뒤집는 동시에 이전보다 더 많은 가치를 창출하는 새로운 전략을 만드는 것이다.

(1) 혁신의 대상으로 분류

새로운 경쟁력이 필요한 때에는 과감히 기존방식을 버리고 새로운 방식으로 조직의 변화를 이끌어 내야 한다. 경영혁신은 새로운 급격한 변화 속에서 더욱 가속화 될 것이며, "경영혁신은 끊임없는 노력을 통해 지속적인 경쟁 우위를 갖는 능력이고 단 하나의 혁신만으로는 영원한 경쟁 우위를 유지할 수 없다."라고 경영전략가 게리 하멜(Gary Hamel)이 주창했다. 혁신의 대상이 무엇이냐에 따라 다음과 같이 분류한다.

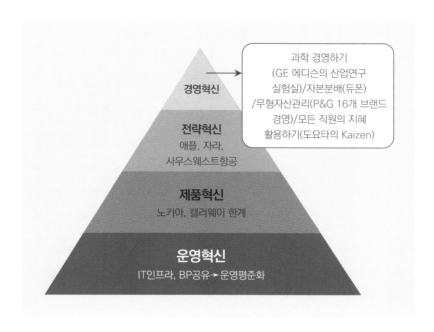

크리스 텐슨의 세 가지 혁신 유형(Clayton M Christensen)

- 파괴적 혁신(Disruptive Innovation)

  매우 창조적인 열정을 갖고 기존 질서를 파괴하는 제품·서비스(애플의 스마트폰)

- 유지적 혁신(Sustaining Innovation)

  기존제품보다 더 좋은 제품·서비스를 만들어 내는 것(도요타 프리우스 하이브리드)

- 효율향상 혁신(Efficiency Innovation)

  리엔지니어링으로 기존제품을 훨씬 더 저렴한 원가로 만듦

경영학의 아인슈타인으로 불리는 파괴적 혁신 이론의 창시자 크리스텐슨(Clayton M Christensen, 1952~2020)은 『혁신기업의 딜레마』에서 말하기를, 위대한 기업이 큰 경쟁자에게 무너지는 것이 아니라 작고 하찮아 보이는 신규 경쟁자로부터 무너질 수 있다고 했다. 위대한 기업들이 대부분 더 열심히 개선하고 더 열심히 일하는 '존속적 혁신'에 집중하는 반면, 신규 진입자들은 '파괴적 혁신'의 무기를 들고 있기 때문이다. 신규 진입자들이 들고 있는 '파괴적 기술'은 처음에는 부족해 보이지만(Low-end Technology), 시간이 지나면서 기술의 성능이 좋아지고 결국 시장의 대세가 되어 혁명에 성공하게 된다. 이것은 위대한 기업의 존속적 혁신 활동을 부정한다기보다 기업이 존속적 혁신에만 몰두해서는 근본적인 안전을 마련할 수 없다는 뜻을 내포하고 있다고 본다.

이것을 다른 관점으로 살펴보면 높은 비용이 드는 화려한 혁신보다 초기에는 부족해 보이지만 시대의 흐름에 따라 큰 가치를 창출할 성장동력을 육성하면 지속가능성을 높일 수 있다는 것을 알 수 있다. 크리스텐슨 교수는 지속적인 성장과 혁신을 위해 다음의 지침을 제시했다.

- '니즈'가 아니라 사람의 '행동'에 주목하라.
- 소비하지 않는 고객에게 눈을 돌려라.
- 현재가 아닌 '미래'의 역량에 집중하라.
- 혁신을 통해 범용화의 늪을 탈출하라.
- 똑똑한 인재보다 '적합한 경험'에 집중하라.
- 예측이 아닌 '발견'을 지향하라.
- 작게 신속히 추진하여 성과를 가시화하라.
- 신성장을 위한 혁신은 CEO에서 시작된다.

김위찬 교수가 2017년 말에 발간한 『블루오션 시프트』에 따르면 경쟁 없는 제품혁신을 만들려면 다음과 같다.

- 인간다운 프로세스를 통해 진행 방식을 세분화하고 실제 체험을 중시한다. 그리하여 공정과 신뢰의 원칙을 준수한다.
- 고객의 입장에서 사고해야 한다.
- 비고객을 발견해내는 일에 적극적으로 임해야 한다.

(2) BP-디즈니만이 하는 것

디즈니 CEO 밥 아이거(Robert Allen Iger)가 직접 쓴 『디즈니 제국의 비밀』에서 그는 2005년 CEO가 되자마자 이제 미래를 보자며 새로운 디즈니 제국을 건설하기 시작하였다. 제국을 건설하기 위한 혁신 로드맵으로는 '새로운 포트폴리오 확장(대규모의 인수합병), 전략기획실 폐지하여 타 부문으로 권한위임과 분권화, 스티브 잡스와의 관계회복' 세가지 방향으로 잡았다. 아이거는 혁신을 추진하면서 혁신 아니면 죽음이라고 선언했으며 아래의 5가지 원칙을 조직 구성원에 각인시켰다.

5가지 원칙

- 리스크를 감수하고 창의성을 장려하는 것
- 신뢰의 문화를 구축하는 것
- 자신에 대한 깊고 지속적인 호기심을 배양해 주변 사람들에게 영감을 불어넣는 것
- 변화를 거부하지 않고 수용하는 것
- 항상 정직하고 고결하게 세상을 살아가는 것(힘겨운 상황에 직면하게 될 것이 분명할 때도)

핵심 주제는 '위대한 스토리를 전하려면 위대한 재능이 필요하다'이고 행동강령은 다음과 같다.

- 완벽추구(사고방식: 충분히 좋은 것에 만족하지 말자)
- 누구라도 실수를 인정하고 거기서 배우며, 고칠 수 있다는 본보기를 보여라(재도전 기회부여).
- 누구라도 정중하게 대하라. 경험보다 능력을 중시하고 보유 역량보다 높은 역량을 요하는 역할을 맡겨라. 주변에 사람을 둘 때는 능력 뿐만 아니라 품성도 고려해야 하며, 일에서나 삶에서나 진정으로 겸손한 태도로 임해야 한다.
- 배울 필요가 있는 것은 최대한 빨리 익히기 위해 노력하라.
- 혁신을 원한다면 실패를 인정하라.
- 안전제일주의를 경계하라.
- 야심이 기회보다 앞서 달리게 하지마라.
- 리더가 마땅히 할 일을 안 하면 주위사람들이 금방 알아차리고 그들의 존경심은 빠르게 사라진다.
- 우선순위를 명확하게, 반복적으로 전달해야 한다.

상기의 원칙들은 혁신가의 공통된 특징이라 할 수 있다. 성공 알고리즘은 그리 멀리 있는 것이 아니다. 앞서서 성공한 사람들을 따라서 뚝심 있게 가면 손에 쥘 수 있다. 아이거는 2019년 21세기 폭스 인수합병을 끝으로 디즈니 제국을 완성하였고 2020년 2월 디즈니를 은퇴하였다. 디즈니제국의 콘텐츠는 다음과 같다.

- 영화: 월트 디즈니, 디즈니 스튜디오, 픽사, 마블, 스타워즈, 21세기

폭스, 서치라이트

- TV: ABC뉴스, 디즈니채널, 내셔널 지오그래픽
- 스포츠: ESPN

디즈니 플러스는 월간 9,900원(연간 99,000원)으로 디즈니의 모든 콘텐츠를 감상할 수 있다. OTT 업계의 후발주자인 디즈니 플러스의 디즈니 스트리밍 서비스 총 가입자 수가 2022년 9월 말 기준 2억 2,100만 명인데, 경쟁상대인 넷플릭스의 가입자가 2억 1,067만 명인 것과 비교하면 매서운 성장세를 보인 모습이다.

디즈니 플러스의 이용요금은 2022년 12월부터 현 7.99달러에서 10.99달러로 인상될 예정이라 한다. 이는 글로벌 시장에서 OTT 경쟁이 격화되면서 콘텐츠에 대한 투자가 늘어난 만큼 적자를 메우고 수익을 모색하기 위해 새 구독상품을 내놓으려는 것으로 풀이된다. OTT 업계의 콘텐츠 스트리밍 전쟁이 웹툰과 소설까지 전선을 확대하고 있다. OTT 업계는 넷플릭스, 아마존프라임 비디오, 디즈니 플러스 3강 구도에 쿠팡 플레이, 네이버, 카카오도 시장에 본격적으로 뛰어들고 있다.

2. 인사혁신 시스템의 재설계

정부는 2022년 8월, 디지털 대전환시대가 요구하는 창의적 인재를 양성하여 5년간 100만 명의 인재를 확보하겠다고 발표했다. 각 기업체들은 일찍이 2~3년 전부터는 디지털 인재 양성과 채용경쟁에 산업·기업 간 치열한 경쟁을 벌이고 있다.

기업현장에서 조직의 디지털 전환을 이끌 인재를 조기에 확보하여 디지털 기술과 데이터 분석 역량을 적용하여 자신들의 비즈니스 모델이나 가치사슬에 변화를 시도하려 하나, 기존 구성원들의 역량만으로는 성공적인 디지털 전환이 부족할 수밖에 없음을 절감하고 있다. 더욱이 성장이 정체된 산업에서는 기존인력의 리스킬링(Reskilling)을 통해 재배치하고 더불어 외부 수혈을 통한 새로운 인재 확보에 열을 올리고 있다.

점차 글로벌 기업은 물론 스타트업들에 이르기까지 디지털 시대에 필요한 역량을 갖춘 인재를 확보하기 위한 치열한 경쟁 속에서 개발자, 시스템관리자, 데이터 과학자, 통계분석 전문가에 대한 수요가 공급을 초과하는 현상이 곳곳에서 벌어지고 있다. 이로 인해 디지털역량을 갖춘 인재들의 몸값이 빠른 속도로 상승하고 있다.

기업체를 액션코칭* 할 때 각 기업들이 디지털인재 채용의 어려움을 호소한다. 기존 인력 대비 상대적으로 높은 임금과 처우조건을 요구할 뿐만 아니라 채용을 하더라도 타 기업으로의 전직도 서슴지 않아 이들을 유지하는데 무척 애를 먹고 있다고 한다. 전환이라는 용어에서 알 수 있듯이 신기술, 신사업 분야의 디지털인재 부족과 디지털 역량 격차가 기업의 경쟁력에 지대한 영향을 끼치는 요즘, 인사의 역할이 그 어느 때보다도 중요시 되고 있다. 디지털 전환시대에 있어서는 HR 부서의 역할과 위상이 매우 중요하다. 종전의 채용, 노사관리, 직원교육에서 기업성과를 개선할 수 있도록 적극적으로 지원하는 새로운 역할로 전환해야 한다.

예를 들면 특정 직무요건에 따른 적재적소 평가, KPI 성과지표, 인력배치, 예산과 같은 요소가 성과를 창출하는데 적합한지 확인하며, 성과를 못 내는 이유를 명확히 알아야 한다. 리더의 단순 실수인지 직무 적합성 불일치(역량 미흡)인지 그리고 사내 시스템이 어떻게 작동하는지 진단하고 적재적소의 임직원을 찾아내 재배치하는 등 현업을 적극 지원해야 한다. 향후 HR이 중점적으로 해야 할 일은 다음과 같다.

- 디지털 인재의 양성이나 외부 리크루팅을 통해 수시 확보
  일과 삶의 균형(워라밸)과 유연한 근무방식을 선호하는 MZ세대를 어떻게 조직에 적용, 정착시킬 것인가?
- 이들이 일할 수 있는 근무환경 구축
  문제를 해결하는 새로운 발상은 완전 수평적인 구조에서 각각 자유롭게 커뮤니케이션할 수 있는 환경이 필요하다.
- 공정한 평가와 성과에 대한 합당한 보상

"결국 사람이 먼저다." CHRO한테 이런 얘기를 하면 결국 또 "기승전인(결)이네요."라고 한다. CHRO의 평가항목도 바뀌어야 한다. 인사관리부서의 평가항목이 기업성과와는 직결되지 않는 KPI로 되어 있다 보니 기업성과는 나쁜데도 평가 결과는 좋게 나오는 경우가 있다. 이는 HR 부서가 경영실적과 정렬되어 있지 않은 독립 변수라는 징표다. 가치창조와 관련이 있는 측정 가능한 KPI를 개발해야 한다.

☞ 핵심인재 스카우트 및 배치로 매출신장에 기여 등등

인사혁신이 우수한 몇 가지 사례를 살펴보자. 구글의 성장 동력은 인사관리 혁신으로부터 유래되며 철저히 데이터에 기반 한다. 예를 들면 성공적인 매니저의 중요성과 조건을 데이터 분석을 통해 밝혀내고, 이

조건들을 8가지로 정리해 1년에 두 차례씩 직원들로부터 평가받도록 했다. 둘째로 PiLab(People & Innovation Lab)을 운영하며 사회학적 실험을 통해 가장 효율적으로 인재를 관리하고 생산성을 높이는 방법을 파악한다. 셋째로 예측적 분석기법을 활용해 선제적 이직방지, 효율적인 작업 환경 구축 등에 활용한다. 넷째로는 인터뷰 절차도 데이터를 기반의 효율적인 모델로 적용한다. 필요한 직원을 채용할 때 필요부서의 실무자, 책임자, 관련부서의 실무자 등이 네 번 인터뷰하는 과정은 86%의 신뢰 수준으로 올바른 채용인지 아닌지 예측 가능하다고 한다.

구글 인사담당이 말하는 '구글리'란 남다른 가치와 재능으로 회사에 기여하고 유연성과 겸손으로 새로운 것을 빨리 배우는 능력이다. 이것이 최고의 경쟁력이며 기업은 열린 인재를 선호한다. 천재라도 이기주의자는 필요 없다. 협동심이 없거나 자의식이 지나치게 강한 사람은 채용하지 않는다는 원칙을 가지고 있다.

P&G에서는 다음 사항의 프로그램 개발·투자에 힘쓴다.

- 우선순위와 목표를 설정하는 법
- 기여도에 관해 피드백을 제공하는 법
- 직원의 진로와 비즈니스 요구
- 학습과 개발계획을 일치시키는 방법

스크럼(Scrum) 방식의 팀 프로젝트 중심 업무추진으로 개인에서 팀 단위로 관리하는 만큼 인사시스템이 바뀌며, 프로젝트 완료 후 자체 평가를 실시해 정기 반성과 피드백을 한다. 특히 인사관리자의 코칭역량 향상에 힘을 기울인다. 넷플릭스는 수당, 급여 관리 같은 일상적 업무는 재무로 이관하고 HR 부서는 인재 스카우트와 코칭만을 담당한다.

3. 기업의 성장 동력

기업의 성장전략에는 다양한 방식이 있다. 제일 기본적인 것은 자사의 캐시카우인 핵심 사업을 강화하면서 이를 토대로 수직계열화, 다각화로 가는 일반화된 성장전략이다. 수직계열화는 생산부터 판매까지 다운 스트림, 업 스트림으로 전개하는 것을 뜻한다. 새로운 시장수요를 창출하기 위해서는 신상품·서비스 개발전략, 밸류체인 전략, 판매지역 확장과 인접확장전략으로 사업 가치를 혁신하며, 최근에는 4차 산업혁명의 도래로 ICT를 활용한 비즈니스 모델 개발에 적극 투자한다.

닌텐도, 신에츠 화학, 혼다 등 초우량기업에서 나타나는 공통적인 6가지 조건을 통해 우수 기업의 성공조건을 배울 수 있는 니이하라 히로아키(新原浩郞)의 『기업성공 6가지 핵심조건』은 비즈니스 맨, 경영자라면 반드시 읽어봐야 할 책이며 일본에서는 7만 부가 팔린 베스트 셀러이자 비즈니스 스쿨의 필독서이다. 이 책은 기업의 본질을 다룬 것으로 지금까지 없었던 연구라는 평가를 얻고 있다.

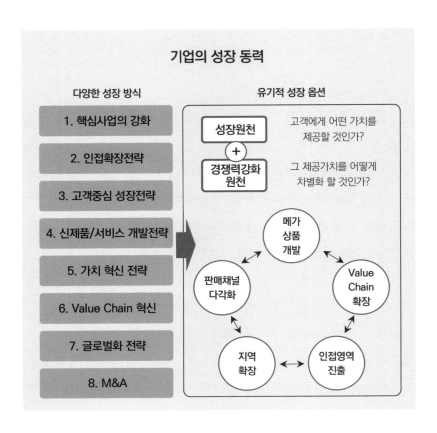

『기업성공 6가지 핵심조건』의 주요 내용은 다음과 같다.

1. 모르는 것은 떼어낸다.

　　무능한 경영자는 담당자에게 떠맡긴 채, 결정적인 순간에조차 중지를 모아 의논하자며 결단을 미룬다.

2. 스스로 끊임없이 생각하라.

　　자기 머리로 궁리하고 궁리한다. 경쟁력의 원천은 차별화다. 알 때까지 움직이지 말라.

3. 객관적으로 보아 불합리를 찾아낸다.

   당해 전문가는 미처 못 보는 것을 비주류 출신의 경영자나 코치가
   객관적으로 본다.

4. 위기를 기회로 바꾼다.

   무능한 기업은 위기에 직면했을 때 초조해진 나머지, 그제까지 해왔
   던 것을 전부 부정하고 성공한 다른 회사를 흉내 내기 시작한다.

5. 과도한 성장을 지양하고 사업 리스크를 직시한다.

   사업포트폴리오 구축과 글로벌화를 통한 리스크 분산

6. 인간을 위해, 사회를 위해서라는 자발적인 기업문화를 심는다.

   기업의 목적은 계속적인 사회공헌이며 이익은 수단이다.

4. 마켓 드리븐 마케팅(MDM)

마케터가 시장변화에 대응하는 포지션은 두 가지다. 시장을 리딩하든
지(Driving) 아니면 시장변화에 애자일하게 대응하든지(Driven)이다. 마
케팅이 궁극적으로 추구하는 목표는 시장 창출이다. 마케터에게는 시장
포화(Saturation)라는 단어가 없다. 세상의 모든 물건들이 나름대로 라이
프 사이클(Product Life Cycle)을 갖고 있지만 Take off라는 마법을 통해
이 세상에 다른 모습으로 재탄생한다. 예를 들면 카폰-픽처폰-휴대폰-
스마트폰-폴더 폰-플립 폰으로 진화 발전하면서 신수요를 창출해 나간
다. 스마트폰 다음은 무엇일까? 아마도 웨어러블 폰이 아닐까?!

오토모빌(Car)도 내연기관 차-하이브리드 카-전기차-수소차-스카이카 식으로 발전한다. 따라서 "이 시장의 마켓 사이즈는 이것이고, 우리는 할 만큼 다했다. 더 이상 할 것이 없다."라는 생각이 드는 순간이 위기가 시작되는 징후이다. 바로 이러한 시점이야말로 혁신을 통해 거듭나야 할 때이며 이러한 역량을 조기에 갖춰야만 시장경쟁에서 이길 수 있다. 잭 웰치는 1등을 하는 제품 시장의 재정의를 통해 2~3배의 높은 성장을 실현했다. 항상 고객의 입장에서 생각하고 제품 라인업 및 브랜드 확장, 비즈니스 포트폴리오 다양화를 통해 얼마든지 시장을 재창출 할 수 있다.

마켓 드리븐 마케팅(Market Driven Marketing)을 하기 위해서는 고객 중심의 마케팅 역량을 갖춰야만 한다. 항상 사업의 중심에 고객을 두고 고객반응을 수집하고 소통하면서 고객 니즈에 대응할 수 있도록 생산, 영업, 관리, 물류 시스템을 유기적으로 운영하는 것만이 기업과 고객의 가치를 높일 수 있는 유일한 방책이다. 고객 서비스 업무를 잘 하고 싶다면 무엇보다 먼저 소속된 업의 본질과 특성 그리고 가치사슬을 꿰뚫고 있어야만 고객의 말과 요구 사항이 무엇인지 다룰 수 있기 때문이다.

- 고객 6단계
  불특정 다수인 컨슈머(Consumer)➔잠재고객➔가망고객➔최초 구매고객➔반복 구매고객➔단골·충성고객

베스트 프랙티스-GE 고객만족 경영

잭 웰치의 후계자인 제프리 이멜트(Jeffery Immelt)는 2001년 9월~2017년 8월까지 GE의 회장으로 재임하는 동안 사업구조를 성공적으로 재편했다는 평가를 받고 있다. 재임하는 동안 백색가전·금융 회사에서 에너지·항공·헬스케어 등 미래 지향적인 산업 전문기업으로 탈바꿈했다. 당시 GE는 국내 대기업들의 벤치마킹 대상이었으며 지금도 고객만족경영의 대표 베스트 프랙티스로 자주 거론되고 있다.

GE 사례는 필자가 기업체들을 컨설팅·액션코칭* 할 때 자주 거론하는데 지속 성장하려는 기업은 혁신에 있어서 참고할 필요가 있다고 생각한다. 잘 모르겠다 싶으면 GE 사례대로 그냥 따라하라고도 한다. 지금 봐도 하나도 버릴 것이 없다. 미래 성장 동력을 찾고 차세대 리더를 양성하고, 고객관점에서 시스템 정비를 통해 고객중시의 기업문화로 변신하자는 것은 어찌 보면 상투적인 어프로치로 보이지만 모든 기업이 지향해야하는 모범 답안이다. 고객 만족경영의 주요 내용은 다음과 같다.

- 전략
  미래 성장사업인 생명공학·환경에너지로 사업포트폴리오 조정하고, 이머징 마켓(중국과 인도)으로 과감한 진출로 성장 동력을 발굴한다.

- 사람
  마케팅 인력 보강과 중간 계층의 리더 양성과 리더의 혁신역량에 주력한다.

- 제도·시스템

  고객관점의 프로세스 혁신으로 고객만족 활동을 강화하고 NPS(Net Promoter Score)를 성과지표로 도입한다. ACFC(At the Customer For Customer) 활동을 강화한다.

- 기업문화

  고객·기술 중시의 기업문화 혁신을 드라이브, 리더의 덕목을 제정하여 전파, 원스톱(One stop) 서비스체제를 구축한다.

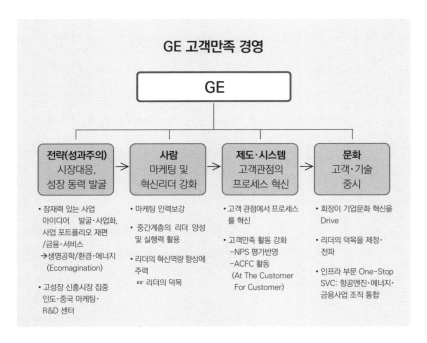

GE 고객만족 경영

전략(성과주의)	사람	제도·시스템	문화
시장대응, 성장 동력 발굴	마케팅 및 혁신리더 강화	고객관점의 프로세스 혁신	고객·기술 중시

- 전략(성과주의)
  - 잠재력 있는 사업 아이디어 발굴·사업화, 사업 포트폴리오 재편/금융·서비스 →생명공학/환경·에너지 (Ecomagination)
  - 고성장 신흥시장 집중 인도·중국 마케팅· R&D 센터

- 사람
  - 마케팅 인력보강
  - 중간계층의 리더 양성 및 실행력 활용
  - 리더의 혁신역량 향상에 주력 ☞ 리더의 덕목

- 제도·시스템
  - 고객 관점에서 프로세스를 혁신
  - 고객만족 활동 강화 -NPS 평가반영 -ACFC 활동 (At The Customer For Customer)

- 문화
  - 회장이 기업문화 혁신을 Drive
  - 리더의 덕목을 제정· 전파
  - 인프라 부문 One-Stop SVC: 항공엔진·에너지· 금융사업 조직 통합

☞ 리더의 덕목: ① 고객·시장지향, ② 전략과 우선순위 명확화, ③ 위험에 도전하는 과감성, ④ 변화주도·전문역량, ⑤ 인간관계·포용력·책임감

※ Ecology+Imagination=Ecomagination

5. 변화관리(Change Management)

변화가 필요하다면 먼저 조직 구성원에게 위기의식을 통한 긴장감을 고조시키고 그들의 참여를 유도해야 한다. 이 단계에서 구성원들의 동기부여 과정이 없다면 변화프로그램에 대한 참여도가 떨어지고 변화에 실패할 것이다. 그런 다음에는 혁신팀 구성을 통해 리비저닝(Revisioning)하여 조직 구성원에게 비전을 공유 전파한다. 비전 시행단계에서의 장애물을 변화관리 오너가 즉시 제거해주어 단기 성공 사례를 만들고 후속 변화를 시도하고 변화를 기업문화로 정착시킨다.

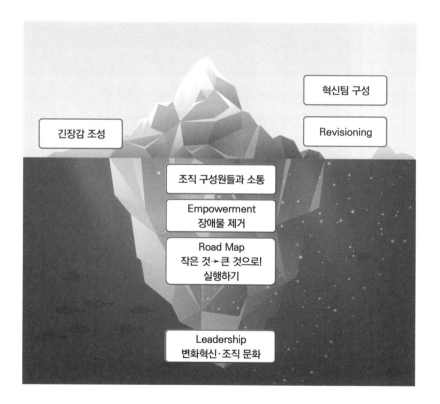

삼성 신경영을 할 당시(1993년6월) 임직원의 필독 도서 중 하나가 『우에스기 요잔(上杉鷹山)의 『불씨』다. 약관의 영주(번주) 요잔은 에도시대 망해가는 요네자와 번을 혁신해 15년 만에 빚을 모두 갚고 매우 풍요로운 지역으로 만든 인물로서 '불씨'는 그 과정을 묘사한 개혁의 베스트 프랙티스다. 새로운 비전을 달성하기 위해서는 무엇보다도 개인이나 조직의 변화 마인드가 매우 중요하다. 변화관리의 과정을 다음과 같이 그리고 있다.

- 긴장감 조성
  변화를 위한 동기부여 단계로 현 상태를 부인하며 생존하기 위해서 변하지 않으면 안 된다는 불안감을 조성, 변화관리에 동참시킨다.

- 혁신팀(Changing Agent: CM) 구성
  혁신은 번주(CEO)가 리딩하며 직속에 혁신을 추진할 조직과 책임자를 선정한다.

- 새로운 비전 설정
  리비저닝을 통하여 우리가 가야 할 중장기적인 방향을 제시하고 새롭게 변화된 미래의 모습을 보여줘서 조직 구성원들을 동기부여 한다. 가장 중요한 목표 KPI를 설정한다.

- 조직 구성원들과 소통
  새로운 비전과 실행전략을 조직 구성원들과 소통하여 자발적인 동참을 유도한다.

- 장애물 제거

  점수판을 만들어 실행사항을 수시로 점검하고, 장애요인을 제거해 준다. 리더의 강도 높은 개입을 한다. 저항하는 사람에게 솔직명백하게 대답하고(필요시 제거), 가능성 있는 사람들에게는 훈련과 멘토링, 코칭을 투입한다.

- 실행하기-성과 창출

  R&R을 분명히 하고 처음에는 실행하기 쉬운 것부터 실행, 가시적인 작은 성과를 만들어낸다. "우리도 하면 된다."라는 자신감을 주어 지속적인 개선이 되도록 한다.

- 변화혁신의 조직 문화

  리더는 도전, 창조, 협력의 정신이 기업문화에 녹아들도록 조직과 구성원들을 이끌면서 지속가능한 혁신에 이르는 길을 끊임없이 생각하고 실천에 옮김으로써 새로운 기업문화로 정착시킨다.

BP-스타벅스 성공 사례

출근을 할 때 보면 스타벅스 커피숍 앞에 언제나 차가 줄지어 기다리고 있다. 선불카드를 이용한 선 주문 서비스인 **사이렌 오더**로 이루어진다. 스타벅스는 단편적인 디지털 트랜스포메이션이 아니라 디지털 생태계를 구축하는 형태로 접근하고 있다. 세계 80여개 국가에 있는 3만개 매장의 커피머신 중 일부는 클로버X라는 커피머신을 클라우드와 연결하여 운영데이터 수집뿐아니라 원격 장애 진단이나 수리도 가능하다. 또한 38만여 커피농장에서 생산되는 최상급 원두(1천 미터 이상 고산지대에서 자라는 최상품 아라비카 원두)가 전 세계 스타벅스 매장에 도착하기까지 모든 과정을 **블록체인**으로 관리한다.

스타벅스는 모바일 앱이나 고객의 경험을 중심으로 한 디지털 플라이휠 전략(주문-결제-보상-개인화)을 활용한다. 앱 사용자 수 2,340만 명의 16%가 스타벅스 앱 내에서 주문하고 결제하는 핀테크 기업인 것이다. 커피전문점이라는 생각되던 스타벅스의 트랜스 포메이션이 놀랍지 않은가? 마케팅에 있어서도 고객의 선호 및 추천 로열티 프로그램 **딥브루(Deep Brew)**를 통해 단골고객에게 신제품이나 디저트를 추천해주고 애저 AI를 통해 소비 트렌드를 찾아내 신상품·서비스를 만들어 고객만족 경영에 앞장선다.

커피를 제공하는 비즈니스가 아닌 People 비즈니스로 **스타벅스다움**을 구현한다. 스타벅스의 첫 번째 가치는 직원만족, 직원의 행복이고 고객존중은 두 번째로 '인간중심 경영'을 통해 포춘지가 선정하는 가장 가치 있는 브랜드 100에 선정되었다. 스타벅스는 커피 비즈니스에서 데이터 비즈니스 영역으로 확장시켜 데이터를 활용한 디지털 트랜스포메이션을 통해 파괴적 혁신의 선두에서 치고 나가고 있다. 예를 들면 마이크로 소프트와 협업하여 스타벅스 고객데이터를 활용한 **아틀라스**를 통해 신규매장 출점을 결정한다. 주 고객층을 고임금 여성근로자로 선정하여 행인이 많은 지역의 주요 건물에 입점시키는데, 한국 내 매장 수는 2022년 1분기 1,639곳으로 일본에 이어 4위지만 지금과 같은 속도로 매장을 늘린다면 곧 전 세계 3위인 일본(1,706곳)을 앞지를 것으로 예상한다.

6. 베스트 프랙티스(BP) 발굴 및 재창출

선진기업의 성공비결을 보면 한결같이 성공 사례 BP를 발굴하여 조직 내 전파공유를 통해 새로운 성공 사례를 계속해서 만들어간다.

BP 작성 요령

항 목	방 법
과제명	공유사항을 잘 나타낼 수 있는 용어를 사용하여 타 부서로부터 매력적으로 보이게 한다–과제 완료 후 평가를 통해 우수과제는 KMS에 등재 공유.
성과	과제당 KPI 달성 수준으로 기재한다.
SOURCE	자체 BP분만 아니라 타 BP활용으로 성과창출 성공 시 타 부서 BP도 포상 대상이 된다.
분류	공유 포인트를 그룹핑한 것으로 복수의 경우는 상대적으로 공유포인트가 큰 것 중심으로 선정한다–원가절감, 고객유지율 증대, 특판매출 증대, 점력 강화.
추진조직	부서 전체인력 참여보다는 실질적으로 활동에 참여한 팀원을 기재한다.
과제선정 사유	과제 선정한 동기 등의 사유를 기재한다.
개선방안 실행	공유 포인트 중심으로 기재 –백화점식 나열은 지양한다. 간단명료하게 공유 포인트가 여러 개일 경우는 대표 공유 포인트를 적시하고 그 외 것은 밑에 추가 기재하되 3개 이내로 압축한다.
기대효과	성과창출금액에서 예산투입비용을 제외한 금액을 기대효과로 한다. 본 과제를 통한 성과금액효과는 연 단위로 함을 원칙으로 한다.
첨부자료	성과창출 상세 내역서는 별첨한다.
향후 추진방안	베스트 프랙티스(BP)는 본 건 하나로 종료되는 것이 아니라 계속해서 확장하여 성과를 재창출한다.
건의 사항	과제수행에 따른 건의사항을 관련부서에 피드백하고 혁신팀에서는 이를 검토 정책에 반영하고 건의자한테 피드백 한다.

각 부서에서 만들어진 성공 사례는 그 공유 포인트를 간단명료하게 작성하여 조직 내 KMS(지식관리시스템)에 등재하여 공유하도록 한다. 암묵지(Tacit knowledge)에서 형식지(Explicit knowledge)로 변환시켜 재창출한다.

BP 작성 형식

부서	사업부	팀명		2023
과제명		분류NO.	추진기간	
			분류	추진조직
성과 (천원)	KPI		집객 상품보강 특판 프로모션 가격 인테리어	책임자
Source			− − −	참여자
추진개요 및 공유 포인트	(현황)	(문제점)	(개선방안/실행)	(기대효과)
추진개요 및 공유 포인트				
향후 추진방안			건의사항	

7. 벤치마킹(BM)

잭 웰치는 '벤치마킹'을 기업의 핵심 경쟁력이라 할 만큼 자주 활용했던 경영자 중 한 사람이다. 벤치마킹 전문가인 마이클. J. 스펜돌리니 (Michael. J. Spendolini)는 『벤치마킹&기업 경쟁력』에서 벤치마킹을 초일류기업이 되기 위한 조건으로 제시했다. 1990년대는 삼성전자가 일본의 소니, 도시바, 마츠시다의 신제품을 테어다운 방식으로 벤치마킹했고 근래에 들어서는 일본 전자기업이 삼성전자의 성공비결을 벤치마킹하고 있다. 벤치마킹은 동종 업계만 하는 것이 아니고 기능별로 최고의 성과를 창출해 낸 다른 업종(예: 물류는 Fedex)도 그 대상으로 한다.

한때 삼성전자의 벤치마킹 대상이었던 GE가 거꾸로 차세대 리더들을 데리고 삼성전자를 벤치마킹하러 한국에 온 적이 있다. 벤치마킹을 통해 성장한 삼성전자는 지금은 세계 초일류기업 대열에 합류하였고 국내 대학생들이 가장 취업하고 싶은 회사 1위를 차지했을 정도로 그 선호도가 높아졌다. 필자는 기업체 액션코칭*을 할 때 벤치마킹 시 유의할 점을 코칭해주고 있다.

☞ 테어다운(Tear down): 경쟁력을 분석하기 위해 해당 제품을 샅샅이 뜯어보는 것

- 경영층의 벤치마킹에 대한 오해
  자사의 현재의 문제와 배워야 할 점에 대한 명확한 정의를 내리지 않고, 단순히 외형만 따라 하는 경우

- 접목의 오류 (추진과정의 오류)
  벤치마킹을 하는 과정에서 모범 사례와 자사와의 갭을 충분히 이해

하지 않고 자사에 활용하는 경우

• **벤치마킹 도입 이후의 방심**
벤치마킹을 통해 조직이 변화하려면 장기간의 시간이 걸리는데, 최고 경영층이 단 기간에만 관심을 가질 경우

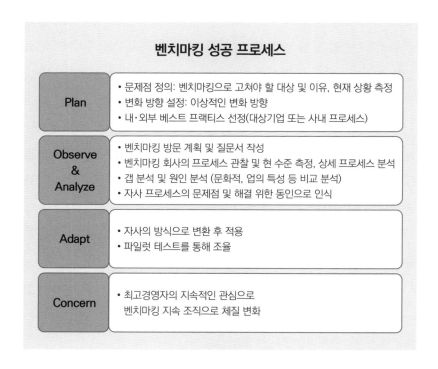

이케아와 쌍벽을 이루는 일본 니토리 가구업체의 창조적 모방 비결을 보면 업계의 큰 흐름을 관찰하면서 모방하되 그냥 베끼지 말고 순서를 지키면서 철저하게 모방하라고 한다. 모방하면 스티브 잡스의 모방혁신이 많이 회자되고 있는데 그 내용을 보면 다음과 같다.

- 모방하고 훔쳐라

  첫 번째 과정은 주변의 것을 배우고 학습하는 '모방' 혹은 '훔침'의
  단계다. "뛰어난 예술가는 모방하고, 위대한 예술가는 훔친다."는
  피카소의 유명한 격언을 인용한 것이다. 그는 결국 혁신과 창의성은
  어디 특별한 데서 나오는 게 아니라 주위를 열심히 탐구 하고 획득
  하는 데 있다고 본 것이다.

- 가진 것을 모두 합치는 '통섭(統攝)' 과정이다

  애플의 DNA는 '기술만으로는 좋은 제품을 만들기에 충분하지 않
  다'는 것이다. 그래서 애플의 기술은 인문학과 결합했다. 기술은 사
  람을 위해 복무해야 한다는 게 그의 생각이고 이게 제대로 되려면
  인문학적 이해가 전제돼야 한다는 것이다.

- 다르게 생각해라

  이미 존재하는 모든 요소들을 '모방'하고 '훔침'으로써 세상에 대한
  폭넓은 통섭을 바탕으로 변화의 길목에 미리 가려고 끊임없이 노력
  하는 게 세 번째다. 애플이 1984년 매킨토시를 만들어냄으로써 개
  인용 컴퓨터(PC) 시장에 일대 혁신을 가져오고, 이후 연이어서 2001
  년에 내놓은 아이팟과 아이튠스, 2007년에 내놓은 아이폰, 2010년
  에 내놓은 아이패드 등과 같은 제품으로 새로운 시장을 창출했다.

- 쉽게 단순화해라

  애플의 제품은 모두 유저 프렌들리한 디자인으로 사용의 편리성을
  제공하고 있다. 심지어는 아이들이 애플제품을 한 시간만 만지고 가
  지고 놀면 사용방법을 거의 다 터득한다고 한다. 잡스는 기술과 인

문학을 결합하되 그것을 가장 단순하게 표현해야 한다고 말했다. 세상이 발전할수록 기술과 사람의 일은 복잡해지게 되어 있다. 이를 섞어서 통찰하면서도 직감적으로 해결할 수 있게 해주는 것과 중간에서 그 제품을 만들어내는 자의 사명이 라는 게 스티브 잡스의 생각이다.

(1) BM-글로벌 마케팅전략

벤치마킹은 본인이 직접 조사하는 것도 있지만 최근에는 전문잡지나 신문, 세미나, 포럼에서도 관심만 가지면 얼마든지 좋은 정보를 얻을 수 있다. 연세대 최문규 교수가 발표한 BOP 글로벌 마케팅전략을 통해 우리는 해외진출 시 어떻게 해야 하는지 자사 특성을 감안하여 쉽게 적용할 수 있다. 신흥시장에서 진정으로 성공하고자 하는 기업은 피라미드를 내려와 중산층과 하위층을 목표시장으로 삼고, 소득이 낮아서 비싼 외국회사제품을 구입할 수 없는 이들을 위해 제품과 서비스에 대한 혁신적인 접근이 필요하다.

☞ BOP: Bottom of Pyramid

예를 들어 GE 의료기 사업부의 경우 중국에 R&D센터를 설치하고, 기존 초음파 검사기 가격의 1/3밖에 되지 않는 휴대용 초음파검사기를 개발·런칭했다. 또한 삼성, LG전자의 베트남 사례와 같이 단순히 현지화를 더 잘하는 것이 아니라, 현지 기업들이 제공할 수 없는 글로벌 통합과 표준화의 이점을 제공하여 현지 기업들의 제품보다 품질이 우수하고 선진적일 것이라는 소비자의 기대에 부응했다. LG전자의 가전제품이나 삼성전자 갤럭시의 신흥시장 공략은 철저하게 현지 실정에 맞는 글로벌 마케팅 전략을 구사해서 큰 성공을 거두고 있다.

목표가 10이라면 벤치마킹을 통해서 7부 능선까지는 쉽게 갈 수 있어서 시행착오를 그만큼 줄일 수 있으며, 나머지 3은 유니크한 아이디어를 통해 차별화 해 나가면서 신제품을 런칭할 수 있게 된다. 마치 일본의 마츠시타 전략처럼 신제품은 소니가 제일 빨리 출시하나 일본시장에서의 시장점유율은 마츠시타가 더 높다. 왜냐하면 마츠시타는 소니가 신제품을 출시하자마자 벤치마킹하여 고객들이 원하는 기능이나 가격을 가감해서 1~2개월 후 출시하기 때문이다.

(2) BM-아마존 벤치마킹 핵심 포인트

아마존은 1994년 설립 시 지구상에서 가장 고객중심적 회사가 되자는 게 창업자인 제프 베조스의 경영철학이었다. 창업 당시의 야망은 1조 달러의 사업 가치를 창출하는 회사였는데 2022년 9월 23일 기준으로 시가총액이 1조 1,591억 달러로 이미 초과 달성했다. 아마존의 중요 가치인 '고객중심의 경영' 기치를 내걸고 목표를 설정해서 비즈니스를 설계하고, 동시에 목표로부터 역계산해 "지금 여기서 할 일을 명확히 규정하고 초고속으로 PDCA를 회전시킨다."와 "생태계와 플랫폼을 지향한다."는 것이 제프 베조스가 설정한 아마존 경영의 핵심이다. 이는 아마존이 파괴적 혁신을 자발적으로 일으키는 기업으로 존재하도록 만드는 것이다.

아마존의 경이로운 리더십과 매니지먼트

- 일상 업무를 소중히 여기고 미션·비전을 중요시함 → 초장기적인

관점·Big think

- 고객에 대한 집착(Customer Obsession)
- OODA Loop → Observe, Orient, Decide, Act·신속하게 판단하고 행동하라
- 목표를 설정 → 목표로부터 역계산하여 지금 할 일을 명확히 규정
  → 초고속으로 PDCA를 회전시킴(무자비 Decide-Act)
- 최고를 채용하고 육성하며 모든 사원은 콜 센터에서 근무해봐야 한다.
- 70% Rule(행동지향성을 중시) →신속하게 판단하고 행동하라.
- 피자 두 판 규칙(소규모 조직 6~7명)
- 크리티컬 씽킹(Critical Thinking)
  → 이슈·논점을 제기하여 풀어나간다. Dive deep(깊게 빠져들어라)
- 0.1 세그멘테이션(Segmentation)
- 결과 도출-KPI(구매 전환율·추천기능 → 119달러/52%)
  ☞구글 OKR과 같은 개념

아마존은 소비자의 변하지 않는 가치인 '선택 범위, 낮은 가격, 신속한 배달'에 초점을 두고 비즈니스 모델을 구축함과 동시에 지속적으로 파괴적인 혁신을 하게끔 기업문화가 체질화 되어 있다. 베조스는 "초심을 잃는 둘째 날이 되는 순간 조직은 걷잡을 수 없이 추락한다."고 경고하면서 조직 내 첫날의 활기를 유지하는 가장 효과적인 방법이라고 하였다. 창업 당시 정신을 망각하고 쇠퇴하는 기업을 경계하는 맥락에서 자주 사용한다. 인공지능 음성비서 '알렉사'와 무인 편의점 '아마존 고(Go)'처럼 시대의 흐름을 읽고 새로운 시도를 성공시킨 비결은 첫날 정신에 있다고 말했다.

아마존 공포지수(Death by Amazon)는 아마존의 수익 확대, 신규사업 진출, 인수합병 등의 영향을 받는 54종목에 속한 기업이 아마존에 애자일하게 대응하지 못하면 언제 망할지 모른다는 의미이다. 전자상거래, 소매, 물류, 테크놀리지, 미디어·엔터테인먼트 등의 기업은 "아마존을 어떻게 공략할 것인가"에 절치부심 하고 있다. 아마존의 클라우드, 웹서비스, AWS, AI는 이미 전 세계 시장을 리드하고 있다. 망하지 않으려면 아마존의 전략을 알아야 한다.

아마존의 사업 성공전략 Y=ABC는 특정 카테고리에 특화된 상태의 원가 우위전략과 차별화 전략, 판매상황을 분석, 고객의 구매 전 과정을 Big data와 AI로 수집·분석을 통한 0.1세그멘테이션이다. 이를 통해 고객 개개인의 욕구에 적극 대응하고 있으며 더 나아가 OODA Loop를 통한 PDCA의 무한 반복으로 계속 고도화·정교화 해나가고 있다. 대상 기업들은 이에 대항하기 위해서 아마존보다 더하면 더했지 결코 지나침이 없다고 본다.

☞참조 11장 6. 차별화된 큐레이션 서비스

아마존은 사업전선을 온라인으로 시작해서 오프라인으로 점차 확대하는 O2O 전략을 구사하고 있어 오프라인을 중심으로 성장해온 기업들도 이에 대응하기 위해 온라인으로의 진출에 가속화하고 있다. 즉 업종 불문하고 아마존화(Amazonification) 되어가고 있다. 그 예로 신세계는 2018년 1월 온라인사업 강화를 위해 'SSG.COM'을 대폭 강화를 선언했고, 이어서 국내 1위 쇼핑몰인 롯데는 2020년 4월 넷플릭스를 벤치마킹해 '롯데 ON'이란 이름으로 새로운 온라인 온·오프 데이터 쇼핑몰을 런칭하였다.

(3) BM-글로벌 플랫폼 기업

애플, 구글, 3M 같은 월드 클래스 기업들은 조직의 장점과 핵심역량을 극대화 할 수 있는 혁신과 경쟁자에 대한 통찰력을 통해 빠르게 성장하였으며, 혁신을 바탕으로 차별화 된 경쟁력을 확보하고 이러한 경쟁력이 지속가능하도록 하였다. 플랫폼기업의 특징은 다음과 같다.

- 단순히 제품과 기술력뿐 아니라 HR, 마케팅, 문화, 리더십, 구조 등이 통합된 사슬형 시스템 구축하라.
- 시장과 고객에게 일어나는 변화의 흐름을 강박관념 수준으로 관찰하라(혁신은 논리적 연역이 아닌 창의적 통찰에서 나온다).
- 네트워크 경제에서는 고급 인맥이 혁신과 성과 창출 원동력이다.

덴마크의 고등교육과학부 장관 소피 카스튼 닐슨(Sofie Carsten Nielsen)은 "창조적 혁신기업을 육성하기 위해서는 장기목표를 가지고 과감히 투자하고 다양한 참여자들과 적극적으로 소통해 컬래버레이션을 활발히 해야 한다"라고 강조했다. **창의성이 바로 혁신의 출발점이다.** 서비스나우가 2022년은 빠르게 지속되는 디지털화를 바탕으로 모든 산업의 기업들이 업무, 기술, 직원 경험에서 큰 변화를 차지하는 변곡점이 될 것이라며 '2022 혁신 전망'을 아래와 같이 발표했다.

- 디지털화는 계속될 것이며 직원 중심의 자동화가 이루어져야 한다.
- 인공지능과 인간의 협력은 더욱 강화 될 것이다.
- 직원의 경험개선 및 역량강화 중요성이 더욱 커질 것이다.

- 물리적 세계(공급망, 기후변화 등)의 중요성은 더욱 높아 질것이다.
- ESG가 최고경영진의 가장 중요한 어젠다가 될 것이다.

(4) BM-히든 챔피언의 특징

독일의 기업 히든 챔피언은 비전과 목표가 야심차고 틈새시장에 집중하는 전략을 최우선시한다. 깊이를 더 깊게 파는 전략으로서 다각화라는 개념을 현재의 제품에서 신제품으로, 기존시장을 신시장으로 가지고 간다(부드러운 다각화). 그리고 "세계의 공장은 중국이지만, 그 공장 설비는 내가 판다."라는 Globalization과 마지막으로는 고객과의 관계를 더욱 철저하고 공고하게 맺는다. 히든 챔피언은 티끌 모아 태산이라는 마인드로 한 부분에 치우치지 않고 전 부문에 걸쳐 개선을 하였다. 이들의 리더십 스타일은 회사의 근간인 품질이나 고객만족에 대해서는 추호의 양보도 없이 철저히 준수하지만 실행에 있어서는 아랫사람에게 상당히 많은 융통성을 허용한다.

결국 기업의 존재 이유는 고객이 깨닫지 못했던 가치, 고객이 요구하는 핵심 가치에 집중하는 것이며 **시장을 창조하는** 것이 기업의 핵심 활동이라 할 수 있다. 따라서 시장에서 우월적 지위를 차지하려는 기업은 창조적인 조직 문화를 구축하는 일에 우선순위를 두어야 한다. **작은 개선이 모여 큰 개선이 되는 것이다.** 창조적인 조직 문화의 출발점은 그리 어렵지 않다. 당장 하기 쉬운 것부터 바로 할 것을 권고한다. 예를 들면 다음과 같은 것이다.

- BM(Bench Marking)
  자사와 타사와의 제품·솔루션 등을 비교하여 당사 실정에 맞게끔 재창조한다.

- BP(Best Practice)
정기적인 발표를 통해 우수사례를 발굴하고 전파·확산하여 BP를
재창출한다.

- IP(Idea Proposal)
모든 사원의 창의적 아이디어 발굴시스템을 구축하여 지속적으로
끊임없이 개선한다.

8. 성과 있는 곳에 보상이 있다

기업에서 성과가 가지는 의미를 고려하면 **성과주의는 경영의 핵**이라고
해도 과언이 아니다. 성과주의는 성과를 최우선으로 하는 인식체계(패러
다임) 또는 행동규범을 의미하며 임직원들을 한 방향으로 나아가게 하고
열심히 일할 수 있는 조직 분위기를 창출한다. 성과주의는 임직원들이
꿈과 야망을 갖고 목표 달성에 몰입하여 성과를 도출하고 이에 따른 적
절한 보상을 향유함으로써 회사와 개인의 성장을 일치하도록 하는 제도
이다. 따라서 성과주의는 성과 창출의 윤리적 당위성을 가져야 하고, 성
과 창출의 과정과 결과를 연계 관리함으로써 지속적으로 성과 창출이 가
능케 하는 개념이다. 동기부여의 가장 중요한 원칙은 칭찬과 보상이다.
실리콘 밸리의 글로벌 기업들은 성과가 났을 때 임직원에게 직급, 성과
에 따라 스톡옵션을 부여해 백만장자 샐러리맨을 많이 탄생시킨 점이 화
제가 되고 있으며, 국내 벤처기업들도 이 제도를 도입·운영하여 우수인

력을 확보·유지하는 결정적 수단으로 활용하고 있다.

국내에서 성과주의 경영으로 초일류기업이 된 기업은 당연히 삼성그룹이 그 시초라고 본다. 2021년 입사한 신입사원이 연간 받는 규모가 중견기업의 부장이 받는 수준인 1억 원이 넘고 CEO는 100억이 넘어 타기업 임직원들의 부러움을 사고 있다. 최근 일본이 이러한 성과주의경영을 벤치마킹한다고 하는 만큼 본 제도는 전 세계의 핵심 우수인력을 빨아들이는 스펀지가 되고 있고 삼성전자를 더욱더 초일류 글로벌기업으로 퀀텀 점프하게 하는 선순환 원동력이 되는 기폭제 역할을 하고 있다. 고(故) 이건희 회장의 지행 33훈에서 특히 10훈 능력주의를 보면 "잘 뽑는 것만큼 잘 배치하고 잘 챙기는 게 중요하다."에 이은 "성과를 내는 직원은 사장보다 더 많이 보상하라."는 11훈의 성과보상을 충실히 따랐기 때문이 아닐까 한다. 성과주의경영의 요체를 다시 한 번 요약하면 다음과 같다.

- 성과 최우선의 인식체계
- 결과주의와 명확히 구분
- 성과창출 역량 중시

당연히 국내 유수기업들도 삼성 못지않게 "성과 있는 곳에 보상 있다."는 기치를 내걸고 임직원들의 근로의욕을 고취하고 우수인재를 유치하는 순기능으로 기업의 가치를 더 높이고 있다. 스타트업을 앞두고 있거나 이미 한 기업은 반드시 '성과주의 경영'을 잘 운용하여 근로의욕 고취, 주인의식 고양, 우수인재 확보유지의 1석 3조의 효과를 겨냥해야 한다. 따라서 경영에 있어 다음과 같은 것을 정의하는 것이 중요하다.

- 조직(지점)의 성과가 무엇인지를 정의하라.
- 무엇을 어떻게 평가할 것인가.
- 성과에 따른 보상(유무형)을 어떻게 할 것인가 .
- 조직역량을 어떻게 강화하여 장기 성장기반을 구축할 것인가.

삼성에 입사했을 때 그룹의 경영이념은 '사업보국, 인재제일, 신상필벌'이었다. 오늘날의 국민기업 삼성전자를 이끈 것은 '사업보국'의 미션과 '인재제일과 신상필벌'의 경영방침이 그 근간을 이루었다고 생각한다. 기업의 영속성(Going-concern) 측면에서 볼 때, 기업 경영에서 '성과'는 '재무적인 결과'를 포함하여 기업이 생존·발전해 나가는데 공헌하는 모든 '이루어진 결과(경영 각 부문에서 최고의 경쟁력 확보)'를 의미한다. 성과주의 경영의 성공 포인트는 "경영진의 적극적인 지지와 참여를 바탕으로 임직원들의 열정을 일으켜라."로부터 출발하며 다음과 같이 정의 할 수 있다.
- 성과보상(금전적+비금전적)
- 권한과 책임의 임파워먼트를 통한 철저한 실행
- 현업 과제 수행을 통한 개인역량 향상
- 베스트 프랙티스 공유 확신
- 성과지향적 조직 문화

반면에 성과가 없는 경우에는 어떻게 할 것인지 염두에 두어야 한다. 전문성과 의지가 높다면 위임을, 반면에 의지가 낮은 경우는 격려를, 전문성도 없고 의지도 없으면 지시를 한다. 전문성은 떨어지나 의욕이 있는 자에게는 코칭, 사외연수 등의 기회를 제공한다. 기업들은 코칭이야말로 변화된 문화에 맞는 리더십이며, 지시방식에서 코칭 방식으로 바뀔 때 리더십 스타일이 조직의 문화가 바뀐다는 점을 이해한다. 그러한 문화에서는 수직적 질서가 협력관계와 협동으로, 비난의 풍조가 학습과 정직한 평가로, 외부에 의한 동기부여가 자기 동기부여로 바뀐다. 팀이 성장하면서 개인 간 보호벽은 무너지고, 변화를 두려워하기보다는 환영하게 되며, 사장보다는 고객을 만족시키려 한다.

비밀주의와 검열은 공개주의와 전직성으로 대체되고, 업무의 중압감은 업무에 대한 도전으로 바뀌며, 단기적인 반응과 임시 처방은 장기적이고 전략적인 사고로 대체된다. 전반적으로 고객서비스 향상, 인재 영입과 유지, 성과 향상과 혁신에 이르기까지 조직의 문화적 DNA는 성공하는데 대단히 중요하다는 것을 확인해준다.

과거에는 임직원 간에 성과를 동등하게 나누어 갖자는 방식이 유행했지만 현재 이렇게 해서는 지속성장기업이 될 수 없다. 성과가 있는 곳에 보상을 해주어야만 한다. 일부 기업은 성과가 났는데도 당초 조직 구성원에 약속한 지급률을 안 주고 깎아 내리고자 여러 가지 방안을 강구하는 것을 보았다. 당신 부서가 어떤 행동을 해서 얼마만큼의 성과가 났는지 별도로 증명해 놓으라고 한다. 시장 상황이 좋아져서 저절로 된 것은 제외시키라는 얘기다. 이렇게 해서는 성과주의경영이 제대로 정착될 수가 없다. 거꾸로 시장상황이 나쁘면 플러스를 해서 평가해야 한다는 논리와 똑같은 것 아닌가?

공기업의 경우는 일률적으로 성과배분을 하곤 한다. 그 이유를 물어보면 우선 평가기준을 설정하는 것이 어렵고 있다 해도 공정하게 조직

별, 개인별로 KPI(MBO)를 부여하는 것도 어렵기 때문이다. 또한 평가과정에서 생기는 갈등도 만들고 싶지도 않고 그냥 좋은 게 좋은 것이라는 식인데 이래서는 안 된다고 생각한다. 다행히 20년 전부터 일부 공기업에서 BSC 경영기법을 도입하였다. 공기업의 비전목표를 달성하기 위한 KPI 목표를 부문별로 할당하고 이를 달성하기 위한 프로세스 개선과 장기적인 성장을 이루기 위한 성장 동력 인프라를 중장기적으로 만들어 나가는 것은 매우 바람직한 일이다.

☞ 참조: 5장 4. 전략수립 방법 (1) 전략체계도

7장

디지털 트랜스포메이션

1. 디지털 트랜스포메이션(DX)

디지털 트랜스포메이션은 IoT, 클라우드 컴퓨팅, AI, 빅데이터 등 ICT 플랫폼으로 구축·활용하여 기존의 전통적인 운영방식과 서비스 등을 혁신하는 것이다. 맥킨지의 글로벌 리더인 위르겐 메페르트(Jurgen Meffert)의 저서 『디지털 대전환의 조건』에서 맥킨지는 향후 기업들이 디지털 전환을 통해 막대한 변화를 경험하고 새로운 성장의 모멘텀 확보를 통해 비즈니스 모델의 디지털화 가능성과 IT 및 조직의 토대를 구축해야 한다고 역설했다. 기업의 생존을 넘어서 성공하고자 하는 CEO는 기존의 시장의 정의는 더 이상 통하지 않고 혁신은 산업의 경계에서 발생하며 속도는 기하급수적으로 증가하므로 기업체질을 근본적으로 바꿔야 한다고 강조했다.

보스턴 컨설팅그룹(BCG)이 전 세계 70개 기업 825명의 임원들 대상으로 조사한 결과에 따르면 디지털 트랜스포메이션에 성공한 기업은

30%에 불과하며 나머지 70%는 실패한 것으로 나타났다. 베인앤컴퍼니도 미국 제조기업 경영진을 대상으로 한 조사에 따르면 66%가 기존 제조 프로세스를 디지털화하기 위해 디지털 기술에 투자를 하고 있지만 단지 25% 기업만 투자를 통해 원하는 성과를 달성하고 있었다.

DX의 핵심은 'Transformation'이지, 'Digital'이 아니다. 진정한 의미의 '디지털 트랜스포메이션'은 전통적인 제품 중심의 사고방식에서 고객이 정말로 원하고 필요로 하는 '고객해결과제' 중심의 사고방식으로 변화하는 그 자체를 의미한다. 고객의 문제를 해결할 해결책을 기획하고, 적시에 개발하여 오퍼링하기 위해서는 다양한 고객의 데이터를 수집-분석하는 체제로의 전환은 필연적일 수밖에 없다. 디지털 트랜스포메이션은 '데이터 기반 혁신'을 가속화하는 것이다. DX은 디지털 패러다임에 따른 기업의 경영 전략적 관점에서 조직, 프로세스, 비즈니스 모델, 커뮤니케이션 등 조직 전반에 대한 대대적인 디지털 기반의 혁신에 중점을 두고 있다.

기업의 비즈니스 모델에는 유통기한이 존재한다. 과거에는 산업 간 경계가 뚜렷하고 업무범위가 정해져 있어서 경쟁자도, 시장도, 고객군도 정해져 있었다. 그러나 새로운 기술의 등장으로 규제 완화, 정책 변화 등이 빈번해지면서 이제는 산업 내 신규 사업자의 등장을 예측하기 어려워졌다. 민첩성과 스피드가 미래 조직의 핵심이다. 디지털 시대에는 생산, 유통, 조직, 의사결정 커뮤니케이션 등 기업 비즈니스 프로세스 전반에 걸쳐 속도와 유연성을 확보하는 것이 매우 중요해졌다. 이를 위해서는 빠르고 유연하며 표준화, 자동화된 방식의 제품 개발, 기술 도입, 운영 관리가 가능한 조직과 전략 프로세스에 대한 프레임워크의 재정의가 필요하다.

CISCO 회장 존 챔버스(John T. Chambers)는 새로운 기술을 수용하기 위해 회사 전체를 변화시키는 방법을 찾아내지 못하면 최소한 40%가 10 년 안에 사라질 것이라 말했다. 예를 들면 아마존은 수백만 개의 상품을 AI가 일괄적인 가격조정과 특정 고객에 맞춤형 가격을 제공할 수 있는 Dynamic pricing 시스템을 채택하여 단기간에 3~8% 판매 수익창출 가능성을 열어 놨다. 아마존과 경쟁하는 기업은 이러한 시스템에 버금가는 것을 갖추고 있지 않다면 치열한 경쟁에서 뒤쳐지지 않을까 생각한다.

무엇을 바꿔야 하는가−전략적 사고가 필요

- 새로운 생태계 구축−혁신은 산업의 경계에서 발생한다.
- 사업구조 개발−고객경험, 상품혁신, 부가가치 세 분야를 중심으로 디지털화가 사업을 어떻게 변화시킬 것인가.
- 디지털 전환을 위한 토대 강화−첨단기술 강화 문화와 조직 모두 개편되어야 한다. 디지털 인재들은 수평적 조직과 다양한 분야에 걸쳐 협업을 기대한다.

디지털 트랜스포메이션의 성공요인은 4차 산업혁명을 맞이하여 미션을 재설정하고 ICT를 활용하여 비즈니스 모델을 개편하는 것으로부터 시작한다. 궁극적으로는 성장지향적 조직 문화로 자리잡고, 임직원들과의 적극적인 소통을 통해 성과중심경영으로 가는 것이라 할 수 있다. 애자일 방법의 주요 쟁점은 변화하는 환경에 신속하게 적응하고 위험을 최소화하는 데 있다. 폭포수 방법은 미래상황이나 요구사항을 사전에 정의하기에 변경할 수 있는 방법이 제한되어 초기 계획이 문제가 되면 큰 위험을 초래한다.

디지털 트랜스포메이션의 도입사례를 보면 스타벅스의 사이렌 오더, 마켓컬리 샛별배송, CJ 쿡킷, 쿠팡의 신선함을 부각하기 위한 새벽배송이 있다. 디즈니는 놀이공원 여정을 혁신하여 매직 밴드를 통해 구매, 열차, 호텔 이용, 본인 사진 구매, Fastpass를 할 수 있고, 구매 대기에서 주문, 서빙, 결제까지 스마트하게 혁신하였다. 또 메드포갈릭, 제일제면소, 더플레이스는 테이블에서 주문한다.

중요한 절차를 최적화하라

성공한 디지털 기업은 모두 고객을 상대하는 업무절차를 우선순위에 둔다(계약체결-요금지불절차-계약관리-문제발생시의 고객과의 소통-계약종료). BPM은 규칙에 근거한 업무의 흐름을 한눈에 볼 수 있도록 만들고 자동화하여 효율적으로 관리한다는 게 핵심이다. 디지털 변혁 추진과정은 우선 고객의 관점에서 프로세스를 바꾸고 난 후 제품과 서비스를 제공하고, 최종적으로는 신규 비즈니스로 이행한다.

- 추진유형
  프로세스 변화-제품과 서비스 변화(원가-차별화-집중화)-신규 비즈니스 추진

- 추진모델
  디지털 비전-디지털 리더십-DX과제(디지털 기술+인적역량+조직 문화)+실행력

2. 디지털화(Digitalization)

　전 세계적으로 디지털화 과정이 급속도로 일어나고 있지만 많은 고객이 여전히 예전부터 해오던 전통적인 방식으로 제품과 서비스를 구매하고 즐기는데 익숙하다. 디지털화란 아날로그 프로세스의 실물을 디지털로 전환하는 프로세스를 뜻한다. 디지털화하면 종이 문서를 스캔하거나 클라우드 스토리지에 중요한 파일을 저장해 놓았을 때 언제 어디서나 필요하면 꺼내 볼 수 있다. 주식매매, 은행 거래, 통장, 사진, 심지어는 신용카드 등도 휴대폰으로 결제하면 되니 프린터가 필요 없다.

　코로나19 팬데믹(Pandemic)은 디지털 전환을 가속시키는 계기가 되었고 디지털화가 얼마나 필요한지 분명하게 보여줬다. 소비자들은 팬데믹으로 인해 온라인 쇼핑, 음식배달, 디지털 뱅킹, 전자지갑, 온라인 회의, 콘텐츠 소비, 온라인 학습, 원격진료, 홈서비스, 온라인 게임, 온라인 운동, 가상 여행 등을 자의 반 타의 반으로 경험하게 되었으며 코로나로 인해 손해보험 회사들이 자동차 운행 감소, 허위 입원 환자 감소 등으로 큰 이익을 냈다고도 한다.

　산업별로 디지털 준비상태를 보면, 옴니채널(쿠팡, 배민, 아마존, 넷플리스, 줌, 세일즈포스 등)은 고성장을 이룩했고 소매분야, 의료분야, 자동차산업분야는 지금 디지털화를 시급히 해야 하는 분야다. 특히 자율주행차 분야에서는 관련 인프라를 대대적으로 확충하는 가운데 미국의 테슬라가 선두에 나서고 그 뒤를 한국의 현대기아차, 유럽의 벤츠, BMW, 일본의 도요타, 혼다 등이 맹렬히 뒤쫓고 있다.

　디지털 변혁은 고객의 관점에서 출발한다. 디지털 변혁의 과정에서 리더들은 디지털 리더십을 강화하여 데이터와 알고리즘, 여러 디지털 플랫폼을 이용하여 근본적으로 고객경험 전반을 재설계하는 법을 구상해야한다. 당신은 이러한 DX시대를 맞이하여 디지털화 준비할 태세를 갖추고 있는가를 아래의 맥킨지 디지털 지수로 자체 평가해보기를 바란다.

맥킨지의 디지털지수(Digital Quotient)

- 디지털 혁명이 비즈니스 모델과 매출에 얼마나 영향을 미칠까?
- 지금의 전략이 디지털 시대의 빠른 변화 속도와 불확실성을 반영하고 있는가?
- 미래의 기술 발전이 기업에 미칠 영향력을 생각하고 있는가?
- 현재 규칙 안에서 완전히 새로운 산업에 진출하기 위해 자신의 경험과 새로운 비즈니스 모델을 활용할 수 있는가?
- 디지털 전략에 따라 자본, 인재, 경영 능력을 우선적으로 배치하고 있는가?
- 성공과 실패를 확실하게 측정하기 위한 의미 있는 핵심성과지표 KPI와 실행 가능한 시간 기준을 설정했는가?
- 디지털화를 추진하는 팀에서 최고의 인재들을 활용하고 있는가?

  ☞ 진단항목 10개 중에서 일부 발췌하였다. 자사의 디지털지수를 알아보려면 맥킨지 디지털의 사이트에 접속하여 직접 평가할 수 있다.

Digitalization Key words

1. 고객혜택에 집중하라
- OMNI, Dynamic pricing,구매 전 과정 디지털화/디지털 마케팅
- 고객 라이프 사이클 관리
- 고객의 잠재욕구 만족(C2C의 부활)

2. 오픈마켓 점진적 확대
- 상품혁신
- 아웃소싱
  - ☞ 더 많은 아이디어와 창의성을 위한 네트워크 구축(해커튼을 활용하여 독창적인 아이디어 개발/유니레버)

3.Data driven경영
- 기존의 시장정의는 더 이상 안 통한다.
- Data에 입각한 결정(빅 데이터), Digitization
- 디지털 인재 확보/양성(CDO 선임)

4. Agile
- 혁신주기가 짧아지므로 빠르게 대응
- 정책결과에 따른 빠른 피드백과 지속적 수정
- 마케팅, 신상품 개발에 애자일 기법 도입

5. 디지털 문화
- 유연한 팀 구성(피자 두 판) 협업이 필수
- 실험과 실패를 허용(변화를 긍정적으로 수용)
- 비용이 아닌 사업 영향력에 대한 성과측정

3. 디지털 트랜스포메이션 추진 프로세스

디지털 트랜스포메이션을 추진하고자 하는 많은 기업이 어떻게 해야 하는지 자주 물어온다. 먼저 디지털 트랜스포메이션(DX)은 단어 그 자체로 현재 아날로그 중심의 사업구조를 디지털로 바꾸는 혁신과정이다. 즉 IoT, 클라우드 컴퓨팅, AI, 빅데이터 등 ICT 플랫폼으로 구축 활용하여 기존의 전통적인 운영방식과 서비스 등을 혁신하는 것이라 할 수 있다. DX를 하고자 하는 기업체들은 다음과 같은 프로세스로 추진 한다.

- 비전 수립

  먼저 자사를 둘러싸고 있는 디지털환경 변화 요인 분석을 통해 무엇을 바꾸어 성장 모멘텀을 확보할 것인가를 판단해야 한다. 비즈니스 모델의 디지털화 가능성과 IT및 조직의 토대를 구축한다.

- 조직정비 인재 확보

  디지털로 전환하려면 먼저 디지털 사업 평가 등을 통해 자사의 현 위치를 점검하고 디지털 추진 전담 조직과 디지털 인재를 확보한다.

- 거버넌스 체계 구축

  체계화되고 일관성 있는 DX를 추진하기 위해 이를 운영, 조정, 평가할 수 있는 거버넌스 체계를 구축한다.

- 비즈니스 모델 개발

  사업방식, 가치사슬 재분석하여 기존 제품 또는 서비스 대체하고, 뉴 디지털 비즈니스 창출 등 고객에게 가치제안, 재정의 한다.

• 혁신 R&D추진

DX를 추진하기 위한 R&D 역량 확보로 신기술 도입 및 활용하고
디지털문화 확산을 주도한다.

디지털 트랜스포메이션 추진 프로세스

	추진방향	추진전략
비전수립	• CEO주도 Top down방식 • 디지털 비전 우선순위 제시 : Revisioning	• 디지털환경 변화요인 분석 • 자사 핵심역량 파악 • 기업문화 조직체계 개선 • 디지털 기술도입/ R&D혁신
조직정비 인재확보	• 디지털 전담조직 신설 : 디지털 사업 평가 및 관리	• 디지털 추진 전담조직 신설 • CDO 임명 • 디지털 기술 및 추진 핵심 인재 리크루팅
거버넌스 체계구축	• 체계화 되고 일관성 있는 DX를 추진하기 위해 이를 운영, 조정, 평가할 수 있는 거버넌스 체계 구축	• 운영, 관리, 조정, 평가 거버넌 스 체계구축 • 조직, 프로세스, 평가체계 마련 • DX추진 위원회 설치
비즈니스 모델개발	• 디지털 패러다임 변화에 대응하여 비즈니스 플랫폼 구축, 사업전략 재설정하여 뉴 비즈니스 모델 개발	• 사업방식, 가치사슬 재분석 • 제품 또는 서비스 대체 • 뉴 디지털 비즈니스 창출 • 가치 제안 재정의

**혁신
R&D추진**
	• DX추진위한 신기술도입
	 : 비즈니스 생태계 구축
	  디지털 문화 확산 주도
	  혁신/R&D전략을 추진
		• 신기술 도입 및 활용
		• 비즈니스 모델 구축
		• R&D역량 확보
		• 비즈니스 생태계 구축

4. 비즈니스 모델 혁신

대부분의 기업이 전략 캔버스와 PMS(Project Management System) 등을 사용하여 기업의 사업 포트폴리오 분석을 통해 기업의 미래 성장 동력인 비즈니스 모델 구축에 사활을 걸고 있다. 더욱이 4차 산업혁명의 도래로 ICT 기술이 비즈니스 모델과 일하는 방식을 급속하게 변화시키고 있어 이에 뒤처지지 않으려는 기업에 있어서 뉴 비즈니스 모델 구축은 필연적이다.

비즈니스 모델 혁신 베스트 프랙티스는 삼성전자의 주문형 반도체 사업 확대, 현대기아차의 전기차 아이오닉 개발·글로벌시장 런칭, 마이크로소프트의 클라우드 컴퓨팅, 애플의 아이폰 등 아주 많다. 비즈니스 모델 혁신은 전사적으로 추진하여 전략을 만들고 이를 달성하기 위한 프로세스와 실행조직 구축으로부터 시작하며 지속적으로 가치사슬을 개선하는 것이다. 비즈니스 모델 구축은 다음과 같은 프로세스로 진행한다.

- 전략(Strategy)
  고객(Who)에게 제공되는 가치(What)를 고객에게 전달하는 차별적 방안(How) 관점에서 경쟁우위를 확보할 수 있는 전략적 포지션을 제시한다.
  : 밸류 → 타깃 고객 → 통합 마케팅 커뮤니케이션 → 차별적인 포지셔닝 → 경쟁우위

- 프로세스(Process)
  전략차원에서 도출된 전략적 포지션을 달성하기 위해 필요한 전략

적 활동을 기반으로 핵심 프로세스 설계를 통한 새로운 가치사슬(Value chain)을 구축한다.

- 운영조직(Information & Organization)
  전략실행에 필요한 조직 구성원들의 기술·지식 조직구조와 문화 등 전통적인 운영방식을 ICT 플랫폼으로 구축·활용하여 고객의 경험을 변화시키고 추가 수익흐름을 창출한다.
  : 기업문화(창조혁신), 성과주의경영

- 전략의 실행
  핵심 프로세스의 효율성 극대화를 위한 IT 구조 및 관련 요소들 설계하고 평가하여 전략에 피드백하여 지속적으로 고도화·정교화를 추진한다.

최근 비즈니스 모델혁신이 주목받는 이유는 변화의 속도가 빨라지고 있고 산업 간 경쟁이 치열해지고 있으며, 더 나은 고객경험을 제공하는 비즈니스 모델이 파괴적 혁신을 불러왔기 때문이다. 비즈니스 모델 혁신은 누가 고객인가, 고객이 가치 있게 여기는 것은 무엇인가에 대한 답이며 비즈니스 모델은 기업이 가치를 창출하고 확보하는 방법을 설명하는 도구다.

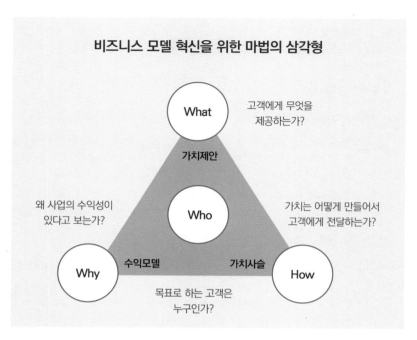

〈출처: The Gallen Business Model Navigator〉

현재 각 기업들이 추진하고 있는 디지털 트랜스포메이션 단계적 추진을 보면 다음과 같다.

1단계-수직통합(철도회사, 철강제조)

2단계-공급망 최적화 Micro factory·Speed Factory 다품종 소량 생산 cell 생산방식

3단계-새로운 부가가치의 창출, 제품 중심에서 부가적인 가치를 추가하여 수익창출 전략 캔버스 등을 활용하여 기능의 삭제로 가격 인하, 부가기능 추가로 고가화

4단계-비즈니스 모델 혁신-제조업을 넘어 서비스 산업으로 확대, 고
객 니즈와 요구를 파악하고 현재 제품과 서비스에 디지털 기술
을 접목해 비즈니스 모델 혁신

5. 코로나19가 가져온 변화

2020년 초부터 시작된 코로나 바이러스가 3년째에 접어들었다. 2022년 가을부터 엔데믹(Endemic)에 접어들었다고는 하나 아직도 국가, 기업체, 자영업자, 관광업계는 물론 국민도 큰 고통을 겪고 있다. 오히려 독감, 감기, 코로나19와 함께 생활하는 슬기로움을 터득해야 할 것이다. 그러나 코로나19로 디지털화가 가속화되면서 소비자들이 원하는 소비경험, 기업을 바라보는 관점도 바뀌고 있다. 휴머니티를 접목한 기술을 통해 소비자들을 더 가까이 이해하고 그들이 원하는 소비경험에 가치를 제공하기 위해 AI와 로봇 공학 등의 첨단기술을 마케터가 잘 활용해야 한다.

지난 2021년도는 거시적으로 탈세계화가 가속되었으며, 미시적으로는 글로벌 밸류체인 분열로 인한 변화 가속화, 4차 산업혁명의 가속화, 기술의 발전과 혁신으로 혁신 기회가 창출되었다. 앞으로는 전자 상거래, 원격근무, 재택근무 등 하이테크+하이터치가 통합되어 상호작용해야 한다. Z세대와 알파세대를 상대하려는 마케터는 앞으로 무엇이 다가오는지를 예측하고 더 발전된 기술을 채택해야 한다.

☞ 참조: 11장 1. 마켓 4.0, 2. 마켓 5.0

2022년도부터는 비대면(Untact)으로 온라인(On-line)에 더욱더 의존할 수밖에 없는 **온택트(OnTact) 시대**를 본격적으로 맞이하게 되었다. 이에 따라 기업이 어떻게 대응해야 할지가 중요하게 대두된다. 온택트 시대에 기업들의 대응을 살펴보면, 스타벅스의 딥브루(신규매장 설치), 버버리의 AR 쇼핑 앱, 나이키의 Nike Fit(AI기반 재고관리 및 수요 예측), 네이버의 AI 고객센터 솔루션, 구글의 Duplex(미용실 예약 시스템 등), 영상으로 온택트 여행을 즐기는 랜선 투어 등 앞으로도 많은 솔루션이 런칭될 것이다. 결국 온택트는 엔데믹 이후에도 하나의 트렌드로 자리잡을 것이다.

6. 로지스틱스 4.0

지금 세계 곳곳에서는 로지스틱스 4.0이 진행 중에 있다. 4차 산업혁명 첨단기술(IoT, AI, 로보틱스 등)이 접목되면서 역사적 전환기를 맞이하고 있는 지금 세계 곳곳에서 벌어지는 스마트 물류의 생생한 현장을 살펴보자. 글로벌 시장에서는 최근 아마존, 알리바바, 쿠팡 등 온라인 유통물류 역량을 탑재함으로써 Fedex, UPS 등 전통적인 물류 강자들을 위협하고 있다. 이들은 막강한 데이터 정보 역량과 이를 활용할 수 있는 최첨단 물류 인프라를 갖춰 로지스틱스 4.0을 가동했다. 유통, 물류, 운송, 통신의 영역을 허물면서 방대한 자원을 흡수할 수 있게 되는 물류의 새로운 패러다임이 구축된 것이다.

로지스틱스 4.0의 본질은 탈 노동집약이다. 자율주행 트럭, 드론, 창고 로봇 같은 미래 기술이 확산되면 물류 분야에서 사람 손에 의지하는 작업은 사라지고 언젠가는 로지스틱스의 전자동화가 실현된다는 말이다. 즉 조달생산에서 판매·소비에 이르는 상황을 실시간으로 파악해 화주에게 환원함으로써 전체 최적화를 실현할 것이다.

아마존만큼 '누가 무엇을 샀는가'라는 정보를 축적한 기업은 없다. 다양한 상품을 폭넓게 취급하고 있으므로 특정 개인의 구매 경향을 파악할 수 있다. 일반 소매업자는 알 수 없는 메일주소나 주소와 같은 개인정보도 축적하고 주문이 올 때마다 업데이트하여 아마존은 0.1개인화 마케팅을 이미 시작하고 있다. 아마존은 가상세계와 현실의 정보를 융합하기 위해 스마트 스피커 '아마존 에코'를 판매하고 무인 판매점 '아마존고(Go)'를 런칭한 것이다. 전자상거래 사업이 더욱 진화하고 성장하려면 한층 깊이 있는 고객 정보를 얻기 위해 전략적 투자가 필요하다. 앞으로 아마존과 경쟁하지 않는 업체나 광고대리점에 데이터 플랫폼 서비스를 제공하리라 본다. 아마존은 클라우드와 물류가 이끌고 있다고 해도 과언이 아니다. 쿠팡의 성공도 아마존을 벤치마킹하여 오늘날 유니콘 기업으로 성장했다. **미래를 상상하는 것이 아니라 창조**하려고 생각하는 사람만이 로지스틱스 4.0의 세상을 이룰 수 있다.

"

아무리 훌륭한 전략이라 해도
실행을 제대로 못하면 88%는 실패한다.
상사는 조직 구성원의 양성을 통해 목표를 달성한다.
코칭은 개인의 목표를 성취할 수 있도록
자신감과 의욕을 고취시키고
잠재역량을 최대한 발휘할 수 있게 해준다.

"

제4부
성공의 요체는 실행력

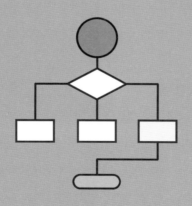

8장
실행력

1. 실행력 강화 방안

필자가 액션코칭* 시 계획대로 실적이 나오지 않으면 먼저 전략을 살펴보고 그 다음 실행역량을 들여다본다. 제대로 만들어진 전략이라 해도 실행을 제대로 못하면 88%는 실패한다고 힘주어 강조한다.

왜 실행력이 중요할까?

몇 가지 예를 들어 설명하겠다. GE의 리더십은 맨 처음에는 Energy, Energize, Edge 3E였다. 그런데 이것만 가지고는 성과가 잘 나오지 않았다. 잭 웰치는 분석 결과 Execute(실행력)이 빠져서는 안 된다고 판단하였고 이를 넣어서 4E로 결정했다. 그리고 추후 Passion(열정)을 추가해 4E+P가 되었다. 또한 미국 S&P 500대 기업의 과반수 이상이 새로운 경영기법(BSC 등)의 도입을 추진하였는데도 성과가 나지 않아서 이유를 따져보니, 전략에는 문제가 없었으나 실행이 제대로 되지 않아 실패하였다는 사실을 뒤늦게 깨달았다고 한다. 즉 아무리 전략이 좋아도 실행력이 따라주지 않으면 88%는 실패한다는 결과가 나왔다.

미국은 9.11 테러사태로 국토안보부를 신설하고 재난대응시스템을 대폭 강화했다. 그러나 2005년 8월 유례없는 허리케인이 뉴올리언스를 강타했을 때 세계 최고수준의 재난대응시스템은 힘없이 무너졌다. 아무리 완벽한 시스템도 그것을 운영하는 사람들(실행하는 사람들)이 제 역할을 하지 못한다면 무용지물에 불과한 것이다. 즉 '누가 어떻게 하느냐'에 따라 달라지는 것이다. 이를 제대로 실행하려면 전반적인 시스템이 보완되어야 하며, 훈련에 훈련을 거듭해서 재난 발생 시 즉각적인 반사작용이 있도록 해야 한다.

그렇다면 실행을 잘 하려면 어떻게야 하는가?

먼저 전략을 잘 만들어야 한다. 다음으로는 실행을 철저히 해야 하고, 마지막으로 무엇보다도 임직원들과 충분한 커뮤니케이션을 나누고 모티베이션을 주어 제대로 실행되게 해야 한다.

일반적으로 경영전략의 수립절차는 '전략분석(환경분석)-전략수립(전략방향)-전략실행(전략을 효율적으로 실행하기 위한 기능전략수립)-전략통제(전략들이 제대로 실행되는지 통제)'로 구성된다. 다시 말하면 전략수립이 반이고 나머지 반은 실행 및 모니터링임을 알 수 있다. 전략실행 단계는 기업이 가고자 하는 곳에 도달할 수 있느냐에 대한 답(마케팅 전략, 프로세스 혁신 등)을 구하는 것이며, 필요하다면 기업의 시스템도 전략의 실행을 위해서 역시 수정 되어야 할 것이다. 경영진은 실행이 제대로 되는가를 수시로 점검(통제)하여 상황에 맞는 시정조치를 취해야 할 것이다. 아마

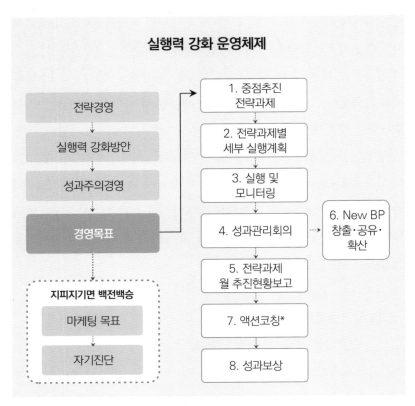

실행력 강화 운영체제

☞ BP: Best Practice(성공 사례)

존 CEO인 제프 베조스는 긍정적이며 낙관적인 사람이고 큰 그림을 볼 줄 알지만 때로는 사소한 부문까지 감독하고 일일이 챙긴다.

권한위양도 일정 범위 내에서 이루어져야 하며 이도 견제와 균형(check&Balance)을 갖춰야만 한다. 최근 임플란트 업체인 O사의 2,215억 원 횡령 사건도 이러한 견제시스템이 제대로 작동되지 않아서 발생한 것이다. 큰 금액이 은행에서 인출될 때에는 CEO나 CFO의 결제를 받든지 아니면 은행에서 재무책임자에게 연락을 취해 인출 사실을 사전에 고

지해야 할 의무가 있는 제도적 장치를 구축해야 한다. 평소에 은행지점장과 재무담당 임원이 교류를 했다면 자금 담당 실무자가 감히 이런 일을 저지르지는 못했을 것이다. 보통 2~3년에 한 번씩 직무 로테이션을 하는 것은 인재양성에 목적이 있지만 이러한 부정을 사전에 예방해주는 순기능 역할도 하기 때문이다.

실행계획이란 각 전략과제의 KPI 목표치를 어떻게 달성할 것인지에 대한 구체적인 계획으로, 만들어진 계획을 '운영회의'와 '전략회의'를 구분하여 운영한다. 특히 전략회의는 정기적으로 전략과제 추진현황을 분석하여 차질 시 상세요인을 찾아내 해결 방안을 도출, 전사적으로 해결 방안을 모색해야 한다. 실행단계에서 차질이 발생되면 우선적으로 그 문제가 무엇인지를 명확하게 규명해 대안을 도출하고 실행 및 피드백의 PDCA 무한 반복에 올라탄다.

2. 실행력 강화 프로세스

실행력 강화 프로세스는 모두 세 단계로 진행된다. 첫째는 조직 구성원이 이해하기 쉽게 전략을 일목요연하고 명확하게 정리하여 소통해야 하며(잭 웰치는 전략을 1매로 정리해야 한다고 역설함), 둘째로는 전략을 하위조직으로까지 하향 전개하여 권한위양을 통해 각 조직이 책임지고 실행할 수 있게 만들고, 마지막으로 추진 과정을 모니터링하여 잘 안 되는 부분을 해결해주거나 필요한 부분을 적기에 지원해준다.

프로세스의 핵심은 전략과제의 KPI 목표를 도전적으로 설정하고 이를 하부조직에 하향전개(KPI Tree)하여 IT 시스템을 통한 대시보드로 진척사항을 스코어링(Scoring)하고 매일, 매주, 매월 모니터링하여 적기에 대응하는 조직적인 실행체제를 만드는 것이다.

성과를 내고 싶으면 일단 실행하라. 실행을 준비하는 단계는 우선 가장 중요한 목표에 집중하고 달성의 중요한 선행과정 지표 KPI에 따라 행동하며, 점수판의 강점을 활용하라. 실제로 일어나는 단계로 책무를 서로 공유하고 정기적으로 그리고 자주 결과에 스스로 책임진다.

전략의 명확화	전략의 구체화	철저한 성과프로세스 관리
• 달성전략 수립 • 전략과제 도출	• 전략의 하향전개	• KPI·목표설정 • 성과모니터링·피드백
• 기업의 목표 달성을 위해 전사적으로 수행해야 할 달성 전략수립 및 **전략과제** 도출	• 전사전략을 하위조직 단위의 실행과제로 **하향전개**(회사➔사업 부➔팀➔개인까지 Cascading) • 조직 구성원들의 활동을 전사 전략목표 달성에 **정렬**(Alignment)	• 해야 할 일의 진척도 관리를 위하여 전략과제별 **핵심성과지표(KPI)** 및 도전적 **목표수준(Target)** 및 목표 달성을 위한 **실행계획(Action Plan)** **수립** • 상시적인 **모니터링·피드백**을 통해 전략실행과 성과창출 극대화 • 운영회의와 혁신회의 (전략과제 검토회의)로 구분운영

실행력 강화 프로세스별 착안점

- 3년 후 우리의 모습(Excellent Company)
  - 구체적이고 실행 가능하며 모든 사람이 쉽게 공유할 수 있어야 한다.
  - 비전 없는 전략은 무모하며, 전략 없는 비전은 환상에 불과하다.

- 중단기 목표(계량적)와 전략과제가 정렬되어야 함
  - 고객만족도 1위, 종업원 만족, 주주-기업가치, 지속가능한 수익과 성장

- 전략방향
  - 성장기반 구축을 통한 지속성장기업으로, 천수답(天水畓)경영을 경계
  - 우수인력, 토털 솔루션, 시스템, 충성고객
  - ☞ 잭 웰치 전략수립의 5단계: 경쟁판도 분석-경쟁업체파악-강약점 분석-가까운 미래 우리가 갖고 있는 비장의 무기(Big Aha!)는 무엇인가?

- 실행력 강화
  - 철저한 실행, 대시보드(Dash board-Agile warning signal)
  - 전략과제별 추진상황의 정기적인 점검·독려
  - 결과 KPI 〈 실행 KPI(하향전개 Cascading)

- 전략과제별 높은 수준의 KPI 목표 설정 要
  - Input 〈 Activity 〈 Output 〈 Outcome
  - 전략과제별 책임자 Assign 要(KPI Tree)

- 성장 기반 구축
  - 성과주의경영(성과 있는 곳에 보상이 있다. 팀 단위까지 챙길 것)

-창의혁신문화, 핵심인재, 베스트 프랙티스 창출·전파·재창출

　-가치선언(예: 고객만족을 위해 최선을 다한다)

3. 목적에 따른 회의 운영방식

　회의운영 시스템이 잘 갖춰 있는 회사는 보통 다음과 같이 회의를 운영한다. 회의 횟수는 가급적 적은 게 좋다. 회의 시간도 한두 시간 이내에 끝내는 게 좋다. 회의는 목적에 따라 보통 다음의 세 가지 형태로 운영된다.

　☞ 최근에는 코로나 영향으로 오프라인보다 화상회의(Zoom, 구글Meet, 포앤비 등)로 많이 대체한다.

* 월간(분기별, 반기별)실적회의

　CEO 주관으로 팀장 이상 급이 매월 정기적으로 모여 시장상황 및 경쟁사 동향에 대한 분석보고와 함께 당월 실적 분석 및 차월 실행계획을 공유한다. 실적회의는 계획 대 실적, 차질 시의 차질원인 및 대책을 보고·논의하며 차월 실행계획에 대해 부서 간 공유하고 누가 책임을 지고 어떻게 실행할 것인가를 결정한다. 전사적인 주요지표인 핵심 KPI는 대시보드를 통해 실시간으로 상호 공유하는 편이 좋다. 문제 발생 시에는 수시로 관련자들이 자율적으로 모여 해결책을 협의하는 조직 문화가 바람직하다.

　☞ 참조: 4장 8. 철저한 책임의식(Accountability)

* 혁신회의

　연초 작성된 혁신 중점추진과제 진척상황을 CXO(사장, 사업부장 등

혁신책임자)주관으로 한 달에 한 번 점검하고 부진 시에는 애자일하게 보완대책을 수립, 계획 일정 내 완수할 수 있도록 지원한다.

☞ GE는 연간 운영 스케줄을 작성해 그룹 내 관련 부서 간 공유한다.

• 수시회의
시장·경쟁 시황의 급격한 상황 발생 시 관련 부서가 모여 수시로 개최한다. 수시회의는 역기능도 있으므로 가급적 줄이는 편이 바람직하다.

4. 연간 사업 운영시스템

경영계획

연간 사업 운영시스템은 사전에 수립하여 전 부서에 공유한다. 연간 경영계획과 정렬하여 매월 경영회의와 혁신회의를 CEO 주관으로 월 1 회 개최한다. 주요 어젠다와 체크포인트는 다음과 같다. 월 단위로 회의를 개최하되 분(반)기말에는 전기 실적점검 및 차기 실행계획을 수립한다.

연간 상품운영회의

제조업이나 유통업이나 지속적으로 판매성장을 하기 위해서는 끊임없이 신상품 런칭이 필요하다. 상품전략은 연간 계획에 의거하여 수립하며 이에 의해 판매부서는 판매계획을 수립한다. 매월 상품 운영내역을 관련 부서 간 생판회의 등을 통해 공유한다. 생판회의는 조직 특성에 따라 다르지만 두 부분을 잘 알고 있는 마케팅 전략팀, 판매관리팀이나 상품 기획팀이 주관한다.

연간 사업 운영 시스템

	주요항목	체크포인트

VISION

연간경영계획
(D-2~3개월)

주요항목
- **시장 전망**
  - ➔ 시장, 고객, 경쟁사 분석
- **2022년도 경영전략**
  - ➔ 2021경영실적분석(매출, 손익)/핵심전략과제 추진현황분석
  - ➔ 2022 경영계획(매출, 손익, 투자)/핵심추진전략 -KPI 목표

체크포인트
- **비전목표와 Align하여 수립**
- **전략체계도 Y=ABC**
  - ➔ KPI 고도화/정교화
  - ➔ 달성전략 명확화/구체화
- **중점추진과제 차트**

매월 경영회의
D±5일

주요항목
- **매월 경영회의**
  - ➔ 계획: 실적(매출손익, 주요KPI)/차질요인분석 및 대책
  - ➔ 경쟁사대비/경쟁력 강화방안
- **차월 경영계획(실행계획 수립)** ➔ 중점추진전략

체크포인트
- **계획 대 실적 차질요인에 포커싱**
  - ➔ 실행계획 확정
  - ➔ 차질 시 만회전략 수립이 중요/달성전략은 향후 3개월 내 실행

매월 혁신회의
D+15일

주요항목
- **매월 혁신회의**
  - ➔ 혁신과제 추진현황 (진척률, 달성도)
  - ➔ 차질 시 원인분석 및 대응책 수립

체크포인트
- **전략과제별 부진 원인 분석**
  - ➔ 차질 시 만회전략 수립이 중요
- **Y=ABC 수정보완** (필요시 PDCA)

9장

핵심 리더 양성

1. 코칭 철학

    필자가 기업체에서 재임 시 유수 컨설팅 회사로부터 수많은 컨설팅을 받았지만 그것은 받을 때뿐이지 실행과는 거리가 먼 경우가 많았다. 심지어는 컨설팅 회사가 이 컨설팅을 할 때 의뢰한 책임자한테 "무슨 해답 (결론)을 원하느냐?" 하면서 "원하는 방향으로 결론을 내겠다."고 하는 우스갯소리도 있곤 했다. 거꾸로 실무 책임자가 본인이 가고자 하는 방향을 상부에 보고 설득용으로 쓰고자 컨설팅 회사를 활용하는 일도 종종 봐왔다. 컨설팅은 컨설팅으로 끝난다고 하듯이 그것을 실행하는 과정에서 많은 난관에 봉착하는 경우가 적지 않다. 아무리 좋은 전략도 실행력이 따라주지 않는다면 결코 성공할 수 없다. 성공조건 중에서 전략보다는 실행력이 88%의 비중을 차지한다고 한다.

    반면 코칭의 철학에 의하면 조직이 갖고 있는 제반 문제점은 내부 조직 구성원들이 가장 잘 알고 있을 뿐만 아니라 해답도 그들에게 있다고 한다. 코칭 핵심 스킬인 질경피(질문·경청·피드백)를 통해 해결방안을 도출 하는데, 비즈니스 코칭 분야에 있어서는 분명히 한계가 있다고 본다. 리더십 스타일은 성과를 결정하고 코칭 스타일은 최고의 성과를 낳는다. 코칭 리더들은 감성 지능을 구현하는 것이다. 심리학자이자 과학언론인인 다니엘 골만(Daniel Goleman)은 높은 감성지능을 갖춘 사람은 더 정신상태가 좋고, 더 나은 업무수행과 더 강한 리더십 기술을 갖고 있음을 보여준다고 말했다.

코치가 코칭 대상자(Coachee)에게 "문제가 무엇인가요? 그 원인은 구체적으로 무엇이죠?"라는 질문과 함께 코칭이 시작되며 이어서 "어떻게 해결해야 된다고 생각합니까?"라는 질문이 나오면 딱 막히는 경우가 많다. 코칭 철학은 모든 사람에게는 무한한 가능성이 있고 필요한 답도 그 사람 내부에 있다는 것을 전제로 한다. 우리는 코칭을 통해 얻으려는 효과를 얻기 위해 어떤 말을 하고 무엇을 해야 하는지 알아야 한다. 원하는 것을 얻으려면 효과적인 강력한 질문을 해야 한다는 것이다.

2. 코칭은 어느 때 필요한가

최고의 성과를 내는 조직은 남들과 비교해 다른 무엇이 있다. 구글의 CEO인 래리 페이지(Larry Page)와 세르게이 브린(Sergey Brin)은 중요한 의사결정을 할 때는 4~5명의 코치로부터 자문을 구한다고 한다.

필자가 마스터풀 코치로 있는 CMOE의 코칭 스킬인 5-STEPS에서는 코칭이란 피코치(Coachee)와 라포(Rapport)를 형성하고, 대화를 통해 코칭 주제를 선정하며 코칭 기법을 활용해 대안을 찾아 실행동기를 부여하는 과정이라고 정의한다. 고객의 문제를 해결하는 데 스스로 자신만의 방법을 찾아갈 수 있도록 하는 '코치와 고객 간의 대화 프로세스'가 바로 코칭인 것이다. 국제 코칭연맹에서는 코칭을 "고객의 잠재성을 극대화하기 위해 영감을 불어넣고 사고를 자극하는 창의적인 프로세스 안에서 고객과 협력관계를 맺는 것"이라고 정의하고 있다.

비즈니스 코칭이 필요한 상황은 일반적으로 성과 창출이나 문제해결 역량 강화가 요구되는 때다. 성과 향상을 위한 코칭은 환경의 변화가 있기 전이나 직후에 실시하는 경우가 대부분이다. 즉 각자의 환경에서 보다 능률적이고 야무지게 일할 수 있는 여건을 만들어주고 그 역량을 최대한 활용하게 함으로써 훌륭한 직원들을 보유하고 그들을 최고의 인재로 만드는 알고리즘을 말한다.

이제 코칭의 방향은 리더십과 잠재력을 가진 조직의 핵심리더를 대상으로 실시하는 쪽으로 전환하고 있다. 코칭 성공의 비결은 지식과 경험을 언제 나누고 언제 나누지 말아야 하는지를 아는 것이다. 그들은 코칭을 통해 내가 보지 못하는 것도 느낄 수 있도록 하는 것이다. 대부분의 기업이 인사팀이나 혁신 사무국 등에서 코칭을 의뢰하지만, 근래에 들어서는 중견기업, 벤처기업으로 확산하고 있다.

3. 리더 코치 양성

필자의 코칭 대상자는 주로 기업체의 임원이나 팀장이다. 나의 목표는 코칭 대상자들을 조직의 허리에 해당하는 '리더 코치'로 만드는 것이다. 삼성전자 재임 시절 나와 함께 일했던 신입사원까지 20년 전에 거의

다 임원이 되었고, 상품기획 센터장(디자인 총괄 겸직)으로 재직 시 같이 근무했던 기획 요원이나 디자이너들도 임원 승진을 거쳐 퇴임 후에 대학교 디자인학과 교수나 벤처기업 CXO로 활발히 활동하고 있다. 삼성전자 디자인 총괄을 할 당시 시니어 디자이너였던 K부장은 임원을 거쳐 퇴임 후 대학교수가 되었는데, 후에 들으니 그는 "당시 필자한테 배운 것을 정리해보니 총 7권이 넘었는데, 지금도 그걸로 먹고 삽니다."라며 너스레를 떨었다고 한다.

필자가 액션코칭*을 하면서 "나의 목표는 코칭 대상자를 코치로 만드는 것을 목표로 한다."고 늘 선언하곤 했다. 리더가 직접 일해야만 한다면 그 조직은 미래가 없다고 봐야 한다. 리더는 머리와 꼬리를 맡고 부하들에게 가운데 토막을 과감히 내줘야 한다. 머리는 방침이며, 꼬리는 행여 간과해서 흘릴지도 모르는 누수현상이다. 이것이 잘못 관리되면 조직에 큰 리스크가 되는 것을 많이 봐왔다. 실질적인 업무는 부하사원들이 자율적으로 하게끔 권한을 위양 해주고 문제 발생 시 코칭을 통해 해결할 수 있도록 도와주는 것이 바람직한 포지션이다. 일선 중간 관리자를 변화시키기에는 상당한 시간이 필요할지도 모르지만 조직의 사고방식을 바꾸려면 끈기(Grit)가 필요하다. 피코치 중에서 한 사람만이라도 리더 코치가 되어 부하사원들을 코칭하고 제2의 리더 코치로 만들어 나간다면 이 불씨가 언젠가는 조직 전체를 불태울 것(확산)이다. 탁월한 리더는 도전, 창조, 협력의 정신이 기업문화에 녹아들도록 조직과 구성원들을 이끌면서 지속가능한 혁신에 이르는 길을 끊임없이 생각하고 실천에 옮긴다.

삼성그룹 리더의 덕목은 지행용훈평(知行用訓評)이다. 즉 "알고 행할 줄 알아야 하며 사람을 적재적소에 쓰고 잘 가르치고 평가를 제대로 해야 한다."이다. 성취하기 위해 코칭 대상자에게 그들이 원하는 것과 가고자 하는 방향을 알려주는 게 나의 사명이다. 코칭의 기본 목표는 업무나 문제와 상관없이 언제나 자신감을 키워주어 상대방이 변화의 필요성을 이해하고 준비하도록 돕고 상대방이 성공하도록 지원하는 것이다.

4. 코칭의 핵심 스킬

(1) 질문

코칭 프로세스에서 질문기술은 매우 중요하다. 코치는 거의 질문을 통한 코칭을 하는 것이라고 해도 과언이 아니다. 효과적인 코칭일수록 질문을 많이 활용한다. 말하기(Telling)보다는 질문하기(Asking, Questioning)가 더 위력이 있다.

질문의 힘
- 질문을 하면 답이 나온다.
- 질문을 하면 생각을 자극한다.
- 질문을 하면 정보를 얻는다.
- 질문을 하면 조절이 된다.
- 질문을 하면 마음을 얻게 된다.
- 질문을 하면 귀를 기울이게 한다.
- 질문에 답하면 스스로 납득이 된다.

필자가 액션코칭* 할 때 자주 얘기하는 것이 있다. 한나라 유방의 부인 여치가 "신하와 군주의 차이가 무엇입니까?"라는 신하의 질문에 답하기를, "군주는 질문하는 사람이고, 신하는 답하는 자입니다."라고 하였다고 한다. 중국 제왕의 교과서인 『후흑학』에서는 군주가 무엇을 좋아하는지, 무엇을 생각하는지 신하에게 나타내지 말라고 권고하고 있다. 그래야 신하가 전전긍긍 여러 가지 아이디어를 내놓는다고 했듯이 리더는 지시하기 보다는 부하에게 질문하여 자발적 실행을 유도할 수 있어야 한다. 기업체 코칭 시에 임원이나 팀장에게 부하에게 "이렇게 하라." 하고 지시하기 전에 "지금 이 상태로 가다간 경쟁사와 싸워서 패배할 것으로 보이는데 당신 팀에서 어떻게 할 것인지를 궁리해서 내일까지 보고하기를 바란다."라고 얘기한다. 나중에 보고를 받은 뒤 의견을 첨삭해도 충분하고 효율적이기 때문이며 실행에 있어서도 주도적으로 추진하게 만들 수 있다고 본다.

질문 (예)

1단계: 지지하기
"당신을 얼마나 지지하고 있는지 알고 계십니까?"
"당신이 부딪혔던 몇 가지 상황을 이야기해 주시겠습니까?"
"저에게서 어떤 도움이 필요합니까?"

2단계: 주제 확인
"당신이 이번 프로젝트에서 바라는 것은 무엇입니까?"
"일하면서 어떤 변화나 향상이 있었습니까?"
"이번 프로젝트의 목표 또는 목적은 무엇입니까?"

3단계: 사고확장

"고객의 기대는 무엇이며 우리의 노력을 어떻게 인식하고 있을까요?"

"우리의 현재 전략이 원하는 성과를 창출하고 있다고 생각하십니까?"

"우리의 경쟁자가 어떻게 치고 나올까요?"

"그래서요? 계속 해봐요, 좀 더 말해 봐요."

"만약 당신이 사장이라면 향후 2년 동안 사업성과를 극적으로 향상 시키기 위해 취할 두 가지 행동은 무엇입니까?"

4단계: 해결계획

"이 일을 어떻게 진행하고 싶습니까?"

"여기서 다음은 어디로 갑니까?"

"계획을 진전시키기 위한 또 다른 아이디어는 무엇이고 언제 시작할 것입니까?"

"이 계획이 마음에 듭니까?"

5단계: 실행 점검

"실행하는 데에 어떤 고려사항이 있을까요?"

"계획 실행에 어떤 장애가 있을까요?"

"계획이 제대로 실행되면 어떤 결과를 얻을 수 있을까요?"

"언제 다시 만나 중간 경과를 알아볼까요?"

(2) 열린 질문

서술형 대답을 요구하는 열린 질문은 자각을 불러오지만 닫힌 질문은 오로지 정확성만을 요구한다. '예' 또는 '아니오'라는 대답은 탐구의 기를 막아버린다. 다음과 같은 것이 열린 질문이다.

- 무엇을 이루고 싶은가?
- 지금 상황은 어떤가?
- 상황이 어떻게 되었으면 좋겠는가?
- 장애가 되는 것은 무엇인가? 도움이 되는 것은 무엇인가?
- 어떤 문제가 생길 수 있는가?
- 무엇을 할 수 있겠는가? → 그러면 무엇을 하겠는가?
- 누가 도움이 되겠는가?
- 그것을 어디서 더 찾을 수 있겠는가?
- 어떻게 하겠는가?

질문의 범위를 좁힌다. 질문은 광범위하게 시작해 차차 그 범위를 좁혀 가야 한다. 보다 구체적인 대답을 요구하면 코칭 받는 사람의 초점과 관심이 유지된다. 열린 질문은 코칭 받는 사람의 주제를 따라가 다음과 같은 간단한 단어를 추가하면 그 범위를 좁혀 나갈 수 있다. 그 밖에 무엇을 원하는가?(가장 강력한 질문임) 정말로 원하는 것이 무엇인가?

- 지금 상황은 정확히 어떤가?
- 무엇을 더 할 수 있겠는가? → 정확히 무엇을 하겠는가?
- 다른 문제가 있다면 어떤 것이 있는가?

(3) 강력한 질문

유도질문과 비판을 피하라

유도질문을 하면 피코치가 곧 질문의 의도를 알아챌 것이고 코칭의 신뢰는 떨어질 것이다. 코치는 코칭 받는 사람을 자기가 의도하는 방향으로 끌고 가기 보다는 제안할 것이 있다고 말하는 것이 좋다.

다음과 같은 요소들을 포함한 질문이 강력한 질문이다.

- 자각과 책임감을 불러온다.
- 코칭 받는 사람의 관심을 따라간다.
- 창의력과 적응력을 고무한다.
- 가능성과 비전을 높여준다.
- 목표 지향적이고 해결책 중심적이다.
- 판단하지 않는다.
- 집중하고 생각하고 관찰하게 한다.
- 주제에 대한 높은 집중력과 세부적 접근, 정확성을 요구한다.
- 수준 높은 생각, 성과, 학습을 보여주는 대답을 요구한다.
- 지원적이고 도전적이며 동기를 부여한다.
- 피드백 루프를 만든다.

강력한 질문의 예

- 이 문제에 관련된 당신의 목표는 무엇인가? 언제 그 목표를 달성할 것인가?
- 목표를 성취하기 위해 당신이 가진 다른 유형의 대안은 무엇인가?

- 그 외에 당신은 무엇을 할 수 있는가?
- 당신은 지금까지 어떤 행동을 취했는가? 방해가 되는 것은 무엇인가?

(4) 경청

삼성그룹 창업주 호암 이병철 회장이 이건희 회장에게 직접 '경청'이란 글자를 써주며 "남의 말을 잘 듣는 것이 바로 리더가 해야 할 일"이라고 말했다는 유명한 일화가 있다. 경청은 그만큼 중요한 것이다! 히어링(Hearing)은 들리니까 듣는 것이고, 리스닝(Listening)은 주의 깊게 감정을 이입하여 경청하고 메시지 뒤에 감추어진 것을 듣는 것이다. 상대방이 사고하는 상황의 맥락을 이해해야만 한다. 우리가 영화를 볼 때나 외국인과 얘기할 때 "Listen to me."라는 말을 자주 들을 수 있다. 경청을 하는 이유는 상대방이 말하고자 하는 내용의 배경이나 더 깊은 의미를 알아야 상대방에게 도움을 주고받을 수 있는지를 알기 위해서고, 상대방의 말에 관심을 보임으로써 신뢰감을 구축할 수 있기 때문이다. 우리가 경청을 할 때 특히 유의해야 할 것은 다음과 같다.

- 핵심내용이 무엇인지를 듣는다: 감추어진 주제와 감정을 읽는다.
- 말할 때 방해하지 말고, 설득하려 하지 않는다.
- 감정 표출: 분노, 좌절, 실망, 반대 등 자신의 감정을 표출하지 않는다.
- 경청 스킬 부족: 상대방에게 말할 기회를 준다. 이해하기 위해 질문하고 요약 하며 쉬운 말로 바꾸어 말하면서 듣는다.
- 강한 개성: 자신의 주장이 너무 강해서 다른 사람의 의견을 수용하지 못한다.

- 권위주의: 내가 상급자이니까, 내가 말 해야지… 하는 생각
- 전문기술에 대한 과신: 내게 경험과 지식이 있으니까, 내가 말해야지 라는 생각

적극적인 경청이 아닌 것

- 이야기 도중 전화를 받거나 상대방이 말할 때 끼어들거나 화제를 바꾼다.
- 계속 자신의 이야기만 하고 불필요한 충고를 한다.
- 이야기 도중에 자리를 뜨거나 상대방이 말하는 동안 딴 생각을 하거나 존다.

(5) 적극적 경청

들은 내용을 확인하기, 내용 재정리하기, 요약하기 기술은 상대방에게 그들의 말을 경청하고 있다는 것을 보여준다. 아울러 당신이 분명하게 이해했음을 확인시켜주고 그들이 한 말을 다시 들려주면서 의미를 확인하고 그 말이 사실임을 인정해준다. 경청기술을 코칭활동에 사용해 보라. 코치는 코칭 받는 사람의 말과 거기에 담긴 감정에 전적으로 집중해야 한다. 사람이 말을 할 때 그 말의 내용과 목소리, 신체언어, 표정이 일치하지 않을 수 있다. 적극적인 경청기술을 사용하면 그들과 주파수를 맞추고 다중적 차원에서 그들을 이해하고 심지어 그들이 느끼는 것을 신체적으로 느낄 수 있다. 그러면 직관을 발휘해 말에 숨겨진 진짜 의미를 알 수 있으며 침묵, 목소리, 에너지 수준, 신체언어, 기타 감성적 신호를 읽어낼 수 있다.

강력 질문과 적극적 경청으로 조직 구성원들이나 팀원들을 코칭하면 조직에 큰 변화가 일어나는 것을 몸소 체험할 수 있다. 필자는 코칭 현장에서 가끔 코칭 대상자에게 내가 방금 한 말을 요약해보라고 한다. 이해하고 있는가 확인하고 부족한 부분은 다시 메꿔주려고 하는 것이다. 어느 경우에는 이해의 폭이 현저히 떨어지는 것을 많이 봐왔다.

말하는 사람은 코칭 대상자의 눈을 보면서 분명하고 간단히 요점 중심으로 말하고, 중요한 것은 짚고 넘어가면서 확인해야 한다. 반면 피코치는 주의 깊게 듣고 이해가 안 가는 부분은 질문을 하며 들은 말을 반복 확인하면서 간다. 대화를 나누다 보면 이런 경우도 자주 있다. A가 B의 말을 듣자마자 "아하~ B가 나를 질책하는구나."라고 지레짐작으로 판단을 하고 A가 B에 반격하는데, 그게 아니고 A는 B에게 격려의 얘기를 돌려 말하는 것을 오해한 나머지 둘이 다투다 보니 둘의 대화는 거기서 끊어지게 된다. 경청을 잘못해서 벌어지는 해프닝이다. 이상하다 싶으면 그런 뜻(맥락)인지 되물으면 될 일인데 말이다.

(6) 피드백

세계적인 비즈니스 컨설턴트이자 커뮤니케이션 전문가인 리처드 윌리엄스(Richard Williams)는 피드백을 다음과 같이 4가지 유형으로 분류하지만 필자는 여기에 하나를 더 추가하여 5가지 유형으로 액션코칭* 시 설명한다. 지인에게 카톡이나 라인으로 문자를 남겼는데 피드백이 없으면 흔히들 "씹힌다."라고들 하는데 이것이 바로 '무관심'이다. 당신이 무엇을 하든 말든 아예 관심이 없다는 것인데 괜히 상대방에게 무시당한다는 느낌을 갖는다.

- 지지적 피드백

  원하는 행동을 했을 때 그 행동을 강화할 수 있도록 적시에 주는 피드백을 뜻한다.

- 교정적 피드백

  잘못된 상황을 올바른 방향으로 바꾸는 피드백으로, 지지적 피드백이나 유도질문법으로 원하는 행동의 변화를 이끌어내지 못할 경우 리시버의 반발을 사는 수가 있다. 교정적 피드백의 핵심은 감정보다 상대방의 행동에 포커스를 둬야한다.

- 학대적 피드백

  구체적인 상황과 이유에 대한 설명 없이 감정 위주의 피드백을 전달하는 것으로, 리시버로서는 상처와 절망만 불러일으킬 뿐이다.

- 무의미한 피드백

  너무 막연하거나 구체적이지 않으며, 피드백의 목적이나 넥스트 스텝이 없는 피드백으로 리시버 입장에서는 '영혼 없는 말'로 들리기 쉽다. 알맹이가 없는 칭찬만으로 고래는 절대 춤추지 못한다.

- 무관심

  무관심하다는 것은 나와 상대방이 상관없다는 뜻이다. '당신이 무엇을 하든 아예 관심이 없다'는 뜻으로 받아들여질 수 있기 때문에 괜한 오해(무시당하는 느낌)를 사기 쉽다. 소외와 무관심은 상대방을 힘들게 하고 슬프게 한다. 따라서 무관심보다는 반드시 어떤 형태로든 피드백을 주어야한다.

효과적 피드백은 때와 장소를 가려서 해야 하며 특히 피드백 했을 때 리시버의 반응을 예상하고 행동계획을 만들어야 한다.

5. 일반코칭과 액션코칭*의 차이점

코칭은 개인의 목표를 성취할 수 있도록 자신감과 의욕을 고취시키고, 실력과 잠재력을 최대한 발휘할 수 있도록 하는 것으로, 코치는 의견을 듣는 사람, 퍼실리테이터, 지각을 일으키는 사람, 지원해주는 사람이다. 그러나 비즈니스 코칭은 일반 리더십 코칭과는 그 결이 확연히 다르다.

일반 코칭은 코칭 스킬로 커버가 되지만 비즈니스 코칭은 그 비즈니스에 대한 백그라운드를 어느 정도는 갖고 있어야만 스마트하게 진행된다. 아날로그 시대에 있는 코치가 IT를 잘 모르면서 피코치를 비즈니스 코칭한다는 것은(물론 못한다는 법은 없지만) 결코 예사롭지 않다고 본다. 예를 들면 전략수립을 지원하기 위한 각각의 코칭 어프로치를 생각해보자.

일반 코칭은 이렇게 시작한다.
- 지금 현재는 어떻습니까? 목표를 이루기 위해서 무엇을 해야 할까요?
- 주변을 둘러보세요. 무엇이 보입니까?
- 그 관점에서 주제를 보면 어떤 생각이 들고 무엇을 하고 싶은가요?

액션코치는 다음과 같이 어프로치 한다.
- 지금 시장은 어떤 방향으로 가고 있습니까?

- 고객은 지금 무엇을 원할까요? 잎으로는 어떻게 바뀔까요?
- 이런 관점에서 경쟁사는 지금 무엇을 하고 있습니까?
- 지금 당신이 하고 있는 일은 경쟁력이 있다고 생각합니까?

코칭을 할 때는 피코치가 최종목적지로 가기 위해 필요한 요구역량을 파악한 후 질문과 경청으로 자각능력을 일깨워야 하는 것이 원칙이다. 질문과 경청으로 부족할 경우 피코치의 요청에 따라 코치가 자연스럽게 개입한다. "제게 이에 맞는 대안(Suggestions)이 있는데 제시해도 되겠습니까?"라는 식으로 개입해야지 무턱대고 가르치려(Teaching) 해서는 안 된다.

액션코칭*이란?

액션코칭*이란 컨설팅과 코칭 각각의 장점들을 결합시켜 가장 효율적이고 효과적으로 기업의 당면과제를 발견하고 해결방안을 같이 논의하면서 도출하여, 체계적인 실행으로 **성과를 창출**하는 것이라 할 수 있다. 액션러닝은 집단지성을 발휘하여 팀의 성과를 이루는 활동으로 그 과정에서 내적 성장도 촉발된다는 점에서 Outside-in이다. 성장의 토대는 팀워크와 집단지성에 있다. 집단 기억장치를 활용하여 현장, 고객, 벤치마킹, 사내 전문가 간의 상호학습으로 성과가 창출되고 동시에 개개인의 성장도 이룬다. 발산과 수렴을 위한 NGT기법, Logic tree, Brain writing 등의 기법이 쓰인다.

- 교육 참가자들이 학습팀을 구성하여 실제 상황에서 실존하는 과제

를 해결하고 그 과정에서 학습이 이루어지는 프로세스이다.

• 단순한 지식과 그에 대한 질문을 넘어 실제 현장에서 실천을 가능하게 한다는 부분이 일반 학습과 크게 차별화되는 강점이다.

• 과제의 명확화-과제 해결을 위한 연구-해결안 모색 및 타당성 검증-실행 및 평가 과제의 성격에 맞게 적절한 도구를 선정하고 스스로 과제 해결 프로세스를 설계

과제 해결의 전 과정에 대해 질문과 피드백, 성찰을 실시하여 과제의 내용과 과정 측면에서 학습하도록 유도한다. 이에 비해 코칭은 내면의 욕구와 목적을 찾아 그것을 실현하는 과정이라는 점에서 Inside-out이며 무조건적 긍정적 시각과 공감을 통해 의식의 변화를 일으키고 새로운 선택으로 나아가게 한다.

액션코칭*은 코칭 대상자의 관점에서 문제점을 발견하고 코칭 프로세스에 따라 장기적인 대화를 통해 해결책을 제시해주는 과정에서 피코치의 역량 제고와 동시에 리더 코치로 양성하는 것을 목표로 한다. 액션코칭*은 피코치의 역량이 70이라면 부족한 역량 30을 피코치가 처해있는 환경 분석 등을 통해 컨설팅-멘토링-티칭-코칭으로 목표100까지 도달하게끔 협력하는 비즈니스 파트너인 동시에 씽킹 파트너이다.

액션코칭*은 컨설팅+코칭+멘토링+티칭의 합으로 피코치의 현 상황을 분석하고 이에 적합한 대안을 만들어 피코치와 함께 성과를 만들어가는 여정이다. 다시 강조하면 액션코칭*은 사람들의 잠재능력을 이끌어내기 위해 필요한 자신감을 키워주고 스스로 동기부여를 함과 동시에 책임의식을 길러준다.

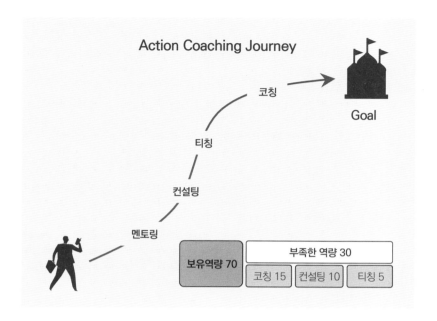

코칭 현장에서 보면 코치의 질문에 답변이 잘 안 되는 경우가 많은데, 이는 맥락이 맞지 않거나 대답하기 싫거나 불편하거나 어떻게 대답해야 할지 모르거나 하는 등의 여러 이유가 있다. 그러다 보니 코칭 초기 단계부터 상호 간에 어찌 할 바를 모르는 수가 비일비재하다. 사실 어떻게 해야 하는가를 배우기 위해서 코칭을 받는데 계속 그 해결책에 대해 질문만 한다면 피코치도 당황할 수밖에 없을 것이며 심지어는 짜증에 도달하기도 한다. 그 이유는 비즈니스 코칭인 경우에는 그 산업현장을 잘 이해해야 하고 해결방안도 현장 경험을 통해 성공 사례를 갖고 있는 코치여야만 코칭을 제대로 할 수가 있는 것이다.

성과를 창출하려면 그 업계의 경쟁상황 등을 잘 알고 해당 부문에 실무경험과 전문역량이 있어야 실질적인 도움을 줄 수 있는데, 일반코칭으로는 피코치가 원하는 대안을 적시에 도와주지를 못하는 게 사실이다. 따라서 액션코치는 기업경영 전반의 구조와 전략수립의 프로세스를 이해하고 적절한 진단 방법을 활용하여 가장 효과적인 솔루션을 활용할 수 있는 컨설팅 기능을 갖추어야 한다. 물론 고객에게 주도권을 주어 자발적인 행동을 유도하는 코칭의 특성상 솔루션을 제공하는 과정에서의 적절한 스킬이 필요하다. 필요하다면 베스트 프랙티스를 제공하여 스스로 깨달을 수 있도록 도와준다.

6. 액션코치 자격

성과지향의 액션코치는 다음과 같은 백그라운드(다양한 업무 경험과 직무지식)가 있어야 한다. 컨설턴트는 컨설턴트 주도로 문제점을 분석 대안을 내놓는 반면, 코치는 고객과 함께 해결책을 발견해 나가면서 고객의 개인역량 강화에 헌신한다.

- 기술적인 전문 지식과 식견: 고객이 몸담고 있는 조직의 특성과 업종에 대한 생생한 현장 지식이 있어야 한다.
- 사람과의 관계 능력: 피코치가 조직 내에서 가지는 지위, 그 지위에 관련된 여러 압력과 뒤따르는 책임, 인간관계에 대한 깊은 이해가 있어야 한다.
- 커뮤니케이션 능력: 자신의 전문성이 어디서부터 어디까지인지, 그 전문성으로 고객의 니즈를 어떻게 충족할 수 있을지를 인식하는 힘

이 있어야 하며, 코치가 추구할 수 있는 종류의 변화, 성장 혹은 방향
전환에 고객이 진심으로 협력하고 있는가를 판단할 수 있는 통찰력
이 있어야 한다.

- 문제발견 능력: 고객이 자신의 니즈를 충분히 인식하고 있는지의 여
부와 상관없이 개인의 니즈를 위하여 코칭 관계를 관리할 수 있는
구조와 질서가 있어야 한다.
- 해결책을 찾는 능력: 중요한 패턴을 인식하고 핵심을 드러내면서 방
대한 정보들을 추려낼 수 있는 능력이 필요하다.
- 마케팅 역량: 단기적으로 시급한 것과 장기적으로 중요한 것들이 무
엇인지를 분간할 수 있는 능력이 필요하다.
- 결단력: 개인적인 적합성을 평가한 뒤 코칭을 계속하거나 중단할 수
있는 능력과 의지가 있어야 한다.

7. 비즈니스 코칭의 종류

	특징	코치의 역할
리더 행동주의 코칭	• 가장 널리 활용되는 코칭 방식 • 리더의 행동, 스타일 변화에 초점에 맞춰져 있다.	• 피코치가 맺고 있는 주요관계 속에서 일어나는 효과를 이해하고 최적화하는 업무를 한다.
커리어 라이프 코칭	• 어떤 지위나 환경에서 일어나는 변화에 초점을 맞춘다. • M&A 시 중대한 조직변화를 리더가 잘 해나갈 수 있도록 코치한다.	• 새로운 책임이 주어졌을 때 요구되는 역량에 부응할 수 있도록 리더 역량을 최적화한다. • 새로운 커리어에 도전하는 개인에게 여러 가지 대안을 제시한다.

리더십 개발코칭	• 조직이 한층 업그레이드된 효과성을 갖출 수 있도록 리더의 역량을 고취하는 일을 한다.	• 리더 자신이 코치가 될 수 있도록 도와주는 역할도 한다. ☞ 1:1코칭, 그룹코칭, 장기(1년 이상)코칭
조직변화 코칭	• 조직변화 코칭은 단일한 접근보다는 포괄적인 분야이다.	• 조직의 변화능력을 개발한다. • 확연히 다른 차원의 역량을 획득할 수 있도록 리더를 지원한다.
전략코칭	• 전략을 위한 코칭은 광범위한 도전들을 해결할 수 있다. • 중대한 국면들을 잘 헤쳐나갈 수 있도록 리더 역량을 강화한다.	• 중대한 국면을 잘 헤쳐나갈 수 있도록 치열한 경쟁상황 인식을 통해 전략의 개발과 전개, 조직변화의 실행 등 전략을 만들 수 있도록 리더를 코칭한다.

〈출처:『리더십 코칭 50』, 하워드 모건 외〉

8. 리더십 역량 개발

성공적인 사업전략 실행을 위한 리더십 역량을 개발할 수 있는 프로세스는 글로벌 시장 트렌드 및 경합 상황과 자사의 비전, 밸류, 전략 등으로부터 인사이트를 도출해야 한다. 그래야 비즈니스 니즈와 우선순위를 정확히 매길 수 있기 때문이다. 최종적으로 그들이 필요로 하는 조직의 역량 및 리더십 역량을 명쾌하게 정리할 수 있으며, 그 다음으로는 도출된 니즈와 현재 역량의 차이점(Gap)을 판단함으로써 고객 맞춤형 리더십 개발전략과 프로그램을 만들 수 있다. 성공적인 리더십 역량을 개발하기 위해서는 조직 구성원의 니즈, 불만사항 등에 귀 기울여야 한다.

리더십 역량 강화 프로그램을 만들기 위해서 첫 번째 해야 할 사항은 아래와 같은 다양한 방식으로 조직 구성원의 불만이나 요구사항을 파악하는 것이다.

- 조사

  조직의 환경과 조건을 살펴보거나 전략이나 변화의 효과를 평가

- 360도 피드백

  상사, 부하, 동료, 때로는 고객의 관점에서 피코치를 평가

- 인터뷰

  상사, 부하, 동료 등과 개인적으로 만나 문제들에 관해 비밀리에 면담

- 내부 관계자

  피코치를 매우 잘 아는 주요 이해관계자들과 긴밀하게 협력

- 섀도잉(Shadowing)

  일상 업무, 팀 내 근무, 주요 회의 배석하여 분위기 파악

- 생산성 모니터링

  피코치의 KPI 목표 성과와 진행사항을 파악

- 과거의 성과

  과거 실적을 통해 현재의 문제점에 대한 접근

- 외부의 영향

  피코치의 개인사나 가족사가 업무 수행에 미치는 영향 파악

BP-관리자의 코칭역량 향상(P&G)

애플, 마이크로 소프트, 구글 등 세계적인 IT 기업의 공통 특징은 연구와 교육에 대한 투자다. R&T(Research&Training)에 대한 투자는 조직원의 역량을 강화하고 경쟁력 강화에 필요한 혁신문화를 조성한다. 이에 비해 국내 대다수 중소기업은 R&T투자에 매우 소극적이다. 교육은 비용이고 교육 참가자는 일 없는 사람이라는 인식이 만연하기 때문이다. 다른 한편으로 상당수의 벤처기업이나 중소기업은 교육을 통한 양성보다는 실무경험을 가진 전문 인력을 채용해 경쟁력 확보에 더 많은 관심을 기울이기도 한다.

P&G는 능력 있는 사원을 사내강사나 코치로 선임하여 조직 구성원들을 교육시키는데 적극 활용하고 있다. P&G나 GE는 관리직의 경우 코칭역량 교육은 필수라며 90분 단위로 동영상 교육을 제공하기도 하고 관리자 교육에서는 동료 간 피드백도 한다. 리더는 자신이 하고 싶은 일을 다른 사람을 시켜 달성한다. 마치 조선 22대 왕인 정조가 본인이 하고 싶은 말을 신하 입을 통해서 말하게 했던 리더십처럼 말이다. 다른 사람을 시키려면 코칭 역량이 절대적으로 요구된다. 이런 점을 P&G는 일찍부터 간파하여 관리자의 코칭 역량 강화에 노력을 기울인다.

P&G에서는 다음 사항의 코칭 프로그램 개발투자에 힘쓴다.
- 우선순위와 목표를 설정하는 법
- 기여도에 관해 피드백을 제공하는 법
- 직원의 진로와 비즈니스 요구
- 학습과 개발계획을 일치시키는 방법

P&G는 팀(Scrum) 방식으로 업무를 추진한다. 평가에 있어서도 프로젝트 중심의 업무추진으로 개인보다는 팀 단위로 평가하는 만큼 인사 시스템도 바꿨으며 보상도 그때그때 시행한다.

CISCO는 Team Intelligence 성과가 뛰어난 팀을 찾아 운영방식을 분석하여 전사적으로 공유하고 새로운 베스트 프랙티스를 지속적으로 만들어 나가는데 힘을 기울인다.

9. 상황에 따른 코칭

오늘날의 매니저들은 그 어느 때보다 바쁜 것이 사실이다. 막중한 책임과 업무량을 감당하고 있으면서 또한 조직 구성원의 역량강화를 통해 목표 달성도 해야 한다. 필자가 기업체에 액션코칭*을 할 때의 주제는 네 가지로 분류할 수 있다. 주로 **전략수립, 혁신 리더십, 비즈니스 위기, 성과코칭**이 주를 이루고 있다.

지금부터 소개하는 코칭 툴은 직장의 다양한 상황에서 여러 가지 코칭 툴과 기술을 능숙히 활용하게 해줄 것이다. 당신은 이 챕터를 읽고 나서 한 달 간 연습한다면 조직구성원 코칭을 능수능란하게 시작할 수 있을 것이다. 매니저가 업무 일상에서 부딪치는 '전략수립에서부터 성과코칭'에 이르기까지 제반 난제를 다룰 수 있다.

• 5 STEPS

코칭의 기본적인 모델이다(CMOE 코칭 모델).

5 STEPS는 코칭의 5단계 프로세스로서 Support(지지하기)-Topic

(주제확인)-Expand(사고확장)-Plan(해결계획)-Sustain(실행점검)의
앞 글자를 따온 것이다.

- **전략수립 코칭**
  코칭의 대부분은 크고 작은 전략수립에 관련된 것이 많다. 전략수립
  프로세스를 통해 급격한 경쟁상황 변화에 대응할 수 있다.

- **혁신 리더십 코칭**
  점진적 혁신보다는 파괴적 혁신이 요구되는 시대에 살고 있다. 리더
  코치는 조직 구성원 특징이나 경영환경에 따라 리더십을 달리해야
  한다.

- **비즈니스 위기 코칭**
  경쟁 환경의 급변이나 경영목표의 큰 차질 등 당면한 도전과제를 애
  자일하게 대응해야 할 것이다.

- **성과코칭**
  성공방정식 Y=ABC에 의한 전략과 실행력 강화를 통해 지속적 성
  장을 이룬다.

(1) 5 STEPS

- **Support-지지하기**
  상호간의 신뢰성, 정직, 참된 배려 등을 바탕으로 머리가 아닌 마음
  으로 다가서 도와주고 협력하며, 양방향 상호작용을 위한 환경조성
  을 통해 상대방의 말을 경청하고 공감하고 업무에 대해 인정하고 칭

찬과 격려를 한다.

- Topic-주제 확인

면담의 주제에 대한 것으로 해결해야 할 문제, 목표, 이슈, 요구사항 등을 상대방과 확인하고 한 번에 한두 개 주제로 천천히 다룬다. 주제를 코치가 일방적으로 결정하지 않고 대화를 통해 상대방이 공감할 수 있어야 한다.

- Expand-확장하기

새로운 시각을 가지고 사물을 보게 한다(나무보다 숲을 보게 한다). 사례나 비유로 변화에 대한 동기부여에 불을 지펴 인식에 자극을 주고, 관점을 전환시키기 위한 질문을 활용한다. 구체적인 통찰과 안목을 묘사하고 깨닫게 하여 '아하!' 체험을 하게 한다.

- Plan-해결계획

주제를 해결하기 위한 대안을 여러 가지 각도로 끌어내면서 해결책을 찾도록 대화를 하며 어떤 방법이나 순서에 의하여 행동할 것인지 구체적으로 정한다. 상대방이 계획에 대한 실행의지를 말로 표현하게 하고 실행 약속을 하게함으로써 책임의식을 갖고 실행하게끔 돕는다.

- Sustain-실행점검

계획 실행에 어떤 장애가 있는지 질문하고, 변명이나 저항에 대해 먼저 수용하고 건설적인 방법으로 대처한다. 계획의 완성 여부에 따른 긍정적인 결과와 부정적인 결과를 그려보게 하여 동기부여를 하고 코치의 지속적인 접촉과 유지관리에 의하여 상대방에게 성취에 대한 자신감을 심어준다.

(2) 전략수립 코칭

액션코칭* 분야는 대부분 전략에 관련된 것들이 많다. 그 이유는 다음과 같다.

첫째, 경쟁상황이 종전보다 복잡다단해졌기 때문이다. 하나의 탁월한 아이디어로 만든 상품이나 서비스는 유한할 뿐이다. 어제 잘 팔렸다고 해서 오늘도 잘 팔린다는 보장이 없다. 그래서 항상 새로운 아이디어를 만들어내야 하는 필요성은 대단히 막중하기에 항상 연구하면서 혁신의 최첨단에 서있어야 한다.

둘째, 조직은 현재의 특정한 문제점에 대한 해답을 필요로 하는 것이 아니라 내일의 의문 역시 해결해줄 수 있는 준거 틀을 필요로 한다.

셋째, 코치를 통해서 동종·이업종의 다양한 성공 사례를 들을 수 있기 때문이다.

넷째, 조직 구성원이 CEO 사업부장의 의견에 찬성하지 않는 것이 어렵기 때문에 외부 인사로 구성된 컨설턴트나 코치를 선호한다. 전략 코치는 속에 담아 놓을 개인적인 감정 따위는 없으며 대치상황을 두려워하지 않는다.

전략코치는 높은 수준의 경청 스킬은 물론 핵심을 꿰뚫는 질문을 던지는 능력도 갖춰야 한다. 조직이 직면하고 있는 도전들에 해결책을 가져다 줄 수 있는 광범위한 지식 기반과 전략에 대한 뚜렷한 견해를 가지고 있어야 한다. 전략코치는 그들의 문제를 직접 해결해주지는 않지만 그들에게 현재의 전략에 대한 최고의 생각들을 알려주고 알맞은 질문을 던지기 위해 사용하는 툴을 제공해 줄 수는 있다. 결국 코치가 할 일은 그들에게 전략적인 사고를 할 수 있는 역량을 길러주는 것이다.

필자는 CEO나 사업부장, 팀장하고 일할 때 그들에게 2~3개가량 미래 시나리오를 써 볼 것을 요구한다. 이 중에서 어느 것이 자신과 잘 맞겠는지 자문해보라고 한다. 그리고 어떤 전략을 짜고 실행에 옮길 것인가를 묻는다.

전략수립 프로세스

1. 전략적인 관점 개발하기
- 새로 취임한 CEO·사업부장, 팀장은 주주와 고객들에게 어떻게 가치를 창출할 것인가를 도출해야 한다.
- 지속가능기업(사업)으로 가기 위한 전략체계도 수립

2. 책임을 맡기 전에 준비하라
- 부임 전후 100일 이내에 자신이 물려받은 것이 정확하게 무엇인지 생각하는 관점을 가져야 한다.
- 성공방정식 Y=ABC의 핵심 KPI 목표의 AS-IS와 TO-BE 산출
- 차질요인 분석 → 향후 전략과제 도출
- 비전목표 → 시장, 경쟁사, 나의 강약점 검토를 통해 비전목표 재수립(Revisioning)

3. 유능한 사람들과 자발적인 사람들 제휴관계 구축하기

- 전략과제를 누구에게 맡길 것(Accountability)인지를 사전에 매칭하고, 업무 수행 시 장해요인은 무엇인지를 파악하여 사전에 제거한다.
- 실행력(3R-Right project를 Right people이 Right process로 추진)

4. 전략전개

- 전략을 전개하고 그것을 실행하기 위해서는 전술이 필요하다.
- 전략과제의 Alignment와 Cascading

5. 생명력 창조

- 회사(사업부)가 진행하는 방향 틀 안에서 조직 구성원에게 권한이 부여되고 자율이 주어질 때 조직은 활기가 넘친다.
- R&R(역할과 책임)을 명확히 하고 권한위양(Empowerment)한다.

(3) 혁신 리더십 코칭

코칭을 하다 보면 혁신 리더나 팀을 코칭해 달라는 의뢰를 많이 받는다. 혁신 리더들을 코칭하는 것은 전체 시스템 차원의 일로써 단 하나의 과제에 담겨진 문제들이 개인의 성격 문제에서부터 조직의 면역시스템을 효과적으로 다루는 문제에 이르기까지 다양할 수 있다. 비즈니스 전략과 개인의 리더십 스타일, 개인과 팀, 심리학적인 문제와 조직적인 문제들은 모두 서로 얽혀져 있다.

사람들로 하여금 얼마나 많은 위험을 감수할 용의가 있는지 깨달을 수 있도록 그리고 처음 시작과 향후 예상되는 결과를 조율할 수 있도록 도와준다. 그들이 용기를 가지고 모두 안전한 기반에서 도전을 향해 다가가고 있다면 도움이 될 것이다. 혁신에는 모험이 따르기 마련이라고 코치하는 것은 역효과를 낸다.

혁신 리더십 코칭의 특성과 코칭 방향

	특성	코칭 방향
발명가	발명가들은 자신의 아이디어를 실행에 옮기는 면에서는 선천적으로 약하다.	자신의 아이디어를 상업적인 현실로 옮겨 놓을 수 있는 내부 기업가와 함께 일하는 법을 지도할 수 있는 전담코치를 배정한다.
내부 기업가형 리더	내부 기업가들은 기존 기업의 무기력함을 극복하기 위한 딜레마에 처해있다. 이들의 목표는 자신의 아이디어와 기술의 수익사업으로 변환시키는 일에 좀 더 능률을 내기를 바란다.	과감하게 행동하고 정략적인 문제는 덜 일으키는 처신 방식을 택할 수 있는 용기를 갖도록 밀어준다. 만드는 데 집중할 수 있도록 자신의 강점을 좀 더 능률적으로 하게 코칭한다.
내부 기업가형 팀	팀 전체가 내부 기업가형으로 뭔가 새로운 것을 개발하고 출시할 수 있도록 고군분투하고 있다.	사업전략에서 개인 리더십 전반에 걸쳐 관련된 모든 것을 코칭한다. 특히 팀 워크에 대해 코칭한다.
혁신의 후원자	이들은 시간을 바치는 헌신을 과소평가하고 기금 조달자 정도로 생각한다.	후원자가 내부기업가 정신을 인정하고 책임의식을 북돋아 줄 수 있도록 코칭한다.
기풍 조성자	이들은 관리하기 까다롭고 힘든 사람이기도 하다. 걸핏하면 혁신에 딴죽을 건다.	그들이 긍정적인 면을 발견하고 그것에 의지할 수 있도록 돕게끔 코칭한다.

〈출처:『리더십 코칭 50』, 하워드 모건 외〉

훌륭한 코치는 직접적인 경험을 바탕으로 한 예리한 사업적 통찰력이 필요하다. 혁신은 그냥 과정만이 아니다. 더 큰 성공을 할 수 있는 방향으로 그것을 다듬을 수 있어야 한다. 그들은 전략에서 미비한 점을 생각해야 하고, 바짝 조여야 할 부분을 드러내는 구체적인 질문들을 던져야 한다. 혁신과 씨름하고 있는 사람들은 회사의 전반적인 시스템의 도전과 직면하고 있는 것이다.

지속가능성에 대한 지식은 혁신관리자로 하여금 장·단기적으로 모두 회사에 도움이 되는 기회들로 사람들을 인도해주는 또 다른 수단을 제공한다. 혁신코치는 고객들이 직면한 도전에 경험, 유머, 재미를 넣어주는 사람이다. 변화 과정 동안 코치가 그들과 함께 일하는 것에는 다음의 4가지 단계가 있다.

자　각 – 코치는 고객이 자신의 모습을 잘 볼 수 있도록 거울을 들어 줘야 한다.

개　선 – 자각에서부터 시작하여 높은 성과 단계로 올라가는 것이다.

돌파구 – 지금 하고 있는 일을 근본적인 방식으로 재개념화 한다.

변　혁 – 자기 자신, 자신의 역할, 자신의 조직을 완전 다른 방식으로 이해하도록 돕는다.

(4) 비즈니스 위기 코칭

비즈니스 위기 코칭은 경영자가 자신의 목표를 만족시키지 못하고 있거나 조직의 가치나 전략에 일치되지 못하고 있다는 진단으로부터 비롯되는 경우가 많다. 관리자들은 리스크맵(Risk map)을 작성해야 하고 위기관리계획은 업데이트를 통해 항상 새로운 정보를 유지해야 한다. 혹시라도 재앙이 닥친다면 관리팀은 누가 무엇을 언제 해야 하는지 정확히 숙지해야만 한다. 위험들은 회사를 파산시킬 수도 있는 요소이므로 관리자들은 그 위험을 면밀하게 주시해야 한다. 리스크는 끊임없이 그 모습을 바꾸기까지 하므로 주의가 필요하다.

관리자들은 정기적으로 모든 파트너와 함께 위험을 재평가해야 한다. 그들은 대비하는(Just-In-Case) 개발이 아니라 적시(Just-In-Time)의 개발을 경험하는 것이다. 요컨대 리더들의 능력을 확장시키고, 그들이 현실의 위기를 해결하는 동안 새로운 능률단계에 도달할 수 있게 개입(Intervention)한다. 필자는 그 방법을 고객들과 함께 만드는 것이 중요하다고 생각한다. 그것은 적극적인 참여를 이끌어낼 뿐만 아니라 코치로 하여금 조직의 생각과 개인의 니즈를 이해할 수 있게 한다.

코칭은 행동학습의 원칙에 기반을 두며, 리더십, 전략, 변화에 대한 전통적인 교육을 수반하는 기업 프로그램의 일환인 경우가 대부분이다. 참가자들은 지식만을 얻기 위해 배우는 것이 아니라 행동을 위해 배운다. 고객들의 위기들에 대해 경청할 때 그러한 경험으로부터 해답을 이끌어내며 지금의 상황에 들어맞을 만한 다른 조건에서 보았거나 활용했던 것을 고려한다. 코칭을 하면서 나는 대부분 리더들이 행동으로 배울 수 있는 방식을 강조한다.

필자의 목표는 피코치가 자신이 원하는 대로 배울 수 있도록 돕는 것, 성취하고 싶은 것을 이루도록 돕는 것이다. 가장 성공적인 코칭은 바로 개인이 실제로 진보를 보이고, 팀이 점점 더 많은 성과를 내며, 조직 또한 더 큰 성공을 거두게 될 때이다.

(5) 의사결정 코칭-SWOT분석

SWOT 분석 툴은 전략을 수립할 때 사용하는 매우 유명한 모델이다. 기업의 내부 환경과 외부 환경을 분석하여 강점, 약점, 기회, 위협요인을 규정하고 이를 토대로 경영전략을 수립하는 기법으로 미국의 경영 컨설턴트인 알버트 험프리(Albert Humphrey)에 의해 고안되었다. SWOT 분석의 가장 큰 장점은 기업의 내·외부 환경 변화를 동시에 파악할 수 있다는 것이다. SWOT 분석은 외부로부터의 기회는 최대한 살리고 위협은 회피하는 방향으로 자신의 강점은 최대한 활용하고 약점은 보완한다는 논리에 기초를 두고 있다. 이는 마케팅 전략을 수립할 때 유용하게 활용되고 있다. 마케팅 전략수립 방법에 대해서는 5부 요구역량에서 상세히 다루고 있기 때문에 별도로 부연 설명하지 않겠다.

☞ 마케팅 전략수립 프로세스

: 비전 달성전략 → 환경분석(PEST, 5Forces, 3C) → SWOT → STP → 4P

SWOT 분석을 통해 기업 내부의 강점인 경우는 외부환경의 기회·위협을 전략적 방향으로 전략을 수립하고, 약점인 경우는 혁신의 기회로 삼아야 할 것이다. 그 다음에는 STP로 프로세스를 진행한다. S는 Segmentation의 약자로 시장세분화를 통해 Targeting으로 타깃고객을 선정한 후에 타깃고객의 니즈·원츠에 맞게 Positioning하며 4P 믹스한다.

SWOT 분석에서 고려하는 요소

기업 내부적 요소

강점(Strength)	약점(Weakness)
브랜드이미지	취약한 재무구조
품질 경쟁력	제품 품질
서비스 역량	가격 경쟁력
가격 경쟁력	재무 구조 및 재무 역량
유통망	기술력 및 R&D 역량
영업 역량	불분명한 전략 방향
규모	낮은 생산성, 취약한 생산성

기업 외부적 상황

기회(Opportunity)	위협(Threat)
늘어나는 시장 규모	쇠퇴하는 시장
경제 활성화	새로운 대체재의 등장
정부의 호의적인 정책	정부의 비호의적인 정책
시장개방과 해외 진출	시장 개방과 해외 경쟁자의 진입
연관 산업의 발달	연관 산업의 쇠퇴
수직적 통합	인구의 감소
인구증가	경기 침체와 재성장

(6) 비즈니스 코칭 SUMMARY

지금까지 다양한 업무 환경에 따른 적합한 코칭 툴을 각각 소개했다. 5 STEPS는 코칭 모델로 기본적인 모델이며, 전략수립 코칭으로는 혁신 리더십 코칭, 비즈니스 위기코칭, 의사결정 코칭이다. 상기 도구는 기업체의 임원이나 매니저가 조직 구성원들의 다양한 업무환경에서 유용하게 사용할 수 있는 툴이다. 그러나 필자가 코칭·컨설팅 현장에서 성과 향상을 위한 액션코칭*을 할 때는 상기와 같이 파트(섹션)별로 되기보다는 복합적으로 코칭이 이루어지는 경우가 많았다.

코칭을 할 때는 피코치가 필자를 씽킹 파트너(Thinking Partner)로 여기도록 친근하게 접근하여 열린 마음으로 다가올 수 있도록 하는 데 주력한다. 모든 사람은 이미 성공에 필요한 자질을 가지고 있다. 성과 극대화는 개인의 잠재능력을 깨우기 위해 내재된 방해요소를 제거해줘야 한다. 동기부여의 최고방법은 피코치의 가능성을 일깨우는 것이다. 게임을 승리로 이끄는 것은 이기려는 의지가 아니라 이길 수 있도록 준비하려는 의지이다. 진정한 리더는 사람들을 현재에서 미래로 이끈다. **노력이나 시도가 아닌 결과에 집중해야 한다.**

삶은 일종의 게임이다. 삶은 도전이다. 도전을 피해서는 안 된다. 필자는 액션코칭* 시 게임이 주는 동기부여 요소(피드백, 스코어보드, 지속적인 개인 선택 등)를 이용하는 지혜를 코칭 대상자에게 제공하는데 주력한다.

(7) 성과 코칭-DaSA⁺

필자가 그동안 수많은 현장 코칭을 통해 적합한 코칭 툴이 없을까 고민하다가 개발한 것이 바로 DaSA⁺ 액션코칭* 모델이다. 이는 산업현장에서 문제를 도출하고 해결방안을 제시할 뿐만 아니라 실행역량을 갖추게 하는 비즈니스 코칭 툴이다.

DaSA⁺는 Define-analyze-Solve-Act의 약자이며 '+'는 코칭이후 3~6개월간의 팔로우업 코칭(Follow up Coaching)을 통해 실행상의 문제점을 도출, 해결해 나가는 차별화 포인트를 가지고 있다. 다른 코칭은 코칭 완료 시점에서 끝나는 것과 비교하면 피코치 입장에서는 상당히 유익하다고 볼 수 있으며 많은 기업으로부터 호평을 받고 있다.

지속가능한 성공은 피코치가 코치의 직접적인 도움으로 "얼마나 훌륭한 성과를 이루는가."가 아니라, 그 코치가 떠난 후 피코치가 "얼마나 훌륭한 성과를 보이는가."에 의해 판가름 난다. 피코치가 독립적으로 성장할 수 있는 역량과 수단을 갖추도록 이끌어야 한다. 피코치가 코치의 그늘에서 벗어나 독자적인 행보를 하는 과정에는 변화가 여전히 효력을 발휘하고 있는지를 확인하는 작업이 포함된다. 피코치가 변화에 대비할 수 있고 변화를 완성하며 그 변화를 지속할 수 있도록 도와주는 것이 코치의 임무이다.

코칭이 공식적으로 종료된 후 실시하는 모니터링의 효과도 무시해서는 안 된다. 궁극적으로 코칭 파트너십의 성공은 코치-피코치 간의 공감대나 피코치의 만족도가 아닌 사업결과로 측정한다. 즉 액션코칭*은 코치가 하고 싶은 얘기를 하는 게 아니라 상대방이 듣고 싶어 하는 것을 같이 고민하고 해결하며 나아가 그의 성공을 위해 헌신하는 씽킹 파트너가 되는 것이 주된 역할이라고 할 수 있다.

DaSA⁺

Define & analyze → 무엇이 문제인가

리더(팀장)의 역량 중 가장 중요하게 대두되는 것 중의 하나가 '문제발견 능력'이라고 한다. 우선 문제가 무엇인지 인지해야 그 원인을 알 수 있고 대책도 수립할 수 있을 것이다. 이때 문제는 반드시 측정 가능한 숫자로 표현되어야 한다.

☞ 활용 툴: Brain storming, 5 whys, Mind maps

Solve it → 근본원인은 무엇인가

이러한 문제는 무엇 때문인가를 생각해봐야한다. 이때 겉으로만 나타나는 문제보다는 그 안에 숨은 근본적인 원인을 끄집어내야만 근본대책으로 동일문제의 재발 방지뿐만 아니라 탁월한 성과를 창출할 수 있다.

☞ 활용 툴: 성공방정식 Y=ABC, 갭 분석(KPI별로 결과를 창출해내는 과정지표에 포커싱 해야함), BM(벤치마킹). 예를 들면 아마존의 매출방정식은 '멤버십 고객확보×객단가 증가 → A 일반 고객증가/premium회원증가×B세트 구매증가×C 구매빈도 증가'이므로 ABC의 KPI 목표를 어떻게 하면 달성할 수 있느냐가 전략과제가 된다.

Act[+] → Catch up strategy & Follow up Coaching

Y=ABC에서 도출된 전략과제를 철저한 실행을 통해 결과를 당초 계획목표와 비교, 차질 발생 시 근본 원인을 파악, 수정계획을 수립, 추진하며 코칭 후에도 계속 지원하며 지속적인 성과 창출이 될 수 있도록 한다.

☞ 구글의 OKR과 같다.

베스트 프랙티스-DaSA[+]

코로나가 터지기 직전인 2019년 중국 제1의 가전 메이커 기업체로부터 상품기획역량 강화를 위한 액션코칭[*]을 의뢰받아 3개월에 걸쳐 추진한 적이 있다. 액션코칭[*]을 하기 위해서는 의뢰기업의 신제품 개발역량강화와 관련하여 다음과 같은 DaSA[+]프로세스를 거쳐 어젠다를 도출했다.

- Define-analyze

  상품기획역량의 전후공정 운영 현황을 진단하여 무엇이 핵심과제인지를 도출하였다.

- Solve

  중국 광저우에 있는 현지 본사에서 진행한 팀장 워크샵을 통해 핵심 전략과제의 솔루션 개발 및 추진방안을 액션코칭*(컨설팅, 코칭, 티칭)하였다.

- Act & Follow up Coaching

  실행 과정을 모니터링해서 장애요인이 있으면 애프터 코칭을 통해 추가 지원하였다.

10. 액션 코칭 도구

(1) 현 수준 파악방법

기업체 임원이나 팀장을 액션코칭*을 할 때 항상 월 실적보고서를 보거나 필요하다면 그 회의에 옵서버(Observer)로 배석하기도 한다. 왜냐하면 월 실적보고서를 보면 그 회사(팀)의 수준을 쉽게 가늠할 수 있기 때문이다. 보고 형식이나 발표 내용의 폭을 보면 그 회사(부문)가 갖고 있는 현안이 무엇이며 해결하지 않으면 안 되는 문제점이 무엇인지를 쉽게 간파할 수 있게 된다.

월 실적보고서는 보통 두 가지의 형태로 나타나는데, 하나는 How To

보다는 What About 중심으로 이루어진 보고서이며, 또 다른 형태는 What About보다는 How To 중심으로 작성되어 있는 경우다.

• What About 중심의 실적 보고서

실적현황 및 분석에 80% 이상을 할애를 하고 향후 대책에 대해서는 1~2매로 적당히 얼버무리며 넘어 간다. 보통 실적 차질이 있는 경우에는 반성보다는 변명에 많은 장표를 할애를 하다 보니 차월 대책은 엉성하기 그지없다. 이런 부실한 대책으로 차월 계획을 실행한다 해도 목표 달성이 된다는 보장이 없다. 실적보고회는 그저 CXO(사장, 사업부장, 팀장 등) 앞에서 선언적인 필달 의지를 다지는 경우가 비일비재하다. 다음 달 리포트를 봐도 계속 이런 식의 보고가 이어진다.

이런 형태는 조직 전체에 패배의식으로 일을 쉽게 포기하거나 미리 패배를 예상하는 조직분위기로 몰고 가서 궁극적으로는 기업문화에 부정적인 영향을 끼치게 된다. 따라서 이런 식의 회의를 상사가 계속 묵과하는 일은 일종의 배임행위가 되니 이를 단호히 처내야만 성공에 이르게 된다. 어찌 보면 이러한 상태로 회의가 진행되는 것은 보고하는 조직 구성원보다는 윗사람의 책임이 더 크다고 본다.

• How To 중심의 실적 보고서

실적 차질이 난 경우에는 차질의 근본적인 요인을 분석하고 대책을 내세우며 철저한 반성을 한다. 사실 차질요인 분석은 거꾸로 뒤집으면 그 자체로 대책이 되는 수가 많다. 우리가 주목해야 할 것은 차질요인 분석은 피상적인 숫자의 나열이 아닌 5 Why 분석기법으로 들어가 근본적인 원인을 찾아내어 대책을 수립하고 나아가 이와 같은 문제가 재발되지 않도록 해야 한다는 데 있다. 이때의 보고서 작성은 필자가 제시한 백본을 바탕으로 하면 훨씬 빠르게 효과적인 대책에 다가갈 수가 있다. 원래 빈 깡통이 더 요란하고 시끄러운 법이다. 실적보고 시 본인의 문제보다는 다른 부서의 문제점을 더 강하게 부각한다. 이때 보고를 받는 상사가 어떻게 나오는지에 따라 그 회의의 질적 성패가 결정된다.

　☞ 참조: 2장 6. 백본(Back bone)

　상사는 A가 B를 공격하면 B를 질책하고, B가 C로 책임회피를 하면 C를 문책하고 C가 A 의 책임으로 돌리면 회의는 돌고 돌아 결말도 없이 공회전 하게 된다. 그래서 삼성전자는 이러한 뜨거운 감자 돌리기 식의 폐단을 없애기 위해 일찍이 사업부제(SBU)를 도입·운영하고 있다. 이런 식으로 회의가 진행될 때는 보고 받는 자가 이에 휘둘리지 말고 "다른 부서의 문제는 알겠다." 하고 "당신 부서가 해야 할 것 중 못 한 것은 무엇인가? 그에 대한 대책은 무엇인가?"로 되물어야만 조직이 제대로 돌아갈 수 있다.

　그래서 조직구성을 할 때는 실행부서와는 별도로 기획부서를 CEO 직속으로 둔다. 전사적인 관점에서 객관적으로 볼 수 있는 경영관리팀(혹은 마케팅 전략팀 등) 조직 역할이 상당히 중요한 이유다. 필자가 마케팅 전략 팀장을 할 당시에 매월 생판회의를 주관했는데 필수 참석자는 영업, 생산, 개발팀장이며 어젠다에 대해서 3개 부문의 의견을 다 듣고 전략방향을 마케팅 전략팀장이 결정한다. 일단 결정되면 전 조직이 이를 따라야 한다. 따라서 생판회의는 마케팅 전략팀장이 이니셔티브를 쥐고 있어야 하며 시장, 영업, 기술생산에 대해 상당 부분의 전문지식과 커뮤니케이션 스킬을 지녀야 한다.

☞ 참조: 4장 9. 중과독재

(2) Breakthrough 100

액션코칭* 중반에 들어서면 코칭 상대자에게 '돌파구 프로젝트'를 선정하여 실행에 옮기는 것을 적극 권장한다. 코칭을 통해 학습한 것을 직접 업무에 적용함으로써 자신감을 갖고 향후 어떻게 해야 하는지를 터득할 수 있기 때문이다. 작은 돌파구 프로젝트가 큰 변화에 밑거름이 될 수 있으며, 작은 승리가 하나의 돌파구를 만들고 나아가 다른 돌파구를 위한 발판이 된다. 돌파구는 말 그대로 저돌적이며 100일 만에 끝내는 편이 바람직하다. 발령 초기 100일 동안의 Soft-landing은 자신의 존재감(Presence)을 보여주며 향후 성과를 결정하는 중요한 기준으로 작용한다.

위기를 헤쳐 나갈 때는 단기간에 성과가 나기 쉬우며, 조직에 파급효과가 큰 돌파구 프로젝트를 선두에 세워 최우선적으로 해결함으로써, 조직 구성원의 신뢰를 조기에 얻어 따르게 하고 모멘텀을 갖고 후속변화의 본격추진을 도모한다. 많은 기업들이 변혁을 할 때는 존 코터(John Kotter)의 '변화관리 8단계' 모델을 참조하며, 삼성그룹의 1993년도 신경영도 본 모델을 참조해서 위기의식 조성으로부터 시작하였다. 변화관리를 꾀할 때 존 코터의 모델대로 차근차근 밟아 간다면 소기의 목적을 달성할 수 있다고 본다.

Breakthrough 100 추진 프로세스

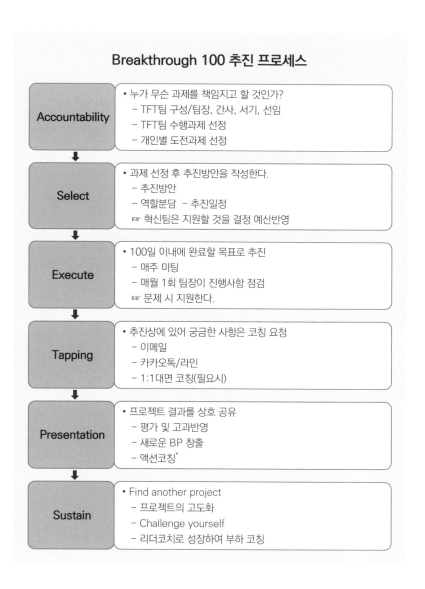

Accountability
- 누가 무슨 과제를 책임지고 할 것인가?
  - TFT팀 구성/팀장, 간사, 서기, 선임
  - TFT팀 수행과제 선정
  - 개인별 도전과제 선정

Select
- 과제 선정 후 추진방안을 작성한다.
  - 추진방안
  - 역할분담 – 추진일정
  - ☞ 혁신팀은 지원할 것을 결정 예산반영

Execute
- 100일 이내에 완료할 목표로 추진
  - 매주 미팅
  - 매월 1회 팀장이 진행사항 점검
  - ☞ 문제 시 지원한다.

Tapping
- 추진상에 있어 궁금한 사항은 코칭 요청
  - 이메일
  - 카카오톡/라인
  - 1:1대면 코칭(필요시)

Presentation
- 프로젝트 결과를 상호 공유
  - 평가 및 고과반영
  - 새로운 BP 창출
  - 액션코칭*

Sustain
- Find another project
  - 프로젝트의 고도화
  - Challenge yourself
  - 리더코치로 성장하여 부하 코칭

• 변혁적 리더십

혁신은 '비전공유-동기부여-솔선수범-근본적인 변화를 통한 개혁' 없이는 실패한다. 조직혁신을 시도하려 할 때 범하는 가장 큰 실수는 동료 경영진이나 직원들에게 충분한 위기의식을 불어넣기도 전에 혁신을 시작해 버리는 것이다. 자만심과 무사안일이 팽배해 있는 조직에서 경영혁신의 목적을 달성하는 것은 거의 불가능하다. 따라서 변화관리자는 변혁적 리더십으로 조직을 변화시켜 나가야 한다.

(3) 브레인 스토밍(스워밍)

브레인 스토밍은 현안 과제에 관하여 회의형식을 채택하고 구성원의 자유 발언을 통한 아이디어의 제시를 요구하여 해결방안을 찾아내려는 방법으로 그룹코칭 시 자주 이용하는 툴이다.

☞ 브레인 스워밍은 브레인 스토밍과 반대되는 개념이다.

• Topics(현안과제)

해결해야 할 과제를 혼자 생각하기보다는 집단지성을 이용해서 하는 것이 훨씬 많은 아이디어가 도출된다. 초점을 명확히 하되 한정하지마라.

• Think up(생각해 내기)

어떠한 내용의 발언이라도 그에 대해서는 비판을 해서는 안 되며 다소 엉뚱한 의견이 나오더라도 독려하고 계속 전개한다. 전원 참가하여 추가 아이디어(1시간에 100개)가 나오도록 하고 논의의 흐름이 멈추지 않게 하라.

☞ Mind mapping을 통해 작성

- Clustering-Naming(토의 안건을 그룹핑 하고 네이밍 한다)
  도출된 아이디어를 비슷한 유형끼리 묶어서 벽에 적고 몇 개의 토의 주제로 압축해서 네이밍을 한다.

  ☞ 동일 유형끼리 묶는 것을 스토밍, 동일한 유형은 버리고 독특한 아이디어만 발췌한 것이 스워밍(Swarming)으로, 새로운 아이디어를 도출할 때 유효하다.

- Debating(토론)
  도출된 해결 방안에 대해 실현가능성을 상호 토의한다. 때로는 워밍업을 하라.

  ☞ SMART툴에 의거 적합여부를 검토를 통해 작성

- Accountability-Action(실행)
  해결방안을 누가 책임지고 할 것인가를 정한다.

다음 장의 브레인 스토밍(스워밍) 도표를 참고하면 이해가 쉬울 것이다.

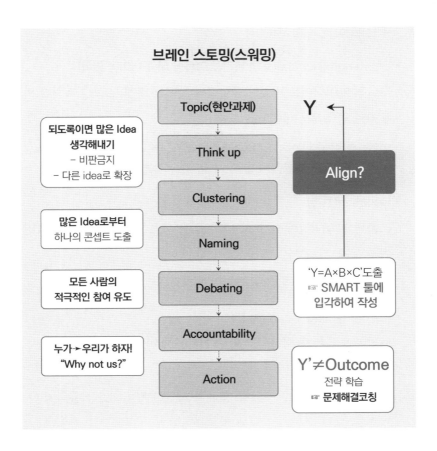

(4) 문제해결 방식

PSA(Problem Solving Approach)는 맥킨지 내의 우수인력을 스카우트 하고, 또 최고 인재로 키우는 인재양성 훈련과정을 바탕으로 개발된 문제해결 방식이다. 비즈니스맨들뿐만 아니라 일반 학생들에게도 필수적인 로지컬 씽킹으로 필자가 액션코칭* 시 자주 이용하는 툴이다.

☞ Logical thinking MECE+So what?

기본 원칙은 모든 문제는 해결이 가능하다는 신념을 가지고 "대책이 없다."고 포기하자 말라는 것이다. PSA의 실천에 있어서는 다음과 같다.

- 더해서 100이 되는 질문으로 문제의 원인을 찾는다(A+B=100/ MECE원칙에 입각).
- 철저한 사실에 입각하여 문제의 본질을 찾아 가설을 세운다(A, B중 어느 것이 문제인가?).
  ☞ 3C분석-Customer, Company, Competitor
- 가설을 실증하는 데이터를 수집하고 증명한다.
  이와 같이 A 또는 B의 정밀한 논리 회로를 반복하여 원인을 끝까지 찾아내고 가설을 세우기 위해 그것을 데이터로 증명하고 그것으로부터 도출된 진짜 원인(현상과 혼동하자 말 것)에 대한 개선책을 강구하는 것이 PSA에 의한 문제해결법인 것이다.

문제해결자가 되기 위한 5단계 과정

1. 문제 해결의 기본을 이해하는 것-전체를 머릿속에 그릴 것
2. 문제를 둘러싸고 있는 환경을 이해하는 것-큰 것에서 작은 것으로 내려가면서 사고의 프로세스
   ☞ 글로벌한 관점-국내 경제의 관점-시장(고객·경쟁)의 관점-회사 전체의 관점
3. 효과적인 정보 수집방법을 배우는 것
4. 데이터를 차트화하는 것-비쥬얼화
5. 프레임워크를 완벽하게 구사하는 것

맥킨지 PSA

- Define problem
  우리에게 가장 중요한 문제는 무엇인가
- Structure problem
  문제의 핵심요소는 무엇인가
- Prioritize issues
  문제의 본질에 접근하는데 있어 가장 중요한 이슈는 무엇인가
- Plan analyses and work
  어떻게 팀의 시간을 활용하는 것이 최선인가
- Conduct analyses
  우리가 증명해내고자 하는 것은 무엇인가
- Synthesize findings
  우리가 찾아낸 내용이 지니는 최종 시사점은 무엇인가
- Develop recommendation
  무엇을 시행해야 할 것인가
- Think next iteration
  다음에 집중할 것은 무엇인가

성   공
알고리즘
비밀노트

"

기업에서 제일 중요한 핵심역량은 마케팅과 R&D이다.
마케팅의 목적은 시장을 창출하는 것이다.

"

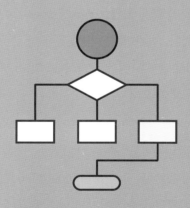

10장

마케팅

1. 마케팅 기본 개념

필자가 40년 이상 마케팅·영업을 한 마케터라 하면, 대뜸 "마케팅은 무엇인가?"라는 질문을 많은 사람으로부터 받는다. 즉 '마케팅과 영업의 차이점'을 묻는 것이다. 심지어는 "어느 것이 더 중요하냐?"고도 한다. 마케팅과 영업은 서로 분리하여 생각할 수도 없고 그래서도 안 된다.

벤츠 영업사원을 예로 들어보자. 국내시장에서 1등을 차지하기 위해 한국시장에 맞는 다양한 차종의 라인업을 갖추고 벤츠 이미지에 맞는 홍보와 강력한 프로모션 정책(3년 무이자, 10만 km 서비스 등)을 수립하는 것은 마케팅의 R&R(역할과 책임-Role & Responsibility)이고 이를 무기로 고객 리스트를 만들어 고객을 현장에서 만나 고객을 설득하여 차를 파는 것은 영업의 역할이다.

영업은 백 오피스의 마케팅 지원이 없으면 안 되고, 거꾸로 마케팅은 아무리 좋은 마케팅전략을 만들어도 영업력이 뒷받침되지 않으면 소용이 없다. 그런데 같은 마케팅 전략을 갖고 누구는 월 100대를 팔고 누구는 1대밖에 못 파는 것은 왜일까? 이는 바로 세일즈 스킬의 차이 때문이다. 따라서 국내시장에서 탁월한 영업 실적을 올리려면 마케팅과 영업부서 간 공조가 잘 되어야 한다. 세일즈 역량을 향상시키는 것은 그리 어렵지 않다. 왜냐하면 탁월한 실력을 올리는 영업사원의 스킬을 분석, 이를 따라 하면 되기 때문이다.

    ☞ 참조: 6장 6. 베스트 프랙티스(BP) 발굴 및 재창출

영업은 고객 접점에서 판촉을 통해 단기간 매출에 주력하는 반면 마케팅은 고객에게 탁월한 가치를 경쟁사보다 빠르게 제공하여 고객만족을 통해 이윤을 창출하고 장기적인 미래 경쟁력을 확보하는 것이다. 마케팅과 영업의 차이점을 간단히 요약하면 마케팅은, 단기보다는 장기적인 관점에서 제품의 존재 이후보다는 이전을, Push보다는 Pull을, 이익 지향이기보다는 더욱 고객중심으로 소비자의 니즈 충족을 통해 이윤을 창출 하는 것이다. 따라서 마케팅조직과 영업조직은 반드시 조직을 분리 운영해야 하며, 인력이 취약하다면 적어도 마케팅 전담 인력을 별도로 두는 것이 바람직하다.

마케팅의 구루인 필립 코틀러는 '제품중심의 마켓 1.0'에서 '소비자 지향의 2.0'으로, 2010년에는 '가치 중심의 마켓 3.0'으로 변화해 왔다고 분석했다. 마켓 3.0 시장을 이끌어가는 기업은 가장 먼저 직원들을 변화시키고 그들에게 권한을 부여함으로써 다른 사람들을 변화시켜 나가야 함을 피력했다. 마켓 3.0 시장에서의 주요 이슈는 3C로 표현되는데 'Creativity, Collaboration, Cultural'로서 공유가치를 통해 조직원

모두 공동으로 행동해야 초일류기업으로 갈 수 있다고 강조했다.

> ## Marketing power=상품력×유통경로력×판촉력

마케팅력은 '상품력×유통경로력×판촉력'으로 구성되며 탁월한 성과를 내는 회사는 대부분 이 부문이 막강하다. 어느 회사의 성장성이나 수익성을 판단하려면 지금 말한 3가지를 잘 들여다봐야 하며 이 3가지 중 하나라도 문제가 있으면 치열한 경쟁에서 우위를 차지하기 어렵다. 마케팅을 그냥 일종의 판매촉진활동으로 여기는 사람이 많은데 절대로 이렇게 생각해서는 안 된다.

필립 코틀러가 강조하는 마케팅 프로세스는 기본 중의 기본으로 마케터라면 반드시 알고 넘어가야 하는 부문이다. 요약하여 정리·공유하자면, 마케팅 프로세스는 고객욕구에서 출발, 고객에게서 지속적 기업가치를 획득하는 '고객중심의 체계적 활동과정'으로서 핵심적인 활동인 STP(Segmentation→Targeting→Positioning) 및 통합 마케팅프로그램(IMC) 개발에 근간하여 충실히 추진하여 성과를 제고하는 것이다.

- 마케팅이란 고객, 파트너, 크게는 사회에 대하여 기업이 전달하고자 하는 가치를 창조하여 소통, 전달하는 모든 활동과 일련의 제도 및 과정을 말한다(By 'The American Marketing Association in 2008').
- 목표시장에서 이익을 창출하기 위하여 가치를 창조하고, 소통하고, 전달하라(Create, Communicate and Deliver a Value to a Target for a Profit, by Philp Kotler).

요컨대 마케팅은 누구에게 무엇을 어떻게 판매하고 고객만족을 통해 고객과의 장기적인 충성관계를 유지하여 기업의 이익을 극대화 하는 것이다.

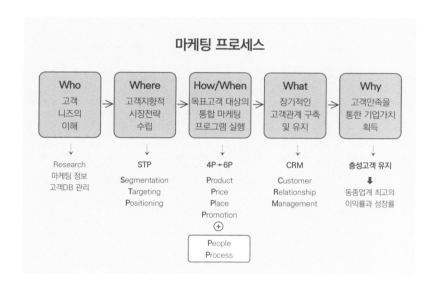

상품력, 유통경로력, 판촉력 중에서 가장 중요한 것이 핵심역량(Core competence)이 되며 나머지 2가지는 전술이라 할 수 있다. 예를 들어 삼성 갤럭시는 상품개발력이 세계 최강이며 성숙단계로 진입하면 브랜드력이 제일 중요한 경쟁력의 원천이 된다. VISA는 전 세계 가맹점 네트워크, Fedex는 육해공 빠른 배송 시스템이 핵심역량이다. 이제는 스마트폰이 성숙단계에 진입하였으며 중국상품인 화웨이, 비보, 오포 브랜드도 기능과 성능이 향상되어 향후에는 저가격의 스마트폰이 글로벌 수요를 이끌 것이라 본다. 즉 일반상품(Common items)화 되는 것이다. 그래서 삼성전자는 Take off 전략으로 플립 폰, 폴더블 폰을 신규로 런칭, 글로벌 시장을 선점하는 전략을 전개하여 시장을 리딩하고 있다.

전략의 실패는 전술로 만회될 수 없다. 만약 갤럭시 상품력이 별로라면 유통력이나 서비스력이 아무리 좋아도 1등을 할 수가 없다. 남들과 비슷한 실력으로는 원가경쟁력밖에 없는데 이는 우리가 추진해야 할 전략 중에서 제일 나중에 써야 하는 것이다. 다만, 전부 다 강화할 수 없으면 이 중 하나를 상대적으로 최고 수준으로 만들면 된다(Comparative advantage). 그러나 이는 어디까지나 잠깐이기 때문에 곧 한계에 봉착하게 될 것이 자명하다. 따라서 마케팅력과 세일즈 역량을 동시에 강화하는 것이 기업 경영전략에서 제일 중요한 것이라 할 수 있다. 기업에서 제일 중요한 핵심역량은 **마케팅과 R&D**이며 그 이외의 것은 외부로 아웃소싱으로 대체할 수 있다.

☞ IBM

2. 마켓 1.0~3.0

필립 코틀러는 2010년 9월에 『마켓 3.0』을 발표하면서 종전 '소비자 지향'의 마케팅(마켓 2.0)에서 '가치주도'의 마켓 3.0으로 명명하며 인터넷으로 촉발된 소셜 네트워크의 확산, 세계화라는 거대한 패러독스의 팽창, 창의적 인간과 소통하는 도도한 물결 속에서 생존하기 위한 해법을 명쾌하게 제시했다. 마켓 1.0부터 3.0까지 요약하면 오른쪽 표와 같다.

☞ 참조: 11장 1. 마켓 4.0, 2. 마켓 5.0-온라인 마케팅

마켓 1.0~3.0

	마켓 1.0 제품중심	마켓 2.0 소비자지향	마켓 3.0 가치주도
목표	제품판매	고객만족 및 보유	더 나은 세상 만들기
동인	산업혁명 1784	정보화기술 1969	뉴웨이브(SNS) 기술 2008
기업이 시장을 보는 방식	물리적 필요를 지닌 대중 구매자들	이성과 감성을 지닌 영리한 소비자	이성, 감성, 영혼을 지닌 완전한 인간
핵심 콘셉트	제품개발	차별화 Core competence (개리해멀 '08)	가치 Blue ocean (김위찬 '05)
기업의 지침	제품명세 Distribute & Collect 판매방법에만 포커싱	기업 및 제품의 포지셔닝 STP	기업의 미션과 비전, 가치 Prosumer
가치명제	기능	기능 감성	기능과 감성 영성
소비자와의 상호 작용	1:1 거래	1:1 관계	다:다 협력 저렴한 PC, 인터넷, 오픈소스 리눅스, 위키피디아, P&G

마케팅은 Market+~ing의 결합어로 '시장을 만들어 간다'는 의미를 지니고 있다. 필자는 80년대 초부터 삼성그룹에 파견된 일본인 고문에게 마케팅을 배웠다. 당시 일본인 고문은 필자에게 한국 기업의 영업은 'Delivery' 와 'Collection'밖에 없다고 일갈했다. 주문 받았으니 배달하고, 배달했으니 수금하는 것 외에는 별다른 활동이 없는 것 아니냐고

거꾸로 반문했다. 3년간 글로벌 마케팅을 배운 후 필자는 삼성전자 C&C 마케팅 총괄을 맡으면서 삼성그룹에 하이테크 마케팅을 전파해 삼성전자 마케팅을 글로벌 수준으로 이끄는데 헌신했다.

☞ C&C: Computer & Communication Div.

마케팅이 무엇이냐고 묻는 사람에게 필자는 상대방의 욕구를 파악해서 그것을 만족시켜 주기 위한 제품이나 서비스를 제공하는 일련의 활동이라고 간단히 요약해 설명하곤 했다. 마케팅은 소프트웨어 지식이지 결코 하드웨어 지식이 아니다. 따라서 마케팅 기법을 터득하면 마케터에 무엇이 주어지든 자동차면 자동차, 스낵이면 스낵, 화장품이면 화장품, IT면 IT를 요리조리 요리할 수 있다.

본 챕터에는 마케팅의 각종 이론과 실전 경험을 넓혀줄 수 있는 다양한 사례가 많이 소개되어 있으니 여러 번 반복 학습을 통해 유능한 마케터가 되기를 바란다. 마케팅은 마케팅 목적에 따라 마케팅 툴이나 프로세스를 달리 한다. 마케터에게는 시장포화(Saturation)라는 단어가 없다. 마케팅의 목적은 시장을 창출하는 것이다.

마케팅관리 철학

판매지향적 사고 → 마케팅지향적 사고 → 사회지향적 마케팅사고

- 판매지향적 사고-싼 가격, 할인 등을 통해 매출 증대에 힘쓴다.
- 마케팅지향적 사고-고객의 니즈에 맞는 제품·서비스를 전달하는 커뮤니케이션에 주력한다.
- 사회지향적 마케팅사고-제품·서비스 개발 단계에서부터 고객참여

3. 마케팅 목표에 따라 전략을 달리한다

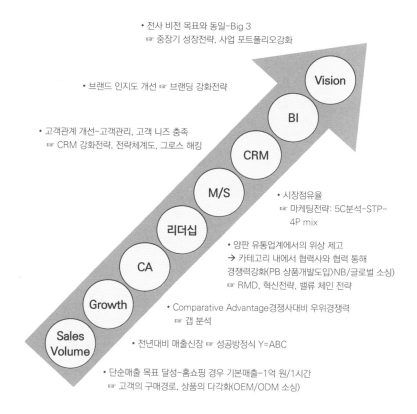

- 전사 비전 목표와 동일-Big 3
  ☞ 중장기 성장전략, 사업 포트폴리오강화

- 브랜드 인지도 개선 ☞ 브랜딩 강화전략

- 고객관계 개선-고객관리, 고객 니즈 충족
  ☞ CRM 강화전략, 전략체계도, 그로스 해킹

- 시장점유율
  ☞ 마케팅전략: 5C분석-STP-
    4P mix

- 양판 유통업계에서의 위상 제고
  → 카테고리 내에서 협력사와 협력 통해
    경쟁력강화(PB 상품개발도입)NB/글로벌 소싱)
  ☞ RMD, 혁신전략, 밸류 체인 전략

- Comparative Advantage경쟁사대비 우위경쟁력
  ☞ 갭 분석

- 전년대비 매출신장 ☞ 성공방정식 Y=ABC

- 단순매출 목표 달성-홈쇼핑 경우 기본매출-1억 원/1시간
  ☞ 고객의 구매경로, 상품의 다각화(OEM/ODM 소싱)

마케터의 자질

4차 산업혁명 시대에서 요구되는 마케터는 시장지향적으로 사고하며, 전사 차원의 마케팅역량을 강화시켜 지속적 경쟁우위로 업계를 리딩할 수 있는 역량을 보유한 사람이다.

- 다면적이고 다재다능하며, 특히 예술과 과학 그리고 마케팅 기술에 조예가 깊다.
  - 좌뇌와 우뇌를 고루 사용하며 창조적인 동시에 분석적이다.
  - 호기심이 왕성하고 두뇌회전이 빠르며, 지능지수 IQ, 감성 EQ, 창의력지수 CQ도 높다.
  - 국제적 감각을 지녀야 한다(글로벌 마케팅).
  - 새로 등장하는 신기술(AI, IoT, Data등)에 실용적인 지식이 있어야 한다.
- 마케팅전략을 꿰뚫고 있어야 한다.
  - 퍼포먼스 마케팅에 대해 잘 알고 체험 마케팅에 타고난 재능이 있다.
  - 마케팅 활동과 비즈니스 실적을 연결할 줄 안다.
  - 마케팅의 기초적인 영역(개인정보호, 브랜드 안전)을 재정의하여 프로세스를 개선한다.
- 강력한 리더
  - 실제 마케팅 현장을 진두지휘하며 얻은 비즈니스 작동원리에 대한 이해에서 비롯한 자신감과 단호함이 드러난다.
  - 큰 비전을 가지고 영감을 주는 리더, 강력하면서도 공감능력이 뛰어난 리더이다.
- 콜라보레이션을 잘 하는 리더
  - 사업에서 성공하려면 마케터와 IT 담당자의 협력하여 AI를 활용하는 방법을 잘 알아야한다.
  - 대부분의 혁신 아이디어는 스타트업들로부터 나온다. 이들과의 협력은 서로에게 엄청난 도움이 된다.

– 에이전시를 진정으로 동등한 파트너로 대하고 투명성을 확립한다.

4. 마켓 센싱

필자가 삼성전자 재임 시 다수의 신규 사업을 맡아서 추진할 때, 부임해서 제일 먼저 한 일이 지금까지 진행되고 있는 사업부 사업현황과 문제점을 파악하는 것이었다. 제일 먼저 마켓(시장·고객)에 대해서 사업부 담당자에게 물어보는데 시장은 전 세계, 동남아, 국내시장 순으로 물어본다. 모름지기 전 세계시장으로부터 시작하여 내 위치를 봐야 향후 글로벌화를 추진할 수 있는 것 아닌가? 말로는 국제화를 부르짖으면서 세계시장에 대해 잘 모른다면 말이 되겠는가?

시장세분화

"누가 우리의 고객인가?"를 명확히 함과 동시에 설정된 고객의 니즈(구매 결정 요인)나 의사결정 프로세스 등을 분석하는 것이 마케팅 전략 수립 시 제일 중요한 것인데 막상 물어보면 대답을 잘 못하는 경우가 왕왕 있으며 설사 알아도 대충 안다. 고객의 니즈나 원츠를 명확히 알고 있어야 이에 맞는 콘셉트 메이킹을 통해 솔루션을 적기에 만들 수 있지 않겠는가?

경쟁현황

다음은 경합 상태로 경합 기업(Competitor)과 나를 비교하여 강약점을 분석하는 것이다. 이는 전략수립과 직결되는 중요 항목 중심으로 주도면밀하게 지속적으로 파악해 나가야 한다. 예를 들면 양적 경영지표(매출·손익, 생산성, 시장점유율, 생산CAPA 등)는 물론 질적사항(리더십, 인적자원 수준, 영업전략, 수주-납품 리드타임, 제조원가, 고객만족도, 유통현황, 광고판촉비, 기업문화 등)까지 면밀하게 파악(최근 3년 간)하여 경쟁사와 나와의 갭이 무엇인지 도출하고 중장기적으로 '캐치 업 전략'을 수립한다. 문제는 실무자들이 경쟁사 정보를 제때에 구할 수가 없다고 하소연하는 것이다. 평소 조사 확보할 수 있는 루트를 별도로 만들어 놔야 한다. 이것이 마켓 센싱이며 이것이 갖춰져 있지 않으면 마케팅을 할 준비가 전혀 안 되어 있다고 본다.

자사의 강약점

세 번째로 체크할 부문이 자사(Company)로서 제일 간과하기 쉬운 점이다. 모름지기 '나를 제대로 아는 것'이 중요하기 때문에 본 사업의 CSF(Critical Success Factor: 핵심성공 요인)를 중심으로 자사의 조직·인적 역량을 철저히 분석해야 한다. 여기서 중요한 것이 바로 '철저히'이다! 그리고 또 하나 파악하되 경쟁사의 KPI·주요수치를 상호 비교하여 비교우위 강약점(Comparative Advantage)을 도출해야 됨을 잊어서는 안 된다. 전략이란 경쟁사와 싸워 이길 수 있는 구체적인 방법·수단이다. 마케팅 전략수립은 지속적 마켓 센싱으로부터 시작된다.

또 하나 추가한다면 여기에 유통경로전략(Channel)을 포함하게 되는데, 이 역시 전략에서 빠질 수 없는 것으로 이를 포함하여 이른바 4C라고도 한다. 사업의 특성에 따라 유통력이 중요하면 넣기도 하고, 아니면 빼기도 한다.

마켓 센싱 주요 분석요소

기술 및 외부환경 분석	거시 경제 환경	• 국내외 경제 환경이 어떻게 변화하고 있는가?
	외부 환경 (사회, 정치, 규제,환경 등)	• 변화를 주도하는 사회 환경적 트렌드가 무엇이며 이러한 변화가 얼마나 빠르게 진행되고 있는가? • 영향이 증가하거나 추가적인 사업 기회를 제공할 수 있는 새로운 트렌드는 무엇인가?
	기술 트렌드	• 현재와 향후의 핵심 기술은 무엇인가? • 기술 로드 맵(Technology Road map)의 작성
시장 분석	시장규모와 시장구조	• 이 시장의 기본 구조와 특성은 무엇인가? • 시장 매력도 분석 • 주요 경쟁자·잠재적 진입자·대체품은 무엇인가?
	시장수요 예측	• 단기 및 중장기 수요 예측
	가치사슬 특성	• 원료·부품·완제품·유통·최종 소비자 사이의 가치사슬 구조
고객 분석	고객별 특성	• 고객별 특성과 당사와의 관계(가격, 기술 및 서비스 수준 등)
	고객 세분화	• 고객세분화를 한다면 어떻게 할 수 있으며 시장별 특성은?
	고객의 구매과정과 구매 센터	• 고객의 구매 과정과 구매 의사결정 구조의 특성 • 고객의 구매 센터 분석
	최종 소비자 분석	• 소비자들은 어떤 기준으로 상품을 구매하며 어디에서 정보를 얻고 어떤 채널을 선호하는가? • 당사의 제품은 소비자의 어떤 필요와 욕구를 충족시키는가?
자사 및 경쟁사 분석	SWOT 분석	• 당사 및 경쟁사의 내부적 역량·조직·기술에서 강점과 약점은 무엇인가?
	자사 및 경쟁사 마케팅 전략	• 당사와 경쟁사의 상품 라인업 및 마케팅 믹스 전략은 어떠하며 향후의 변화 방향은?
	자사 및 경쟁사 전략적 포지셔닝	• 당사와 경쟁사는 시장에서 어떻게 포지셔닝 되어 있으며 고객들의 평가는 어떠한가? • 향후 변화 방향과 리포지셔닝(Repositioning)의 필요성

3C(4C)분석은 최종적으로 SWOT 분석기법을 활용하여 전략적 방향과 전략과제를 도출하게 되는데 강약점과 시장 기회·위협에 따라, 성장

전략(SO), 경쟁우위전략(ST), 개선·혁신방향(WO), 생존혁신방향(WT)으로 선별적으로 설정한다.

☞ SWOT: Strong, Weak, Opportunity, Threat

다시 한 번 정리하면, 전략수립에는 마켓 센싱이 매우 중요하다. 마켓 센싱은 시장과 고객의 변화를 빠르게 감지하여 그 속에서 비즈니스 기회, 새로운 시장창출의 기회로 활용 성공의 기회를 잡아내는 고도의 감각을 말한다. 지금 시장과 고객에게 무슨 일이 일어나고 있는가? 아니다, 무엇이 일어나고 있는가를 지금 파악한다면 이미 늦은 것이다. 앞으로 어떤 일이 일어나는가를 미리 알아야만 애자일하게 대처할 수 있다.

잭 웰치는 전략수립의 5단계에서 전략을 수립하려면 우선 시장을 알아야 하고 그 다음에는 고객 그리고 경쟁사 동태를 알고 나서 자사의 강약점을 분석해야 한다고 강조하고 있다. 사실 전략수립에 이것들을 파악 정리하는 과정에서 "아하~ 우리의 현안은 무엇이고 이렇게 대응해야겠구나."라고 생각하게 될 것이다.

☞ 참조: 5장 4. 전략수립 방법

5. 브랜딩

브랜딩은 Brand에 ~ing를 접목해 진행형의 형태를 갖고 있다. 브랜딩이란 소비자로 하여금 그 브랜드의 가치를 인지하게 해 브랜드의 충성도와 신뢰를 지속해서 제고·유지하는 일련의 과정을 뜻한다. 브랜딩은 기업들이 자사 브랜드를 소비자에게 친밀해지는 것을 목표로 높은 인지도를 얻게 되고 그렇게 얻은 인지도를 바탕으로 소비자가 제품을 사용해 보고 싶게 만드는 일이다. 진정한 브랜딩이란 순수한 경험을 창조하고 소비자와의 진실한 관계를 발전시켜 나가는 과정과 관계의 구축을 통해 형성된다고 할 수 있다. 결국 브랜딩은 한마디로 소비자와의 관계형성에서 시작해 브랜드와 소비자가 가치를 공유하는 과정이라고 할 수 있다.

브랜드는 상품의 소비자와 브랜드의 관계 속에서 만들어진다. 즉 소비자가 제품의 이름, 포장, 가격, 서비스 등으로 경험을 통해 느끼는 감성에 힘입어 그 브랜드의 개성이 형성되는 것이다. 고객이 브랜드 이미지+브랜드 정체성+브랜드 인지도와 하나됨을 느꼈다면 그 기업은 브랜드 충성도를 가졌다고 할 수 있다. 브랜드 충성도 제고는 마케팅 비용 절감과 거래상의 레버리지 효과 창출 등 새로운 고객확보의 기회를 제공해 줄 뿐 아니라 경쟁위협에 대처할 시간적 여유를 확보할 수 있게 해준다.

필립 코틀러는 『마켓 3.0』에서 진정한 인간적인 공감대를 형성하기 위하여 브랜드는 자기만의 차별화된 정체성, 즉 정수(精髓)를 개발하여야 한다고 강조했다. 브랜드 전략을 효과적으로 구축하기 위해서는 기업의 비전 및 미션과 일치하도록 브랜드의 미션, 개성, 브랜드가치를 정의하고 도출해야 하며 모든 브랜드 구축활동은 장기적인 관점을 필요로 한다.

6. 통합 마케팅 커뮤니케이션(IMC)

IMC는 브랜드 자산 향상을 위해 마케팅 커뮤니케이션 예산 내에서 광고, DM, SP, PR등 다양한 커뮤니케이션 요인들을 믹스시키고, 조화롭게 최적화하여 명확하고 일관성 있게 커뮤니케이션 효과를 극대화하는 일이다. IMC 전략을 단순히 프로모션에 국한시키는 것이 아니라 기업의 모든 마케팅활동이 고객들과 어떻게 커뮤니케이션하는지와 아울러 기업의 이념, 역사, 조직 문화, 기업가 정신 등이 고객들에게 일관된 이미지를 전달하기 위해서 포괄적으로 통합되어야 한다.

IMC는 단순한 메시지나 이미지의 통합이 아니라 데이터베이스를 통해 구매자에 대한 포괄적인 정보를 수집하고, 수집된 데이터를 이용하여 광고, 프로모션, DM 같은 마케팅 전략을 통해 세분화된 특정 구매자를 타깃으로 그들의 욕구를 충족시키는 전략이라고 정의한다. 아울러 이러한 실행방안은 일회성이 아니라 전략수행 후 평가하고 소비자의 반응에 대한 데이터를 다시 구축하는 단계를 완료함으로써 다음 전략의 성공을 준비하는 PDCA 시스템에 기초해야 한다. 특히 강조 할 사항은 아래와 같다.

- 채널, 커뮤니케이션과 비용, 특히 ROI(Return of Investment)분석을 한다-반드시 성과 효율을 측정한다.
- 프로모션 성과를 데이터화해서 효율이 좋고 효과적인 것은 더욱 발전시키고 효율(투입 대비 기대성과)이 떨어지는 것은 개선하든지 아니면 퇴출 시켜야 한다.

IMC는 타깃고객에게 메시지를 전달할 시기, 장소, 방법에 입각한 콘택트 매니지먼트로 커뮤니케이션의 목표와 전략을 세우고 마케팅 믹스의 툴을 검토한다. 나는 마케팅믹스를 비용의 최적화라고 강조한다. 리소스는 유한하기 때문에 최소의 예산으로 최대의 효율을 올릴 수 있게 마케팅 6P 믹스할 것을 실무자에게 요구한다.

☞ 6P mix: Product, Price, Place, Promotion, Publicity, People

7. B2B2C

종전에는 거래선의 형태에 따라 B2B 마케팅과 B2C 마케팅으로 구분했는데 이제는 이 둘을 같이 고려하여 마케팅을 해야 한다고 몇 년 전부터 강력히 주장했다. B2B 마케팅을 주로 하는 마케터들을 보면 대부분 기업 구매그룹의 요구사항에 치중하여 거기에 맞추려 급급하다. 물론 그게 중요하지 않다는 얘기는 아니지만 더 멀리 본다면 그 거래선의 고객 즉 최종고객의 니즈를 토대로 업무를 전개하여야 한다는 뜻이다. 마케팅의 출발점은 언제나 End user로서 B2B나 B2C 모두 최종소비자에 대해 지속적으로 분석하고 잘 이해해야 하는 것이 기본 중의 기본이다. 이것을 잘해야 비로소 우리가 진정한 프로가 될 수 있다.

마케터는 시장에 대한 감각을 항상 잊지 않고 시장변화를 따라가며 향후 방향을 예측해 시장을 이끌어 나가는 마켓 센싱이 필수적이다. 몇 가지 예를 들어보자. 제철 공장에서 칼라 강판을 거래선에 납품하고 그 거래선은 그것을 가공하여 도어, 외장재 등을 만들어 건자재 업체에게 납품할 때, 제철공장의 중요한 핵심요소는 TQRDC(Technical, Quality, Response, Delivery, Cost) 등일 것이다. 그러나 보다 확실히 구매 거래선과의 장기고객 관계를 유지하려면 칼라 강판의 최종소비자가 현재 사용하고 있는 상품에 대한 만족도나 불만 사항, 나아가 선진업체의 제품 동향을 지속적으로 비교·파악하여 차별화된 전략제품을 거래선에 선 제안함으로써 최종소비자의 만족도를 높여야만 그 거래선을 충성고객으로 만들 수 있는 것이다.

최근 많은 기업이 이 중요성을 깨닫고 소비자 연구 Lab, 선진제품 비교 전시회, CRM 등의 커스터마이제이션(Customized) 마케팅 활동을 통해 고객을 설득하고 지속적인 관계를 유지하려고 노력하고 있다. 즉 B2B를 넘어 B2C까지 프로세스의 앞과 뒤를 눈여겨봐야 한다. 우리는 이를 B2B2C라고 일컫는다.

B2B 마케팅의 타깃은 대기업, 정부, 비영리단체, 중소기업, 스타트업 범주로 각각 다른 구매 행동특성을 보임으로 결국 B2B → P2P 마케팅이 되어야 한다.

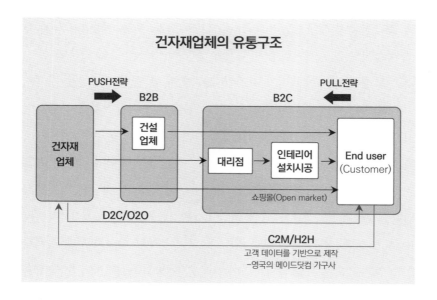

AI는 B2B 마케팅에 큰 영향을 미치고 있다. 이미 AI를 사용해서 제안요청서 RFP에 대한 응답을 수행하는 기업이 많다. AI엔진이 RFP(Request for Proposal)를 살펴보고 질문내용을 이해한 후에 회사가 과거에 어떻게 대응했는지를 포함해 내부 데이터베이스를 조사한다. 그리고 그 조사를 바탕으로 많은 사람들이 달라붙어 내놓은 응답만큼 혹은 그보다 더 설득력 있는 대응책을 내놓는다. 그것도 짧은 시간에, 더 정확하게, 최신정보를 활용해 작업을 수행한다.

8. 특수영업 프로세스 혁신

특수영업은 과거에는 특판 영업사원의 개인능력에 의존하는 경향이 컸으나 최근에는 데이터베이스를 바탕으로 한 고객 공략 및 유지 관리가 핫이슈로 떠오르고 있다. 특수영업 프로세스 혁신에 관해 논해보기로 한다.

- 데이터 수집

그동안(3년 전~현재)의 특판 실적을 분석하여 인사이트를 도출한다. 데이터는 '구매자성명×성별×생년월일×주소×구매상품/구매일 ×가격×구매목적×구매경로×이메일 주소×반복구매 횟수×멤버 십×클레임 사항 및 조치내역+프로모션에 대한 고객반응 및 성과 까지의 데이터'를 분석한다.

- 빅데이터 분석

주로 소셜 데이터 분석으로 트렌드 분석, 탐색적 데이터 분석, 연관 분석, 군집 분석을 통해 인사이트를 도출하고 이를 시각화 한다.

- 세분화 및 타깃팅

고객행동 분석을 통한 마이크로 고객세분화(Micro Segmentation)와 군집분석을 통해 타깃고객을 선정한다.

맞춤형 콘텐츠 개발 및 적용 타깃고객의 니즈·원츠에 맞는 콘텐츠 개발 및 적용, 랜딩 페이지, 워크플로우 설계 적용

- 고객군별 행동분석 및 리타깃팅

'제품×경로×프로모션'의 궁합 교차점을 찾아 최적화의 효율 제고로 지속적인 매출 신장을 한다.

9. 신제품 기획

기업의 경쟁력이 무엇이냐고 묻는다면 필자는 '상품력×유통력×판촉력'의 합이라고 말할 수 있다. 여기서 제일 중요한 것이 상품력이라 할 수 있으며 전략이다. 이에 반해 유통력이나 판촉력은 전술로 얘기할 수 있으며 전술은 전략을 대체 할 수 없다. 어느 기업이나 상품력이 없으면 어느 정도까지는 판촉력, 유통력으로 버틸 수 있지만 곧 그 실체가 나타나게 됨을 우리는 익히 알고 있다.

마케팅의 정의는 "누구한테 무엇을 어떻게 팔 것인가."라고 여러 번 강조했다. 여기서 바로 누구(Who)를 알기 위해서는 자사의 제품군이 속한 마켓 센싱을 하는 것부터 출발해야 한다. '지피지기 백전불태'라는 고사성어가 있듯이 시장, 고객, 경쟁사 및 자사를 둘러싸고 있는 사업 환경을 잘 알아야 한다.

상품기획 프로세스는 여러 개가 있지만 그 중에서도 IBM의 NPD(New Product Deployment) 프로세스가 비교적 간단명료하게 정리되어 있다.

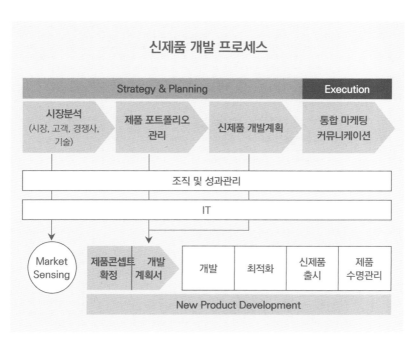

〈출처: IBM〉

- 마케팅 전략

  사업전략 → 마켓 센싱 → 시장분석 → 제품 포트폴리오 관리 → 신제품 개발계획 → IMC(통합 커뮤니케이션)

- 인프라(조직 및 성과관리)

  조직(기구조직과 적재적소 인력), IT와 성과관리 경영이 갖춰져야 한다.

- 신제품 기획

  제품 콘셉트 작성 → 개발계획서 → 개발 → 최적화 →신제품 런칭 →제품수명관리(PLC: Product Life Cycle)

산업별 선진 신제품 개발 프로세스의 벤치마킹을 통해 자사 특성에 맞는 프로세스를 조기 구축하여 개발 관련조직(제품기획, 영업, 판매생산계획팀, 생산 등)과 공유하여 협업으로 개발성과를 극대화 할 수 있다.

밸류 중심의 신상품개발

신제품기획 콘셉트의 대대적인 전환

고객의 가치를 기반으로 한 마케팅 프로세스로 혁신

☞ C, C, D, V, T, P(Create, Communicate and Deliver a Value to a Target for a Profit / 필립 코틀러)

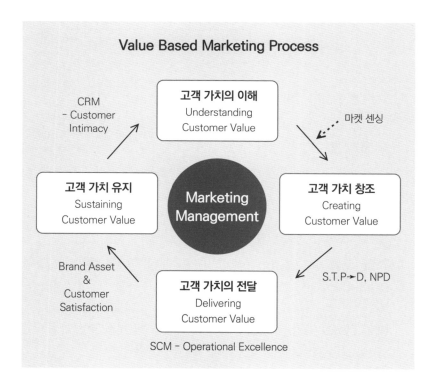

Value Based Marketing Process

10. 디자인 씽킹

필자가 1993년도 삼성전자 최초의 디자인 총괄 겸 상품기획센터장으로 선임되어 재임할 당시 미국 산호세에 있는 IDEO와 제휴해서 미국 디자인센터를 산호세에 세우고 해외 유학 중인 전 세계의 우수 디자이너를 다수 채용했다. 또한 후쿠다를 비롯한 일본인 고문을 영입해 선진디자인을 배우게 하였고 동시에 디자인에 마케팅과 상품기획을 접목해 디자인 역량을 한층 강화해 iF 월드 디자인상을 휩쓸었다. 그야말로 삼성전자 디자인 성장의 발판과 기틀을 만들었다는 자부심을 갖고 있다.

당시 디자이너에게 앞으로는 컨슈머 프로덕트의 경우는 기능과 성능은 평준화가 되기 때문에 차별화 경쟁요소는 디자인과 브랜딩이 될 것이라고 누누이 강조하였다. 지금도 디자인 관련 서적을 탐구하고 있으며 존경하는 디자이너로는 애플 디자인(맥, 아이패드, 아이폰)의 새로운 트렌드를 만든 조너선 아이브(Jonathan Ive)와 현재 기아현대차 수석 디자이너인 피터 슈라이어(Peter Schreyer)가 있다. 디자인 전시회와 패션, 인테리어 등에도 많은 관심을 갖고 탐구생활을 계속 하고 있다.

디자인 씽킹은 디자인 사고를 통해 아이디어를 도출하고 해결책을 모색한다. 디자인 사고를 통해 서로 협업하고 반복적으로 프로토 타입을 만든다. IDEO 수석 디자이너가 당시 필자에게 설명한 것이 지금 보면 디자인 씽킹이라고 여겨진다. 디자인 작업은 7~8명의 다양한 인재가 모여 수시로 토의(Thinkng)하고 아이디어 콘셉트를 프로토 타입으로 만들어 현장에 설치, 직접 고객의 반응을 살펴보고 문제점이 있으면 즉시 해결해 나가는 일련의 과정이다. 마치 아마존의 제프 베조스가 강조한 것처럼 70%만 되면 일단 해본다. 그러고 나서 문제점이 있으면 고쳐 나간다.

디자인 씽킹의 정의-IDEO의 창업자 팀 브라운(Tim Brown)

고객의 요구와 기술의 가능성 그리고 비즈니스 성공요인을 종합한 디자이너 툴킷이며 인간 중심의 혁신적 접근방식을 의미한다. 미래에 달성해야 할 목표 즉 비전에서 시작해 현재와 미래의 조건을 반복적으로 탐색하고 여러 가지 아이디어를 창출하여 목표 달성의 대안을 탐색한다.

IDEO의 창조 프로세스

IDEO는 HP, AT&T, 네슬레, 삼성, NASA 등과 같은 글로벌 기업들로부터 최고의 전략적 파트너로 인정받으면서 많은 혁신적인 제품들을 디자인했다. 내가 1993년도에 방문 했을 때 IDEO가 만든 죠스(스티븐 스필버그 감독이 연출)를 보여주며 디자인 프로세스를 자랑스럽게 설명했다. IDEO의 창조 프로세스는 지식융합, 소통 프로세스로 지식 중심 경영, 사람 중심 경영이다. 프로세스는 '팀 구성-관찰-토론, 질문-실험(Proto type)-창조'로 지금의 디자인 씽킹과 동일하다.

IDEO의 Design-based strategy를 설명하면 다음과 같다.

- 디자인 경영전략의 핵심은 통합적 사고로서 통합적 사고를 키우려면 마케팅, 회계, 전략의 경계를 느슨하게 하고 디자인, 엔지니어링, SCM, 마케팅, 인사가 유기적으로 연결되어야 한다. - '통합과 융합의 패러다임'
- 상자를 정의한 후 그 밖으로 나갈 수 있는 동기와 기회, 자세와 능력의 양성이 필요하다.
- 글로벌 리더십을 쟁취할 만한 급진적 의미의 혁신을 가진 상품에서 마켓에 제시하는 의미의 혁신을 통한 브랜딩 전략이 없으면 밀린다.

디자인 전략에 적합한 매니저는 기술자보다는 휴먼형 인재로 경험의 다양성, 전문성의 깊이, 공감 역량이 있어야 한다.

- Good Designer란 기존의 관념과 통념에서 자유로워야 하고 불확실성을 두려워하지 않는 혁신적 사고를 가져야 하며 시각화가 줄 수 있는 혁신의 가능성, 친숙한 것에서 새로운 인사이트를 찾아야 한다. cf: 애플의 Think different처럼 총체적 고찰과 반복

  ☞ 인사이트란 사물을 꿰뚫어보는 통찰력으로 주위의 상황을 새로운 관점에서 종합적으로 고쳐보는 능력이다. 통찰력이 높아지면 상황변화에 대한 대응능력이 높아지고, 상황을 활용하는 능력이 높아진다.

11. MD의 역할과 책임

MD는 머천다이징의 꽃이라 할 수 있다. MD는 가장 적합한 상품을 적정한 가격, 정확한 타이밍에 구매하여 판매를 확대할 수 있는 전략을 짠다. 이는 마케팅을 바탕으로 영업사원과 혼연일체가 되어 최적의 판가를 통해 회사에 최대의 이익을 끌어낼 수 있는 능력과 책임감을 가져야하는 직무이다. MD는 목표 달성을 위해 맡고 있는 상품의 하나부터 열까지 파악하고 있는 최고의 전문가다. 월별, 계절별, 연 단위의 시장 변화, 가격 변화, 경쟁사와의 관계, 공급업체들의 상황 등 모든 것을 꿰뚫고 있어야 하며 상황에 맞는 완벽한 대응을 위한 적시성을 강화하는데 힘을 쏟을 수 있어야 한다.

궁극적으로 MD는 CM(Category Manager)으로 업무 영역을 넓히고 있다. CM은 유통과 제조가 협력하여 상품별 카테고리를 관리하는 기법

으로 전체 효율을 올리기 위한 모든 마케팅 활동 및 세일즈를 포함하는 개념이다. CM은 개개의 상품을 관리하는 것이 아니라 카테고리 수준에서 상품을 관리하는 기법으로, CM에서 말하고 있는 카테고리는 소비자의 구매인식의 단위를 말한다(냉장고, 안마의자, 커피, 라면 등).

MD 업무는 마케팅 프로세스 상에서 한가운데 놓여있기 때문에 전후방 업무와의 컬래버레이션이 절대적으로 요구된다. 시장조사와 트렌드 분석을 통해 제품을 언제, 얼마나, 어떻게 사입(생산)할지 결정하는 것은 모든 MD의 공통 업무다. 여기에 어떻게 판매할지 결정부터 판매 후 소비자들의 반응을 살펴보기까지 업무 영역이 넓어지며, 나아가 매장 매출의 최적화를 위해 상품들이 적절한 위치에 잘 배치되어 놓이도록 시즌별, 월별, 주별로 디스플레이 계획을 짜고 거기에 맞게끔 운영될 수 있도록 관리하는 비쥬얼 머천다이저(VMD)로까지 그 역할이 점점 더 확대되고 있다.

한마디로 말하면 MD경쟁력은 상품기획력이 좌우한다고 할 수 있다 매출을 위해 가장 좋은 상품을 국내외 소싱하는 것이 MD의 존재 이유다. 매출상태를 보고 매출실적이 부족한 곳이 어딘지 그 이유는 무엇인지 등을 확인한 후에 스스로 그에 맞는 전략을 세우고 실행한다. 어떻게 검색과 후기 데이터를 상품 전략에 활용할 것인가? 고객들이 어떤 상품들을 검색하는지 확인하는 일은 특히 상품과 마케팅 담당자들에게는 매우 중요한 일이다. 무엇보다 고객이 찾는 상품 중 우리가 취급하지 않은 상품에 대해서는 상품과 브랜드의 구색 확대 문제인지, 아니면 카테고리에 문제인지 파악해서 제대로 된 상품 전략을 수립하고 시행해야 한다. 취급 상품 중 우선순위를 정하는 일과 시즌 이슈에 선제 대응하는 일도 검색어 기반으로 도움을 받을 수 있다. 조회상품의 구매 전환율은 우리 상품의 가격경쟁력이나 품질 경쟁력을 평가하는 수단이 될 수도 있다.

제품을 검색할 때 카테고리를 검색하는지 아니면 브랜드를 검색하는지도 중요한 사항이다. 브랜드를 검색하는 제품이라면 검색창 위에 있는 해당 브랜드는 반드시 구색을 갖추고 있어야 한다. 또 가격 경쟁력을 유지하기 위해 노력해야 한다. 중요하고 많은 고객이 찾는 상품일수록 고객들은 필수적으로 타 사이트와의 가격 비교를 한다. 따라서 중요한 시즌에 중요한 아이템을 경쟁사 대비 높은 가격에 판매하는 것은 단순히 경쟁 사이트에서 구매하게 만드는 판매 손실을 넘어서 쇼핑몰의 가격 이미지와 평판에 악영향을 지울 수 있음을 상기해야한다.

Market In 사고

내가 마케터에게 가장 강조하는 것 중 하나가 '마켓 인 사고'를 지니고 언제나 시장에 나가서 타 카테고리에 관심 가지라는 점이다. 카테고리 상위 업체라면 반드시 마케팅조사를 정기적으로 하여 유통업 전반에 대한 동향에 항상 관심을 기울여야 한다.

☞ 참조: 10장 4. 마켓 센싱

MD경쟁력은 상품기획력이 좌우한다

MD에 있어서 상품구색은 양날의 칼이다. 매출과 이익을 극대화하면 재고도 줄이는 반면 결품률도 감소한다. 탁월한 MD는 양과 질의 줄타기를 균형 있게 잘 한다.

카테고리 운용 전략-CM

KPI	● **CM전략**
매출, 손익, 이익률, 회전률, ROI	–2022 시장 트렌드, 고객, 경쟁사 동향 등을 분석한 인사이트 도출 –작년도 당사의 판매현황분석 –2022 품목별 판매전략 발표·공유

● **상품전략**
  –기본 Product line up(Product mix)
  –지점특성을 감안한 특화모델 선정
  –전년도 재고모델 추가
     ☞ 필요 시 재고모델 일부 회수

협업조직 구축
: 카테고리 별
MD+마케팅 커뮤니케이션
+디자인

● **진열전략**
  –진열위치, 방법–비주얼 전시(Pop물 등)

● **판매전략**
  –가격전략 –판촉전략(행사 등 마케팅과 협력)
  –지역특성에 맞는 전략수립

Work Flow
1. 판매기획–MD합의
   (우측의 판매전략)
2. MD가 지사장에게 설명
3. 지사장➔지점장 협의할당
4. 지점 실적분석/평가

개발은 신상품기획 프로세스에 따름

☞ PB– Private Brand / NB–National Brand / GS–Global Sourcing

11장
온라인 마케팅

1. 마켓 4.0

한국 온라인 쇼핑협회는 2022년 온라인 쇼핑 시장규모는 전년보다 14.5% 성장한 211조 8600억 원, 2023년에는 13.7% 성장한 241조 원에 이를 것으로 내다봤다. 한국은 온라인 침투율이 중국에 이어 세계 2위 규모로 이커머스 산업 내 경쟁 강도가 더 높아질 것으로 예상된다.

이른바 핑거프린스·핑거프린세스 세대는 상품 구매 시 자세한 정보를 꼼꼼히 찾기 보다는 누군가 달아주는 정보를 철석같이 믿는다. 5명 중 4명의 소비자는 특정 제품 구매 시 7개의 디지털 디바이스를 사용하며, 제품을 인지한 후 구매를 결정할 때까지 3개의 채널에서 정보 취득하고 온라인(네이버 블로그 89%)에서 해당 제품의 정보를 찾아본다. 온라인·오프라인 크로스 채널의 상호작용을 통해 인지, 고려, 구매, 옹호까지 이끌어 가는 추세다.

☞ 네이버 검색광고, 페이스북 광고, 구글 디스플레이 네트워크광고 GDN

온라인 마케팅의 최종목적은 브랜드를 제대로 홍보하고 평생고객을 만드는 것이다. 온라인 마케팅은 충분한 시간을 갖고 꾸준하게 하는 것으로 이론만으로는 안 되며 반드시 실전 경험이 필요하다. 온라인 마케팅은 '목표설정-타깃 찾기-세밀한 전략 세우기-타깃 맞춤형 광고실행-마케팅 성과분석'의 프로세스로 이루어지며 ICT(Information & Communications Technology)를 대폭 활용한다.

- AD-Tech: 디지털 채널에서 고객 개개인의 특성을 파악하여 맞춤형 광고, 정밀한 타깃팅, 효율적인 비용집행 등 성과 최적화 전략을 실행하기 위한 ICT 기술을 아울러 지칭한다.
- 오늘날의 디지털 마케팅은 인간의 어림짐작이 아닌 고객 행동 데이터 분석 결과를 토대로 의사결정이 이루어진다(Programmatic AD).

필립 코틀러는 2017년 마켓 트렌드가 '젊은이, 여성, 네티즌'이라고 했다. 이들이 열쇠를 쥐고 있으므로 전통적 마케팅에서 디지털 마케팅(On-Off 통합)으로 급속히 전환하고 있다고 선언하면서 마켓 4.0시대의 개막을 알렸다. 과거 권위와 힘은 사실상 연장자, 남성, 시티즌의 몫이었다. 하지만 시간이 지나면서 젊은이(Early adaptor, Trend setter, Game changer), 여성(정보수집가이자 총체적 쇼핑객), 네티즌(디지털 네이티브-사회적 연결자, 콘텐츠 기여자, 표현력 강한 전도사) 세 부류의 하위문화가 디지털 경제의 열쇠를 쥐고 있다. 그들을 특정 짓는 하위문화가 주류 문화에 영향을 미치기 시작했다. 그들은 커뮤니티, 친구, 가족으로 이루어진 광범위한 네트워크가 힘의 원천이다. 품질을 중시하는 이 세 고객 집단에서 나온 브랜드 옹호는 다른 고객집단에서 나온 옹호보다 훨씬 더 가치가 있다. 그들이 주류시장에 강력한 영향을 미치기 때문이다. 지금도 유행을 보면 젊은이, 여성브랜드, 네티즌들에 의해서 시장이 형성되고 여성들에 의해서 모든 것들이 이루어진다고 해도 과언이 아니다. 세상은 변하고 있다. 지금 이 시대 코로나19로 인해서 많은 변화가 일어났고 집에서 하는 소비생활이나 재택근무 등 모든 것이 온라인화 되어가는 추세이다.

디지털 시대에서의 마케터의 과제는 고객의 관심을 끄는 것인데, 이 것이 점점 어려워지고 있어 고객 커뮤니티를 통해 브랜드 관련 대화를 유도하고 충성고객으로 키워야 한다. 그러기 위해서는 강력한 차별화를 선보이고 중요한 고객구매경로 접점에서 고객과 의미 있게 연결되어야 한다. 마켓 4.0의 개념은 궁극적으로 고객을 인지에서 옹호단계로 이동 시키는 것이며 '데이터'가 핵심이다. 고객경로를 따라잡기 위해서 콘텐츠 마케팅, 옴니채널 마케팅을 통해서 궁극적으로는 충성고객을 만들어야 한다고 강조한다.

마켓 4.0에서 고객의 구매 여정 5A는 Aware-Appeal-Ask-Act-Advocate이다. 앞의 3단계(Aware-Appeal—Ask)는 구매 전 접점이며 Act는 구매단계로 구매부터 사용– 폐기처분까지의 '구매자 경험사이클'로 진입하며 이를 통해 충성고객으로 넘어가는 중요한 단계이다. 그런데 일부 기업들이 제품 판매에만 집중하고 그 이후는 "나 몰라라." 하며 새로운 고객 유치에 눈을 돌리는 경우를 많이 봐왔는데 그 결말은 보지 않아도 쉽게 짐작할 수 있다.

고객을 Aware-Appeal-Ask 3단계까지 오게 하려면 브랜드를 인간적으로 만들고자 하는 인간 중심적 마케팅에서 시작해서 고객과의 대화를 유도하는 'A 콘텐츠 마케팅'을 검색엔진 최적화(SEO)로 브랜드 상위 노출을 시도, 고객유치를 한다. 매출 증대를 위해 'B 옴니채널 마케팅'을 통해 고객에게 O2O 구매편의를 제공해주고, 최종적으로는 고객의 구매행동 데이터를 AI로 분석하여 1:1 퍼스널 마케팅으로 'C 옹호 (Advocate)고객'으로 만든다.

5A=새로운 고객경로 따라잡기(마켓 4.0)

Aware 인지	Appeal 호감	Ask 사전탐색	Action 구매	Advocate 옹호

검색엔진광고–SEO
ATL–배너광고, TV, 광고/홍보, 전단지, 점두, 프로모션 등
BTL–유튜브, 페이스북, 인스타그램, 네이버 블로그, 다음 카페 ☞ ZMOT
KPI
클릭률, 콜투액션, 전환율, 공유율, 참여율(좋아요, 리트윗), 브랜드 상기도, 페이지뷰, 이탈률, 사이트 체류시간

B 옴니채널마케팅
☞ 브랜드 몰입, NFC, RFID, 온라인/쇼루밍, 구매 전 체험, 해피콜–불만대응

KPI
PAR구매행동률, 리드고객확보율, 객단가

소셜CRM으로 해결책 제공
☞ 충성옹호자를 자원봉사자로 나이키, 트립 어드바이저

KPI
BAR 브랜드 옹호율, 재구매율, 객단가, 만족도, Lifetime value

A 콘텐츠 마케팅 ☞ 고품질, 독창적, 풍부해야 함
1. 목표설정(판매액 등) 2. 고객지도작성 3. 콘텐츠 구상/형식과 계획수립 4. 콘텐츠 창조 5. 콘텐츠 배포 6. 콘텐츠 증복/바이럴 7. 콘텐츠 평가 8. 개선

C 충성고객 만드는 방법
1. 매력도/인간중심 브랜드 2. 호기심/콘텐츠, native 3. 헌신도 제고/옴니채널(UX) 4. 친밀도제고, SNS로 고객참여

온라인에서 고객들을 가장 불안하게 만드는 포인트는 눈으로 확인하지 않고 구매한다는 '믿을 수 없음'이다. 그래서 아마존은 이 문제를 상세

설명과 고객들이 남긴 리뷰로 해소한다. 고객의 후기는 상품 전략에 필수라고 판단한 전략이 맞아떨어진 것이다.

온라인 검색에서 어떤 브랜드를 보여줄지, 브랜드를 몇 순위로 매길지 결정한다면 중요한 건 기계에 먼저 마케팅을 해야 한다는 사실이다. 해당 알고리즘의 눈(논리)에 가장 잘 띄는 곳에 브랜드를 포지션하는 법을 배워야 한다. 예를 들면 소비자가 알렉사에게 제품을 요청하면 알렉사는 누군가가 프로그래밍한 로직을 기반으로 브랜드를 소개한다. 알렉사에게 "맵지 않은 라면을 소개해줘."라고 물었을 때 알렉스가 ○○라면, ××라면이라고 답변한다고 치자. 그럼 소비자는 맨 앞에 나타난 제품을 선택할 확률이 상대적으로 높다. 즉 소비자 문의에 대한 알렉스 답변 알고리즘을 알아내지 못하는 한 그 브랜드는 소비자의 구매 고려대상에서 제외된다는 점을 알아야 한다.

랜딩 페이지는 고객이 최초로 접하게 되는 페이지다. 랜딩페이지 구축은 방문자의 이탈을 줄이고 온라인 마케팅 성과를 높이는 하나의 도구로 이용해야 한다. 잠재고객은 당신을 기다리고 있다. 잠재고객 분석으로 타깃고객을 선정한 후 메인 타깃 이외에 누구에게 더 팔 것인가를 생각하고 지속적인 성장을 도모한다. 잠재고객을 구매고객으로 전환하기 위해서는 먼저 그들의 고민을 잘 알아야 하며 그들이 어떤 경로를 통해 어떤 키워드로 검색하는지도 알아야 한다. 또 그들이 활동하는 커뮤니티를 찾아라. 키포인트는 그들에게 감정이입을 잘하는 자가 결국 승리한다는 사실이다.

그 다음은 마케팅 자동화(MA-Marketing Automation)로 1:1 퍼스널 마케팅을 하여 고객만족을 통해 매출을 증대시킨다. MA 프로세스는 캠페인 생성(마케팅계획 수립)을 통해 리드 생성(접촉 가능한 고객리스트 확보)하고 리드 고객에게 판매한다. 쿠팡은 고객이 관심을 갖고 있는 물품을 고객이 인터넷을 사용할 때마다 자주 보여줘 구매할 것을 은근히 종용한다. 아마존은 0.1 Segmentation이라는 새로운 정책을 선보였다. 1:1로는 부족하다는 얘기다. 고객이 때와 장소에 따라 생활환경이 바뀌고 니즈도 바뀌기 때문에 이에 대응해야 한다는 논리다.

☞ 참조: 11장 6. 차별화 된 큐레이션 서비스

가장 중요한 고객접점과 채널은 무엇인가?

• 모바일 앱을 통해 디지털 경험 강화하기
  구매 전 제품과 서비스를 결정 전(ZMOT-Zero Moment of Truth)경험하게 한다.
  -오프라인 채널에서 웹루밍을 가능케하고 온라인 채널에서 '쇼루밍' 활용하기

• 소셜 CRM으로 해결책 제공하기
  영국 구매고객의 90%는 소셜 미디어에서 브랜드를 접해본 후 그것을 다른 사람에 게 추천한다-소셜 CRM은 고객이 겪는 문제점을 해결해준다.
  cf. CISCO-기업이 직접 참여하기보다는 다수:다수 소셜 CRM으로 충성 옹호자를 자원 봉사사로 만들어 커뮤니티 한다. 평판점수와 배지로 보상받는다.

• 게임화로 바람직한 행동 장려하기
  트립어드바이저-게임화를 통해 고객의 참여도를 높인다(전문가가

여행 후기를 1~6최고 등급으로 평가하고 보상을 한다).

충성고객 만드는 방법

• 매력도를 높여라

인간중심의 브랜드로 만들어라(환경보호 등).

• 호기심 최대한 자극하라

콘텐츠 마케팅전략이 필요하다. 뛰어난 콘텐츠는 고객이 언제나 쉽
게 접할 수 있도록 하고 검색과 공유가 가능해야 한다.

• 헌신도를 높여라

옴니 채널 마케팅이 필요하다-고객이 한 채널에서 다른 채널로 넘
어갈 때 매끄러운 경험을 할 수 있게 도와준다.

☞ cf. 교보문고의 바로드림, 영풍문고의 나우드림

• 친밀도를 높여라

관계의 시작으로 여긴다(마이 전자랜드 리워드 프로그램 운영·게임화).

• 랜딩 페이지 이용

랜딩 페이지는 고객이 최초로 접하게 되는 페이지다. 랜딩 페이지구
축은 방문자의 이탈을 줄이고 온라인 마케팅 성과를 높이는 하나의
도구로 이용해야 한다.

• 마케팅 자동화(MA-Marketing Automation)

캠페인 생성(마케팅기획수립)-리드생성(접촉 가능한 고객리스트확보)-리
드관리(고객을 평가 리드에게 판매)

구매경로별 5A 따라잡기

	Aware-Appeal-Ask	Act	Advocate
구매전	**집객-회원가입-리드 고객** SEO(소셜 플랫폼 최적화), ATL/BTL 유입경로분석-트래픽- PV(페이지뷰)- Click(좋아요)- 사이트 체류시간/ROI		
구매		**구매전환율-구매** 전환율, 공유율, 참여율 객단가, 액티브 유저비율, ROAS √구매내역→데이터화 랜딩페이지/콘텐츠 마케팅	
구매후			**충성고객** 만족도, 브랜드 옹호율, 바이럴 이탈율, vip 전환율, 반복구매유도/빈도/재구 매율, 리타깃팅, CLV관리, 경험증대 √ CRM, Dynamic pricing

구매자 경험사이클

'구매경험 접점관리'와 더불어 '구매자 경험사이클 6단계'를 통해 자사의 영업관리 프로세스를 전반적으로 점검하고 부족한 부분은 조속한 개선을 통해 고객을 감동시켜 평생 고객으로 남게 한다. 특히 신제품 기획 시에도 이를 체크리스트로 만들어서 설계하고 시장에 출시한다면 적어도 고객을 잃는 일은 없을 것이다.

어떻게 온라인과 오프라인 경험을 연결할 것인가? 옴니 채널을 가능하게 하는 핵심 기술이 바로 플랫폼과 데이터다. 세포라(Sephora)는 상품정보·후기검색 디지털 혁신을 통한 '세포라투고(Sephora-to-go)'를 통해 온라인과 오프라인의 연결에 가장 앞장서는 세계적인 화장품 전문 유통업체다. 세포라는 고객들의 화장품 구매 여정이 온라인 정보를 확인한 후 오프라인 방문으로 체험하고, 다시 온라인 구매로 이어진다는 점을 착안해 온라인과 오프라인의 고객 방문과 경험을 끊임없이 연결하는 데 집중했다. 또한 모바일 앱에 방문한 고객은 본인의 피부 타입과 뷰티 취향에 대한 상담을 통해 개인의 취향 정보를 제공하고 상품을 추천 받는다. 가상 아티스트 앱은 얼굴을 트레킹하고 증강현실로 이미지를 시각화하여 고객들의 얼굴이 예뻐 보이게 만들어준다.

☞ 고객가치 평가 7단계: 탁월–매우 우수–우수–보통–미달–최저–범죄

『초연결시대 혁신적 고객경험설계』의 저자 니콜라스 웹(Nicholas J. Webb)은 60~70%의 기업이 미달 수준 이하의 평가를 받는 위험 단계라고 했다. 여기에 속하더라도 돈을 벌 수 있고 심지어 성장하는 기업도 있지만 문제는 그들이 치명적인 문제를 가지고 있음에도 그것을 모른다는 사실이라고 말했다. 보통 불만족 고객의 4% 정도만 이런저런 불만을 표출하고 96%의 불만족 고객은 입을 다물고 있다는 것을 의미하고, 이에 더해 불만족고객의 91%는 다시 돌아오지 않는다는 것이다.

☞ 구매자 경험 사이클 6단계: 구매–배달–사용–보완성–유지보수–폐기처분

구매자 경험 사이클 6단계

| 구매 | 배달 | 사용 | 보완성 | 유지보수 | 폐기처분 |

- 원하는 제품을 찾는데 필요 시간은 얼마나 걸리는가?
- 구매 장소는 매력적이며 접근하기 쉬운가?
- 거래환경은 안전한가?
- 얼마나 빨리 구매할 수 있는가?

- 제품을 사용하기 위하여 다른 제품이나 서비스가 필요한가?
- 그렇다면 어느 정도의 시간과 비용이 발생하며, 얼마나 구입하기 어렵고 난이도는 어느 정도인가?

- 배달시간은 얼마나 걸리는가?
- 포장을 풀고 제품을 설치하는 과정이 얼마나 어려운가?
- 구매자가 직접 배달을 해결해야 하는가→비용과 난이도는 어느 정도인가?

- 외부의 유지보수가 필요한가?
- 제품의 유지보수와 업그레이드는 얼마나 쉬운가?
- 유지보수에는 얼마의 비용이 드는가?

- 제품 사용 시 별도의 교육이나 전문가의 도움이 필요한가?
- 사용하지 않을 때 보관하기 쉬운가?
- 제품의 특성과 기능은 얼마나 효과적인가?
- 제품이나 서비스가 일반 사용자들의 요구보다 훨씬 더 많은 효용과 옵션을 제공하는가?
- 꼭 필요하지 않은 기능이나 부품이 과하게 설계되어 있지 않은가?

- 제품 사용으로 쓰레기가 발생하는가?
- 제품의 폐기가 얼마나 용이한가?
- 안전하게 폐기 처분하는 것과 관련된 법적 환경적 이슈들이 있는가?
- 폐기처분에 얼마나 많은 비용이 발생하는가?

2. 마켓 5.0

필립 코틀러는 시장의 급변으로 2021년도에 다시 마켓 5.0을 선언하였다. 마켓 5.0시대에는 마케터가 직면한 세 가지 도전 과제인 세대 격차, 소득 격차, 디지털 활용 격차를 아우르는 마케팅 전략을 구사한 기업만이 살아남을 수 있다. 마켓 4.0(2016)이 전통적 마케팅에서 디지털 마케팅(On-off 통합)으로의 전환이며, 마켓 5.0은 휴머니티를 지향한 기술 활용시대로 이제 디지털 기술은 단순히 기업의 경쟁력을 키우기 위한 도구가 아니라 생존을 위한 필수요소로 자리잡았다. AI와 기술의 발달 그리고 이를 활용할 줄 아는 마케터는 자신의 역량적 입지와 업무의 효율성을 높일 수 있다고 강조했다. 마켓 5.0을 한 마디로 요약하면 Data driven agile marketing이라 할 수 있다. 고객 프로파일링을 통해 소비자의 행동패턴을 분석함으로써 1:1마케팅을 할 수 있다.

마케팅을 위한 고객 프로파일링(데이터를 AI가 분석하여 개별고객의 페르소나 파악)

- 행동적-구매경로, 이용하는 미디어, 제품과 서비스의 용도
- 심리적-관심과 열정, 동기와 인생 목표, 행동을 유발하는 가치와 태도
- 인구통계학적-연령과 성별, 직업과 소득, 결혼 여부와 가족규모
- 지리적-거주지, 관심 영역, 현재 위치

마켓 5.0은 고객 여정 내내 가치를 창출, 전달, 제공, 강화하기 위해 마케터가 인간을 모방한 기술을 적용하는 차세대 기술(AI, NLP, 센서, 로봇, AR, VR, MR, IoT, 블록체인 등)이다. 이는 고객에게 원활하고 새로운 고

객경험을 창조하는 것으로 그 어느 때보다도 마케터와 기술자들과의 협업이 절대적이다.

마켓 5.0의 핵심요소는 예측마케팅, 맥락마케팅, 증강마케팅이라는 세 가지 기법의 적용을 중심으로 하며, 이런 적용은 데이터 중심 마케팅과 애자일 마케팅이라는 두 가지 조직적 원칙을 기반으로 이루어진다.

원칙 1. 데이터 중심의 마케팅
어떤 결정이든 충분한 데이터를 가지고 해야 한다.

원칙 2. 애자일 마케팅
끊임없이 변화하는 시장에 대처할 수 있는 조직적 민첩성은 기업의 성공적인 구현을 위해 숙지해야 하는 원칙이다.

기법 1. 예측마케팅
고객이 가져올 미래 수익을 모른 채 타깃고객을 정해서 공략했다가는 마케팅 투자가 악몽으로 끝날 것이다. 마케터는 고객을 유지하고 육성하며 관리하기 위해 광고, 다이렉트 마케팅, 고객 지원에 얼마를 쓸지 결정해야 한다. AI 기반 분석을 통해 신제품 출시, 캠페인 전 결과를 예측하여 마케팅 리소스를 효율적으로 집행하게 해주며, 최적화된 효과적인 마케팅 전개하여 퍼스널 1:1 마케팅전략과 전술의 결과를 예측한다. AI는 더 많은 정보를 가지고 의사결정을 하게 해준다.

기법 2. 맥락마케팅
맥락마케팅은 실제 공간에서 센서와 디지털 인터페이스를 활용하여 고객과 맞춤형 상호 작용을 하는 활동이다. 디지털 환경뿐 아니라 물리적 공간에서도 더 개인화된 고객경험을 제공한다. 고객의 흥미를 끌 효과적인 콘텐츠를 AI가 분석하고 타깃고객, 프로필을 대상으로 미디어, 판촉활동, 제품, 메시지를 제시한다. 디지털 마케터는 인터넷 사용자를 추적하면서 개인화된 랜딩페이지, 적절한 광고와 맞춤형 콘텐츠처럼 맥락에 따라 적절한 경험을 해줄 수 있다.

기법 3. 증강마케팅

챗봇이나 메타버스 등을 활용하여 스마트한 고객경험을 만든다. 가상 비서처럼 인간을 모방한 디지털 기술을 통해 고객과 대면하는 마케터의 생산성을 높이는 활동이다.

3. 마켓 5.0에 있어서 마케터의 역할

마켓 5.0에서는 마케터의 완전히 다른 역할을 요구하고 있다. 마케터는 기술에 대해 해박한 지식을 가져야한다. 데이터, 디지털 기술, 커뮤니케이션 및 홍보, 영업, 비즈니스 역학 관계, 회사 재무, 성장 동인 등을 제대로 이해하여야만 한다. 시대에 뒤떨어진 한물 간 마케터로 전락하고 싶지 않다면 AI를 배워야한다. 아마존이나 구글 같은 대기업에서 내놓은 솔루션들을 활용하면 된다. 마케터 스스로 AI 전문가가 될 필요는 없지만 AI를 활용하는 방법은 알아야 한다. 사업에서 성공하려면 마케터와 IT 담당자의 협력이 절대적이며 훨씬 더 데이터 중심적이며 다양한 직무지식을 쌓아야 한다.

☞ 참조: 4장 2. 아는 것만큼 보인다

다음의 4가지 임무수행에 우선순위를 두고 책임과 집중을 다해야 한다.

- 강력한 브랜드를 구축해야 한다.

  퍼포먼스 마케터는 브랜드 이미지를 리드해야 하며, 주로 일상적, 주별, 월별 실적에 중점을 두고 일한다. 리드확보, 구매전환율 등에 포커스를 맞추지 않는다. 일반적으로 브랜드 구축은 중장기적 활동이기 때문에 소홀히 하는 경향이 있다.

- 평판 관리가 핵심이다.

- 마케팅이 사업성장을 주도해야 한다. 비즈니스를 촉진하라. 마케팅을 위한 마케팅이 되면 안 된다.

- 지속적 성장을 위한 플랫폼을 구축하라.

  플랫폼: IP구축, 파트너십, 지적재산권 등

4. PDCA 무한 반복 Fly wheel을 돌려라

당신이 만든 제품은 어떠한 유통경로, 판촉에 의하여 소비자의 손에 넘어갈 것이다. 만약 당신이 판매할 제품이 100개가 있고, 10개의 유통경로 중 하나를 선택해 적합한 판촉수단(100여개)을 써서 판매한다면 경우의 수는 100×10×100=100,000이 될 것이다. 영업전략은 적은 비용으로 최대의 효과를 어느 조합에서 얻을 수 있느냐이다. 즉 최대의 효과를 보는 것은 PDCA Fly wheel을 무한 반복해서 돌리는 수밖에 없는 것이다.

다음 도표에서 매출이 제일 높은 것은 페이드 채널(돈 주고 판촉 하는 것)에 가격 할인 등의 판촉을 한 것이다. 이는 2,000명의 트래픽을 발생시켰고 이중 10%인 200명이 구매전환을 했다.

반면 트래픽은 적었으나 구매전환율이 제일 높은 것은 바이럴 경로임을 알 수 있다. 소셜미디어를 이용한 오가닉 마케팅활동은 판촉비가 적게 드는 대신 구매전환율은 1%로 효율이 제일 저조해 SNS 판촉 활동이 어렵다는 사실을 알 수 있다. 따라서 기업체는 '경로×제품×판촉'을 조합하여 소비자를 상대로 한 AB테스트를 통해 최상의 결과에 전력투구해야 한다.

경로×제품×판촉 궁합 맞추기

경로×제품×판촉 궁합			구매전환율			
경로	제품	판촉	트래픽	가입	활성화	구입
VIRAL			200	100	50	30
ORGANIC			500	50	20	5
PAID CH			2000	500	300	200

최적의 경로 | MUST HAVE '핵심가치' | ROMI

궁합

Traffic → 구매전환에 Focusing

(1) 데이터 기반 의사결정 대표적인 프레임워크 AARRR분석

AARRR은 'Acqusition(고객유치)-Activation(활성화)-Retention(유지)-Refferal(소개, 위탁, 입소문 마케팅)-Revenue(매출증대)'의 약자로 데

이브 맥클루어(Dave McClure)가 개발한 분석 툴이다. 이를 이용하면 기업의 고객 DB를 확장하고 빠르게 성장시킬 수 있는 각각의 단계들을 최적화하거나 측정할 수 있다. AARRR은 많은 스타트업 기업들의 데이터를 기반으로 한 의사결정을 내리도록 도와주는 완벽한 툴이다. 피터 드러커가 말한 경영학의 명언 "기업의 목적은 고객을 만들고 유지하는 것"을 수행하는 과정이 AARRR분석이다.

AB 테스트

디지털 마케팅에서는 AB 테스트가 행해진다. AB 테스트는 어떤 것이 더 나은 결과를 도출할지 모를 때 선택 가능한 대안을 놓고 고객을 대상으로 짧은 테스트를 시행해 결과를 미리 확인하는 것이다. 고객들에게 더 좋은 반응을 얻은 대안을 선택하여 전체 고객을 상대로 오픈해 성과를 극대화한다. AB 테스트(대조집단:실험집단)는 특정고객에게 또는 특정시간에 잠깐 오픈해서 결과를 분석 후 바로 적용할 수 있다.

(2) 고도화—정교화 실행전략

고객유치 제고

고객유치는 다양한 경로를 통해 이루어지며, 경로는 '오가닉, 페이드, 채널' 세 가지로 분류한다. 고객유치 제고는 제일 먼저 호소력 짙은 메시지 만들기로 시작하며 첫 실험은 태그라인(Tag line)부터 바꾼다. 예를 들면 P&G 페브리즈는 광고에서 향기 나는 방을 보여주며 신선한 이미지를 연출하여 포지셔닝을 달리했다.

경로를 줄이는 다음 단계는 사용자의 성격과 행동을 고려하여 '경로×제품 궁합'을 맞추어 가면서 사람들을 제품으로 유인하는 잠재적 전략을 구사한다. 제품이 고객에게 Aha라는 가치전달이 되지 않으면 바이럴 루프 전략은 실패한다. 마지막으로는 네트워크의 효과적인 활용이다. 제품의 핵심가치와 동반상승 효과를 내는 유인책을 만들어라. 예를 들면 '친구에게 에어비앤비를 추천 시 당신의 친구가 당신에게 25달러 기회를 준다'는 식으로 판촉한다(KPI: 트래픽, 신규방문자 수).

☞ 참조: 5장 4. 전략수립 방법 (2) 전략실행의 5단계-잭 웰치

활성화 제고

트래픽의 98%는 활성고객으로 이어지지 않으며 가입 후 3일 이내 80%를 잃는다. 활성화율의 개선은 Aha 순간에 도달하는 신규 사용자의 비율을 높이는 일의 핵심이다. 제품을 '머스트 해브'로 만들어야 고객에게 어필할 수 있다. '경로×제품×프로모션'에 따라 다르다(KPI: 웹:사이트 트래픽, 검색조회수, CAC, CPC).

유지율 제고 → 성장의 선순환

고객유지율이 5%만 상승해도 수익이 25~95% 증가한다. 고객을 오래 유지할수록 고객 니즈와 욕구에 대해서 많은 것을 배우게 되고 서비스 판촉으로 수익극대화 할 수 있다. 높은 고객 유치비용과 낮은 유지율은 몰락을 재촉한다. 아마존 구독 프라임은 고객유지의 표본이다(2일 이내 무료배송, 동영상 서비스 등 혜택으로 체험판의 73%가 유료전환하며 첫 해에는 유료 전환된 73%의 91%가 연장, 세 번째 해에는 96%연장한다).

문제를 알아야 대책을 수립할 수 있는 것이고 다양한 아이디어를 '경로 ×제품×프로모션 궁합분석'을 통해 유지율을 높이는 게 가능할 것이다.

- 초기 유지기 → 재방문 사용하기를 권유

  전자상거래는 가입 후 90일 이내 3회 방문하지 않으면 사용중단 가능성 높다. 핀터레스트 DB분석을 통해 첫 가입 후 2주에 3회 방문하지 않으면 사용중단 가능성 높다는 것을 알았다.

- 중기 유지기 → 사용 습관화

  아마존은 프라임 고객이 무료배송으로 얼마나 절약됐는지 나타나게 한다(연간 $99이상의 혜택이 있음을 확인시켜 줌). → BEP 도달시점을 2년 예상했으나 단 3개월 만에 달성하였다.

  넷플릭스는 고객에게 시리즈 몰아보기를 제공하며, 항공사는 상품권이나 쿠폰, 할인 등의 유형(有形) 리워드와 항공사 전용 라운지 활용, 우선 체크인 탑승 등의 무형(無形) 리워드를 믹스해서 실행한다. 애플은 신제품 발표나 업데이트 행사에 초청한다.

- 장기 유지기 → 끊임없이 더 많은 가치를 제공한다.

  기존의 유지 방안을 최적화함과 동시에 장기적으로 신기능을 꾸준히 도입하며 지속적 온 보딩(On boarding) 제품을 어떻게 이용하는지를 알린다. 뿐만 아니라 이메일이나 광고를 통해 제품의 Aha순간이나 핵심가치를 상기시켜 좀비고객화하는 것을 저지시킨다.

PDCA 무한 반복은 성장의 선순환을 촉진한다

3M, 애플, 뱅크원, 캐터필러, 벤츠, 토이저러스, 볼보의 그로스 해킹

팀은 데이터를 찾아서 어디를 더 깊게 팔지를 결정하기 위해 Aha 순간에 도달하게 하는 PDCA 무한 반복을 꾸준하게 지속한다. 한편으로는 데이터 분석하는데 필요한 기술을 지니고 있는지도 의심해봐야 한다.

☞ 트립어드바이저의 검색엔진 최적화

5. 고객경험(CX)

탁월한 고객경험

고객 경험(CX: Customer Experience)은 마케팅에서부터 영업, 고객 서비스에 이르기까지 구매 여정의 모든 지점에서 기업이 고객과 소통하는 방법을 뜻한다. 고객과의 모든 접점에서 기업은 고객이 브랜드에 대해 느끼는 감정을 호전시킬 수도 있고 악화시킬 수도 있다. 각 접점에서 내려야 할 중요한 결정이 있으며, 이러한 결정은 결과적으로 비즈니스의 성공 여부에 영향을 미치기 때문에 CX는 최고의 경쟁 차별화 요소가 된다. 따라서 기업들은 CX 전략이 고객과의 모든 접점에서 개인화되고 만족스러운 상호작용을 제공할 수 있는지 확인해야한다. 가트너가 조사한 바에 따르면, 기업의 89%는 고객 경험을 새로운 경쟁의 장으로 생각하고 있다.

고객 경험 전략은 고객 접점에 관계없이 긍정적이고 가치 있으며 차별화된 고객 경험을 제공하는 데 필요한 실행 가능한 계획을 제시해야 한다. 또한 고객 경험 전략수립 시 경쟁사에 대한 통찰력, 소비자 및 시장 조사·데이터, 내부 전략 목표, 이니셔티브 및 가치 진술을 모두 고려해야 한다. 고객 경험 전략에는 전통적으로 고객 대면 부서로 간주 되는 부서뿐만 아니라 모든 부서가 포함되어야한다고 오라클은 강조하고 있다.

애플, 스타벅스, 아마존은 고객 경험(CX)을 중요시하는 대표적인 기업들로서 이들은 제품 자체로는 경쟁 기업들과의 차별화가 어렵다는 것을 깨닫고 일찌감치 고객에게 감동을 주는 경험을 제공하는 차별화 전략을 선택했다. 이들은 지금도 계속해 업계를 선도하고 있다.

☞ 참조: 1장 3. 온라인 매출방정식-(2) 아마존 변신의 비밀은 플랫폼

기존 고객을 유지하는 것보다 새로운 고객을 확보하는 데 훨씬 더 많은 비용이 들기 때문에 각 고객에게 긍정적인 경험을 제공하는 것은 비즈니스 성장에 매우 중요하다. 훌륭한 고객 경험은 교차 판매 및 상향 판매 기회를 통해 점진적인 성장으로 이어질 수 있으며, 훌륭한 고객 서비스는 고객의 충성도로 이어지고 이를 통해 추가 비용 없이도 새로운 고객을 유치할 수 있게 된다.

예전에는 VOC가 많은 문제에 대한 해답을 제공했고 고객관계관리 CRM만으로도 고객이 모든 과정에서 탁월한 경험을 하게 만들 수 있었지만, 오늘날 우리가 당면한 문제는 이런 식의 접근이 더 이상 맞지 않는다는 점이다. 요즘처럼 수많은 사람이 상호 연결되어 있고 경쟁이 매우 심한 시장 환경에서 예전의 고객서비스 모델은 더 이상 적절하지 않다. 소비자가 진정으로 좋아하고 싫어하는 것이 무엇인지 고객의 마음을 이해하는 게 아주 중요하다. 탁월한 고객경험을 설계하려면 누구보다 고객을 잘 이해해야 하고 적절한 경험을 타깃고객 집단에게 전달해야 한다. 고객 경험은 고객의 인식이 바탕이 되며, 매력적이면서도 신중한 고객

중심의 마케팅 캠페인을 통해서만 가능하다.

아마존 비즈니스 모델도 소비자들이 아마존 쇼핑몰에 들어와 다양한 상품을 싼 가격에 구매하는 고객경험(CX)을 통해 트래픽을 유발시켜 성장하는 고객중심주의로 쇼핑몰업계에서 1위를 했다. 마켓컬리도 최초 구매 시 단돈 1,000원으로 몇 만 원에 해당하는 상품을 판다. 일종의 판촉인 셈이다. 쿠팡도 로켓와우 클럽에 가입하면 무료 익일 배송으로 소비자들로부터 큰 인기를 끌었다.

일전에 집근처에 롯데몰이 신규 오픈했는데 오픈 기념행사로 롯데카드를 발급받고 롯데마트에서 한 달간 하면 쇼핑한 금액의 반을 L.POINT로 주는 행사를 해서 일거에 많은 고객을 유치해 큰 성공을 거두었다. 물론 이는 소비자들이 롯데마트에서의 구매 경험을 하게 만들어 단골고객으로 만들려는 전략이다. 롯데 렌탈은 소비재 렌탈을 시작하면서 Adobe Experience Cloud 도입을 통해 최적화된 고객경험 제공으로 시장경쟁력을 강화하고 있다. 고객의 기대를 예측하는 상품추천 등의 고도화된 개인화 서비스 제공으로 고객 편의성 제고 및 이용률 향상 등 기업성과로 이어지고 있다.

고객경험(CX) KPI
- 수익 성장, 고객 유지·고객 이탈
- 차 판매 및 상향 판매 액수, 고객 서비스 비용, NPS변화
- 방문한 페이지, 사이트에 머문 시간, 전환율

6. 차별화된 큐레이션 서비스

큐레이션 서비스란 고객의 취향을 분석하여 적절한 콘텐츠를 선별하여 보여주는 것을 말한다. 고객이 진정으로 원하는 고객 경험을 파악해서 제공하지 못하면 고객의 재방문을 유지하지 못한다. 따라서 시장 점유율보다 고객의 시간 점유율이 더욱 중요한 이유다. 고객을 이해하는 것은 어느 한 시점에 진행하는 특별한 이벤트가 아니라 계속해서 추적 관찰하는 루틴이 되어야 한다.

개인화 커뮤니케이션 핵심은 고객에게 꼭 필요한 시점에 꼭 필요한 커뮤니케이션만 진행하는 것이다. 추천 알고리즘이 잘 되어 있는 사이트는 고객이 쇼핑하는 동안 고객이 검색한 상품, 고객이 조회하고 클릭한 상품, 고객이 장바구니 담은 상품을 바탕으로 큐레이션 서비스를 제공해 관심이 있어 할 만한 상품을 계속 찾아준다. 이는 고객이 의사결정을 하는데 들어가는 시간과 비용을 줄여준다.

큐레이션 서비스는 우리 생활에 이미 깊숙이 파고 들어와 있다. 넷플릭스의 '시네 매치'는 빅데이터를 기반으로 내가 지금까지 본 영화를 분석하여 좋아할 만한 영화를 추천해주는 서비스로 고객들로부터 많은 사랑을 받는다. 유튜브도 가령 내가 여행에 관련된 동영상을 본다면 이어서 여행에 관련된 다른 동영상을 추천해 준다. 쿠팡은 장바구니에 담겨 있는 상품이나, 찜한 상품을 내가 인터넷상 어디에 있든지 간에 계속 띄워줘 구매를 환기시킨다.

어떻게 충성고객으로 만들 것인가? 고객이 원하는 것을 경험할 수 있도록 해야 한다. 그러기 위해서 가장 먼저 할 일은 고객을 제대로 이해하고 알아주는 것이다. 디지털 세상이 되면서 예전과 달리 고객들이 생각과 관심과 행동이 데이터로 남아 있다. 데이터 분석과 활용을 통해 고객도 모르는 고객의 마음을 이해할 수 있고 고객이 원하는 것을 경험하게 해 줄 수도 있다. 아마존, 넷플릭스 그리고 유튜브는 각 서비스 분야에서 가장 많은 이용자를 가진 동시에 충성도 높은 고객을 보유한 플랫폼이다. 공통 비결은 사용자별 차별화된 큐레이션 서비스로 고객의 불편 해소에 초점을 맞추고 있다는 점이다. 아마존은 고객에게 집착하라는 경영 원칙에 따라 고객의 불편 해소에 초점을 맞추고 있으며 기본적으로 고객 서비스가 필요 없게 만드는 것을 지향하고 있다. 스타벅스가 이디야보다(2021년 말 기준 3,500곳) 훨씬 적은 매장 수(2022년 1분기 기준 1,639곳)에도 불구하고 압도적인 매출을 일으키는 비결은 무엇인가? 한 명 한 명의 고객을 팬으로 만들어 지속적인 재방문과 구매를 만들어낸 것이다.

모바일 쇼핑의 72%가 가격 비교 후 구매를 결정하며 매출의 60~70%는 상위 30% 고객에서 발생된다. 시장점유율보다는 시간점유율이 중요하다. 고객들이 진정으로 원하는 고객 경험을 파악해서 제공하지 못하면 고객의 재방문을 유지하지 못한다. 이탈하는 고객의 매출을 커버하기 위해 신규고객 유치 행사에 집중한다면 그 브랜드는 결국 헛수고를 하는 것이다. 고객이 사이트에 오래도록 머물게 하려면 고객이 관심 있는 카테고리와 관련 상품들을 끊임없이 노출해야 된다. 개인화라는 말은 다른 말이 아니다. 바로 그 고객에게 가장 관련성 점수가 높은 관련 상품들을 보여주는 것, 그것이 바로 개인화의 출발이다.

7. 콘텐츠 마케팅

콘텐츠 마케팅은 블로그 게시물, 비디오, e-book, 기술 및 솔루션 요약 정보, 다양한 디지털 콘텐츠 등의 디지털 자산을 생성·배포하여 잠재고객에게 정보를 제공하는 프로세스다. 이는 성공적인 검색엔진최적화(SEO)를 위한 필수요소로서, 온라인 검색 결과에서 최상단을 차지하려면 해당 산업, 비즈니스, 메시지와 관련해 고품질의 매력적이고 깊이 있는 콘텐츠를 만들어야 한다. 콘텐트 마케팅의 목적은 리드 생성을 위한 도구이다. 콘텐츠는 Create채널에서 생성하고 고객에 의해 'Share 채널 → Push채널 → Communication채널'로 전환되며 최종적으로는 Automation채널로 확산되는 과정을 거친다. 콘텐츠 배포는 콘텐츠 특성에 맞게 Owned media, Paid media Earned Media로 매칭한다. SNS는 '저비용 고효율 마케팅'이다.

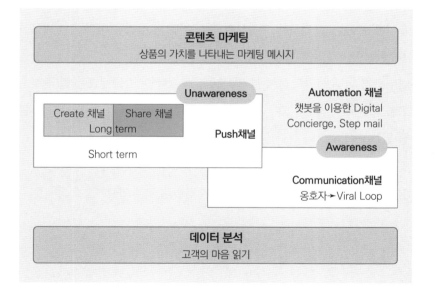

스토리텔링에서 스토리메이킹으로

소비자들을 끌어들이고 관심을 사로잡을 수 있는 가장 효과적인 방법은 '입소문 홍보'다. 서베이 결과에 따르면 74%의 사람들은 자신의 관계 안에 있는 사람들이 브랜드나 제품을 경험하고 올리는 추천에 근거해서 브랜드 선택과 선호도를 결정하는 것으로 나타났다. 브랜드 호기심 자극하기 위한 콘텐츠 마케팅은 고객에게 유용하고 가치 있는 콘텐츠를, 내 얘기가 아니라 그들이 원하는 이야기를 소비자에게 창의적으로 전달해야 한다. 콘텐츠가 고품질·독창적·풍부하지 않다면 콘텐츠 마케팅은 시간낭비뿐만 아니고 심지어 부작용을 불러일으킨다. 이른바 스토리텔링은 광고 같지 않아야 성공한다.

콘텐츠는 시각화가 가장 강력한 도구다. 중요한 것은 '이야기(Story)'이지만, 이야기와 함께 할 무언가가 필요하다. 예술, 음악, 지도, 게임 및 다양한 인터랙티브 기능들을 함께 활용한다. 최근의 마케팅 트렌드는 광고 주도적 마케팅 전략에서 체험 마케팅 전략으로, '스토리텔링'에서 '스토리메이킹'으로 전략이 바뀌고 있다.

콘텐츠 마케팅평가
- 판매목표 달성
- 마케팅 Matrix평가
  - 가시성 Matrix: 영향력, 인지도 평가-시청 횟수, 순 시청자, 브랜드 상기도
  - 얼마나 관심을 잘 끄는지를 평가: 페이지 뷰, 이탈률, 사이트 체류시간

- 검색엔진을 통해 얼마나 쉽게 찾을 수 있는지: 포지션(특정 키워드), 검색엔진의 추천
- 행동 Matrix 행동하게 이끌었는가?: 클릭률, 콜투액션(CTA) 전환율
- 공유 Matrix: 공유율, 참여율(리트윗), 좋아요 언급 등

콘텐츠 마케팅 발전 방향

콘텐츠 마케팅은 제품 프로모션에서 벗어나 잠재고객 확보로 전환하고 있다. 성공적인 콘텐츠는 공감을 불러일으키고 목적에 부합하며 고객을 우선하는 경향이 강화될 것이다. 이를 다음 4가지 영역에서 살펴볼 수 있다.

- **시각적 영역**

대부분의 경우 잠재고객이 여러 곳에서 메시지를 볼 수 있으면 메시지가 더 분명해진다. 비디오는 대중적이고 매력적이다. 그렇기 때문에 콘텐츠 마케팅을 위한 중요 미디어로 비디오의 폭발과 확장이 계속될 것으로 예상된다.

- **품질 영역**

양질의 콘텐츠를 생성이 필요하다. 여기에는 특별한 대안이 없다. 고객과 연결하고 트래픽을 유발하기 위해 필요한 콘텐츠는 간결하고 이해가 쉬우며 높은 완성도와 관련성으로 소통이 가능해야 한다.

- **소셜 미디어 영역**

B2B및 B2C 마케팅 담당자 모두 틱톡, 스냅챗(B2C의 경우)과 같은

새로운 플랫폼 사용에 적응하거나, 링크드인이나 유튜브처럼 검증된 채널을 사용하는 새로운 방법을 찾고자 할 것이다.

- **모바일 영역**

  모바일 지향 마케팅 전략을 위해 콘텐츠 개발은 필수적이며, 기술에 능숙한 콘텐츠 마케터들은 항상 새로운 기회를 찾고 있다. 즉 블로그(및 기타 디지털 자산)를 스마트폰에서 쉽게 탐색할 수 있어야 하며, 모바일 장치에서 비디오 콘텐츠를 볼 수 있어야 한다.

〈출처: oracle.com〉

8. 고객 DB 정교화

필립 코틀러의 마켓 4.0과 마켓 5.0은 고객의 구매경로를 따라잡아 거기에 나타나는 데이터로 마케팅을 AI로 해서 고객 서비스에 목숨을 걸어 기업의 가치사슬을 혁신해야 기업이 산다는 것이 핵심이다. 기업들이 갖고 있는 고객 데이터를 보면 마케팅전략을 고려해서 만든 것이 아닌 "했으니까 보관한다."는 기록 장부 성격의 무의미한 자료가 많고, 전략수립에 꼭 필요한 의미 있는 데이터는 별로 없다. 따라서 별도로 데이터 정제를 해야만 Data driven 마케팅을 할 수 있다.

데이터는 기업보유데이터 EPD(Enterprise Party Data)와 소비자가 주는 ZPD(Zero Party Data)가 있다. Y=ABC핵심 KPI에 정렬된 유의미한 데이터를 인트라넷에서 구할 수 있어야 영업 현업에서 의도한 대로 잘 활용할 수 있다. 데이터 중 10%는 Small Data로서 전문가의 유효한 데이터이며 90%(Dark Data)는 버려지는 데이터다.

영업에서는 다음과 같은 자료가 필수 데이터라 할 수 있다

- 트래픽→리드고객→활동고객→구매전환율→구매내역→구매빈도
  →충성고객
- 신규고객 유입경로, 관심화면, 온라인에 머무는 시간, 이벤트 반응
  도, 이탈화면
- 구매고객의 휴대폰번호와 이메일 주소, 집주소와 가족구성, 구매경로,
  구매동기(가전의 경우: 혼수, 이사, 선물, 교체 등)

처음에는 군집분석을 가지고 타깃고객의 니즈 분석을 통해 콘텐츠 개
인화를 추진하는 엑셀작업을 하지만 유료 데이터로 검증되면 즉시 디지
털화 한다. 또한 소셜 데이터 분석과 트렌드 분석을 통해 고객의 눈물과
고객의 가치를 파악하고 개선안을 도출한다. 결국 CRM 혁신을 통해 업
무를 효과적으로 추진할 수 있는 기반구축이 시급하다. 세상에는 이미
콘텐츠가 범람하고 있으며 그 중 많은 콘텐츠가 가짜다.

→ AI는 이 기술을 활용해 Deep Fake를 만들어내기가 쉽다.

빅데이터를 활용하지 못하는 근본적인 이유

대부분의 기업이 빅데이터를 활용하지 못하는 이유는 사실 데이터가
없어서가 아니라 의미를 도출하고 인사이트를 발견하여 실행으로 옮길
수 있는 전략을 찾아내지 못하기 때문이다. 빅데이터를 바라볼 때 고객
의 불편과 고객 경험의 개선에서 출발하지 않고 데이터를 처리하려는 기
술적인 관점에서 출발하려고 하기 때문이다.

빅데이터는 원유와 같으며 정제 작업을 통해 사용 가능한 기름이 된다. 빅데이터를 깊게 파고들자 문제가 있다는 것은 알겠는데 어디서 어떻게 분석해야 원인을 찾고, 어떻게 활용해야 해결할 수 있는지는 잘 모르는 문제가 기업 앞에 놓여 있다. 고객에서 출발하면 목적이 명확해진다. 목적이 명확해지면 그 목적에 도달하기 위해 알아야 하는 질문들을 도출해낼 수 있다. 답을 얻기 위해 가장 중요한 것은 질문을 잘 하는 것이다. 해당 시점에 적합한 질문은 자연스럽게 답을 고민하게 해주고 답을 찾는 과정에서 해결책이 나오는 경우가 많다. 성공하는 기업은 '무엇?'이 아니라 '왜?'에 집중한다.

☞ 애플의 Think different

중요한 것은 고객의 관심사를 지속적으로 수집하고 데이터화해 알고리즘으로 만들어서 적용해보고 성과를 측정하는 PDCA(계획-실행-리뷰)를 지속 반복하는 것이다. 데이터 기반 의사결정의 습관이 필요하다. 지금보다 더 나은 방법을 찾기 위해 AB 테스트를 해서 화면을 구성하고 고객 오퍼를 던져본다. 결과적으로 조금 더 잘 나오는 방법을 선택해서 실행하고 또 다른 AB 테스트를 시작한다.

그로스 해킹이 데이터라고 말하지만 결국 고객의 행동을 보는 것이다. 고객들이 무엇을 샀는지, 고객들이 어떤 상황에서 더 많이 클릭했는지, 고객들이 어떻게 더 많이 반응했는지를 보면서 즉시 의사결정 해나간다.

- 빅데이터 활용전략: 데이터-분석-인사이트-전략수립-실행

☞ 데이터분석: 누가, 언제, 어디서 무엇을 어떻게 사는가?

- 플랫폼 기업의 빅데이터 활용방식

대부분의 기업들은 데이터를 가지고 있지만 제대로 비즈니스와 연결하지 못하고 고민만 하다가 선도 업체와의 갭이 확대된다. 거대한 플랫폼 기업들은 플랫폼과 데이터를 통한 선순환과 누적 효과에 대해 잘 알고 있다. 플랫폼 기업 비즈니스 핵심은 대부분 고객을 모으는 것이고 모인 고객을 대상으로 수익원을 창출하는 것이다. 경쟁 우위를 제공하는 것은 미가공 데이터가 아니라 데이터를 사용하고 분석하고 활용할 수 있는 능력이라는 사실이 명백해졌다.

플랫폼 비즈니스 모든 산업에서 데이터는 비즈니스 성공에 가장 중요한 요소 중 하나이다. 과거에도 시장 분석 데이터 등 일부 외부 데이터가 분석이 활용되긴 했지만 대부분은 기업의 업무 어플리케이션에서 만들어지는 내부 데이터가 중심이었다. 데이터의 사용 목적 또한 기업의 프로세스 현황이나 비즈니스 지표 분석 및 의사결정을 위한 내부적인 목적이었다. 제품 혁신과 기술 혁신을 만들어냈다면 더 이상 새로운 부가가치를 만들어내기 어려운 과거의 제품 중심 시장으로 들어가 경쟁하는 것이 아니라, 새로운 제품과 기술을 이용해 숨겨진 고객 니즈를 해결할 수 있는 새로운 서비스를 만들어내고 이를 통해 새로운 비즈니스를 열어 갈 수 있게 된다. 즉 고객 공감을 통해 숨겨져 있던 고객 니즈와 요구를 파악하고 현재 제품과 서비스에 디지털 기술을 접목해 이런 니즈를 해결함으로써 제품 혁신을 넘어 비즈니스 혁신을 가능하게 한다. 이는 전통적인

시장 지배구조의 틀을 깨고 과거에 없었던 새로운 디지털 시장을 형성하게 된다.

퍼스트 데이터(자사)와 외부데이터는 말 그대로 바다와 같다. 당신에게는 그 바다에서 무언가 실마리를 찾아내서 제대로 이해하는 방법이 필요하다. 빅데이터를 통한 고객 경험은 이미 필수 서비스다.

9. 빅데이터 분석 전문인력 양성

4차 산업 혁명의 키워드는 초연결이다. 초연결 네트워크를 통해 다양한 형식의 대용량 데이터가 빠르게 생성, 확산, 활용됨에 따라서 빅데이터의 중요성이 더욱 부각되고 있다. 4차 산업혁명 시기의 산업 생태계에서는 방대한 양의 빅데이터를 생성하고 인공지능이 딥러닝 기술을 토대로 빅데이터에 대한 적절한 판단과 자율제어를 수행함으로써 초지능적인 제품 생산 및 서비스를 제공한다. 데이터의 활용을 통한 고급 분석, 미래예측 능력은 기업의 경쟁력 및 국가의 경쟁력에 직결된다. 빅데이터는 데이터 분석뿐만 아니라 '데이터 생성, 유통, 처리, 표현, 소비까지의 생명 주기 관리'라는 플랫폼 전체 패러다임을 전환한다.

핵심 기술은 인공지능과 빅데이터에 기반한 제2의 지식정보 혁명으로서 가장 중요하고 시급한 것은 빅데이터를 수집·분석하여 인사이트를 도출할 수 있는 전문 인력 양성이다. 국내 데이터산업 시장 규모는 2021년 23조 972억 원 규모로 집계됐다. 2019년부터 2021년까지 연평균 17.1% 증가했으며 2027년에는 47조 원을 넘어설 것으로 전망된다. 데이터산업 분야 인력 수요 역시 증가해 2026년까지 총 1만 8,148명이 추가로 필요할 것으로 예상하나 인력 부족률은 12.2%로 분야별로는 데이터 과학자, 데이터 분석가, 데이터 개발자 등이 필요 직무로 손꼽혔다. 이형칠 한국데이터산업협회 회장은 "현장에서는 곡소리가 난다고 표현할 만큼 데이터 관련 인력이 절대적으로 부족한 상황이다."라고 말했다.

기업의 변화 속도가 엄청나게 빠른 반면 기존의 데이터 전문가 양성은 시간과 비용 등의 문제로 한계가 있어 최근 이를 해결할 수 있는 CDS(Citizen Data Scientist)양성이 그 대안으로 제시되었다. CDS라는 용어는 세계적으로 유명한 IT 회사인 가트너에서 만든 용어로서 컴퓨터 용량이 급속도로 발전하면서 빅데이터를 분석할 수 있는 프로그램이 개발되어 코딩 없이 누구나 빅데이터 분석이 가능한 사람을 Citizen Data Scientist라고 명명하였다.

국내 빅데이터 분석 전문가 과정이 기업, 대학, 협회, 학원 등 광범위하게 진행되고 있음에도 불구하고 일반인들의 접근이 어려운 것은 R, Python 등을 활용한 코딩 교육에 기본 5개월 이상의 긴 시간 투자가 필요하기 때문이다. 그나마 교육 이수 후에도 실제 현장에서의 활용은 어려운 형편임을 직시한 'CDS 빅데이터 연합회'가 2019년부터 전국 대학 링크 사업단 대학생들을 위해 일반 빅데이터 양성보다 1/10정도 수준인 약 80시간 정도의 Fast Track의 'CDS 전문가 양성과정'을 운영하여 단기간에 데이터 수집분석 전문가 배출에 앞장서고 있어 많은 대학생들과 기업체에 근무하는 임직원들로부터 호응을 얻고 있다.

지금 각 대학에서는 기업 현장에서의 경영, 마케팅, 생산 등 폭넓은 영역에서 실제적으로 발생되는 빅데이터를 직접 분석 활용하여 일상적인 혁신 활동 영역으로 진행할 수 있는 현업 구성원인 CDS 육성을 목적으로 과정을 개설 운영 중에 있다. CDS는 IT 담당자나 분석가에게 정보 분석을 요청하지도 않고, 구조적 쿼리언어(SQL)를 몰라도 '드래그 앤 드롭 방식 분석 솔루션'으로 쉽게 데이터를 추출하고, 코딩 없이 쉽게 리포트를 만들고 인사이트를 도출할 수 있는 역량을 가진 사람이다.

CDS 교육의 장점

- 사용자가 다루기 쉬운 분석 툴 활용 - SAS JMP(글로벌 최고), KNIME(글로벌 오픈소스) 통계/데이터 마이닝/시각화/인공지능
- 업종 지식+통계/데이터 마이닝 기법을 반영한 실습 데이터로 교육 효과 최대화

최근 이러한 CDS 인력양성의 중요성을 인식하여 SK그룹, LG, 삼성, 한화 토털, 한화 임팩트, 한솔제지, 도레이 첨단 소재 등의 많은 기업에서 CDS 인력양성을 적극 추진하고 있으며 점차 중소기업으로 확대되고 있는 중이다.

☞ 참조: CDS 양성교육 관련 상세 정보-https://www.ssmi.or.kr(박해정 대표)

10. CRM 혁신 프로세스

CRM은 고객관계관리를 말하며 영업, 마케팅, 고객서비스, 전자상거래 전반에 걸쳐 고객관계를 관리하는 모든 방법을 포함한다. 이는 소비자를 자신의 고객으로 만들고 고객만족경영을 통해 충성고객으로 만드는 전략이다. CRM은 비즈니스 및 소비자 영역 전반에 걸쳐 실시간 데이

터와 통합되고 위치기반 타깃팅을 활용하며 커뮤니케이션을 개인화하면서 한 단계 도약할 것이다. CRM 마케팅은 고객과 만나는 모든 접점을 분석(온라인 활동-구매-조회-방문-오프라인활동-구매-물류-서비스)하고 고객 프로파일링을 통해 타깃팅하여 고객확보-구매-옹호고객으로 만들어 지속적 성장을 목표로 한다.

기업체 코칭을 할 때 보면 상당수의 기업들은 CRM을 실무자의 업무로 보고 경영층에서는 그리 큰 관심을 기울이지 않는 경향이 있다. 그럴 때마다 전사적으로 CRM 혁신을 추진하라고 강요 아닌 강요를 하곤 했다. CRM의 중요성은 아무리 강조를 해도 지나침이 없다고 생각한다. 그동안 필자가 CRM 혁신을 추진했던 프로세스를 간단히 알아본다.

CRM 혁신 프로세스

1. 현황 및 진단: 자사의 현재 CRM 문제점을 분석하고 이슈를 도출
2. CRM 추진방향: CRM 혁신방향을 정립하고 성과기준 KPI 목표를 설정
3. 데이터 분석: 고객 DB분석(거래실적, 고객 프로파일링 및 외부 데이터)
4. 고객가치분석: 고객의 욕구와 보이지 않는 니즈(원츠)를 분석
5. 고객세분화: 고객유형별 마이크로 세그먼트
6. CRM 활동 고객세분화: 타깃고객 선정 및 타깃고객의 니즈에 맞는 콘셉트 개발(콘텐츠 상품·서비스, 메시지 등), MA로 고객공략 및 그로스 해킹, AB 테스트로 최적화
7. 성과확인: KPI 목표 대 실적분석과 차질요인 분석 및 대책수립
8. 피드백: CRM 전략의 수정 보완(PDCA 무한 반복)

11. 성과 창출 마케팅 프로세스

목표 달성을 위해 액션코칭* 툴인 DaSA+를 적용한 '성과창출 프로세스'를 보면 다음과 같다.

☞ DaSA+: Define-analyze-Solution-Act & After coaching

• D 현황 분석

전략수립의 출발점은 판매상황을 분석하는 것으로부터 출발한다. 판매현황은 대내외 데이터와 시황(고객+경쟁사)을 분석한다. 잭 웰치의 전략수립 5단계의 시장, 경쟁사, 나(自社)를 먼저 파악하는 것이다.

☞ 현재의 경쟁판도를 분석하라 → 경쟁업체를 파악하라 → 스스로를 돌아보라 → 가까운 미래를 주시하라 → 당신이 가지고 있는 비장의 무기는 무엇인가

• a 이슈 도출

현황분석을 하는 과정에서 자연스럽게 인사이트를 도출하게 되는데 이를 우선순위로 정리하여 무엇을 개선할지를 도출한다.

• S 개선안 도출

브랜드 상품의 매출 증대는 상품력 보강, 유통망 확충, 가격경쟁력 제고(프로모션 등으로 실질적으로 고객에게 혜택이 가게 함)를 믹스해서 전략을 수립하는데, 매장이 있는 경우는 '모객-구매전환-유지'의 사이클에 포커싱 한다. 제일 중요한 것은 고객을 어떻게 매장으로 오게 할 것인가이며, 그 다음은 구매전환율을 높이는 것이다. 마지막으로는 충성고객으로 만들어 구매 빈도를 제고해야 할 것이다.

- A$^+$ 애프터 코칭

  중장기적인 개선 로드맵을 작성하여 전략적으로, 체계적으로 추진한 성과를 확인하고 미진한 사항에 대해 추가 개선사항을 도출하여 지속적으로 개선한다.

12. 지역 상권 마케팅(Area marketing)

우리 주위에는 치킨, 햄버거, 파리바게트, 스타벅스, 할리스, 커피빈, 이디야 등 프랜차이즈 전국 가맹점과 대기업 직영 매장(이마트. 롯데몰, 전자랜드 가전 양판점) 등을 쉽게 볼 수 있으며 치열한 경쟁을 벌이고 있다. 지역상권 시장규모나 점포의 규모에 따라 경합 의 정도가 달라지며 마케팅 전략을 달리한다.

- 제한적 마케팅

  상권이 작고 점포의 규모도 중간 정도여서 별도의 메가스토어로 고객을 유치하는데 한계가 있는 경우에는 손익분기매출 확보의 생존 전략을 구사한다.

점포 영업력 강화 전략

	제한적 마케팅	경쟁우위 마케팅	M/S확보 마케팅
	매장에 상품을 진열하여 내방고객을 상대로 응대하여 판매함	경쟁점을 지정하여 경쟁에서 승리하는 것을 최종목표로 함 ☞ 마이클 포터의 경쟁전략	공략상권 내에서 우위의 시장점유율을 확보하기 위해 전략 마케팅을 전개
	생존전략 (BEP→경영목표 달성)	경쟁우위 전략	No.1 전략
TOOL	고객니즈 충족을 통한 판매 AIDA→5A	경쟁사와의 '갭 분석' AIDA→5A	5C/PEST-SWOT-STP -4P mix **잭 웰치 전략수립의 5단계**
전략 과제 / KPI	• **영업실적** 목표 달성률(매출, 손익), 전년대비 성장률 • **영업효율** 영업이익률, 인당판매액, 평당 매출, ROMI, 프리미엄상품매출비중, 전략상품매출, VIP고객확보 및 재구매율, 단종상품 소진목표 달성률, 판가준수율 등	경쟁점과의 매출·손익 비교 • **Gap Catch up** 경쟁사와의 주요 갭 중에서 근본원인을 도출, 대응방안 Priority를 정해 중단기적으로 개선해 나감	시장에서의 독점적 지위 확보를 위해 마케팅력 강화 • **핵심과제** ❶ 차별화된 마케팅 프로세스 – 가치혁신의 상품개발, 판매정책, 홍보·판촉, 서비스, 물류, 고객관리 CRM ❷ 기회선점의 마케팅전략 구사 ❸ 마케팅 전문인력 양성 　– 우수인재 확보·양성체제 ❹ 베스트 프랙티스 　– BP창출→공유확산 　　→재창출

• 경쟁우위 마케팅

상권이 크고 경쟁사도 메가 스토어로 자사와 동등 수준이고 인근에 서로 위치하고 있는 경우는 경쟁우위의 마케팅을 구사한다. 경쟁사와의 갭 분석을 통해 차별화 전략(특화상품, 프로모션으로 가격경쟁력 제고, 고객밀착관리 등)으로 고객을 유치한다.

- 마켓쉐어(MS) 확보 마케팅

  분당, 일산 같은 신도시 등의 거대상권의 경우에는 지역상권의 마켓쉐어를 확보하는 점포전략을 우선순위로 둔다.

  ☞ 스타벅스의 카니발리제이션 전략

13. 점력(店力) 강화

전국망의 매장을 갖고 있는 기업체의 영업정책은 본사 차원에서 수립하고 이를 조직으로 내려 보내 실행의 주체가 지사·지점이 된다. 따라서 지사나 지점은 본사의 영업 방침대로 판매하여 매출·손익에 대한 책임은 큰 반면 권한은 상대적으로 제한적이다.

필자는 지점 액션코칭* 현장에서 본사 주도의 정책보다는 지점에도 권한을 부여함으로써 지역 상권을 책임지고 관리할 수 있도록 권한을 조정할 것을 코칭하였다. 필자는 본사주도의 마케팅 전략을 토털 마케팅(Total Marketing)으로, 지역 상권을 관리하는 지사·지점의 경우에는 로컬 마케팅(Area Marketing)으로 구분하여 각각의 마케팅 R&R을 정립하도록 제안한 적이 있다.

지점 매출 달성 성공방정식 Y=ABC는 '내방객 수×구매전환율×객단가×반복구매율'이다. 예를 들면 매월 내방객 수가 월 1,000명에 구매전환율이 60%, 객단가가 150만 원, 반복구매율 고정 멤버(3만 명) 중 년 20%가 100만 원을 구매한다면 월 매출은 14억 원이 된다.

☞ 1,000×0.6×150만 원+(30,000명×0.2×100만 원)/12=14억 원

매출성장을 위해서는 내방객 수를 1,000명에서 1,200명으로 200명 늘리거나, 고정고객을 상대로 프로모션 쿠폰으로 10% 추가매출을 올린다면 매출이 20% 성장된다. 그렇게 하기 위해서는 전사적인 토털 마케팅보다는 현지 경쟁상황을 잘 아는 지점의 로컬 마케팅이 더 효과적이다. 과정 KPI 목표를 고도화·정교화하고, 세분화된 고객군을 대상으로 AB 테스트하여 최적의 궁합을 찾는다.

지점 조직운영

시장(고객·구매내역·프로모션) 데이터를 분석하여 별도 시장개발(심경) TF팀을 지점 안에 두어 고객 개개인이 원하는 제품과 서비스를 적기 제공하는 개인화를 추진한다. 지점 객장에 있는 모든 세일즈맨이 전부 매대 옆에서 고객을 응대할 필요는 없다. 매트릭스 조직의 1인 2기능화를 추진하여 역량 개발함과 동시에 성공 사례를 만들어 이를 전 영업조직 내 공유 재창출 나간다. 또한 지점 소사장제를 추진 성과 있는 지점 단위로 성과 보상한다면 동기부여가 되어 자율·책임경영으로 지속적인 매출신장을 기할 수 있다.

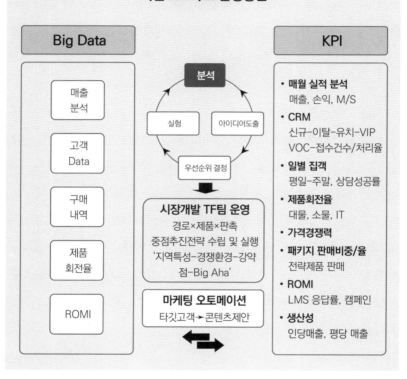

지점 KPI목표 달성방안

Big Data

- 매출 분석
- 고객 Data
- 구매 내역
- 제품 회전율
- ROMI

분석

실험　　아이디어도출

우선순위 결정

시장개발 TF팀 운영
경로×제품×판촉
중점추진전략 수립 및 실행
'지역특성-경쟁환경-강약
점-Big Aha'

마케팅 오토메이션
타깃고객 → 콘텐츠제안

KPI

- **매월 실적 분석**
  매출, 손익, M/S
- **CRM**
  신규-이탈-유치-VIP
  VOC-접수건수/처리율
- **일별 집객**
  평일-주말, 상담성공률
- **제품회전율**
  대물, 소물, IT
- **가격경쟁력**
- **패키지 판매비중/율**
  전략제품 판매
- **ROMI**
  LMS 응답률, 캠페인
- **생산성**
  인당매출, 평당 매출

에필로그

그간 우리 기업들은 거시적인 시각에서 보면 여러 가지 어렵고 힘든 우여곡절을 겪으면서도 눈부시게 성장·발전하는 국민경제와 더불어 전례 없는 높은 성과를 창출해 왔다. 하지만 요즘 모든 것이 변화무쌍하게 바뀌면서 글로벌 경쟁이 그 어느 때보다도 더 격심해지고 있어 이제는 더 이상 지속가능기업으로 연명해나가는 것 자체가 만만치 않은 절박한 실정이다.

우리 기업들은 과감한 경영혁신과 경쟁력 강화로 고성과를 창출해 나가는 한편 남들보다 한 발 앞선 변신과 성장으로 한 단계 더 진화해야 하는 어려운 숙제를 안고 있다. 혁신을 통한 성장은 지속적 성장을 이루기 위한 필요조건이지만 충분조건은 아니다. 혁신 이외의 차별화 전략 대안을 제시하지 않으면 안 된다. 전략의 실패를 전술이나 전투의 성공으로 만회할 수 없기 때문이다.

기업 경영에서 중요한 것은 효율과 스피드다. 그보다 더 중요한 것은 방향성, 즉 비전과 전략이다. 왜냐하면 방향이 잘못돼 길을 잘못 들어서면 아무리 효율과 스피드가 높더라도 영원히 목적지에 도달할 수 없기 때문이다.

나는 지금까지 40년 이상을 경영 현장에서 전략을 수립·실행하고 조직 구성원을 핵심리더로 양성하는데 온 힘을 쏟아 부었다. 당신이 앞으로 당면할 상황이란 너무도 복잡다단하기 때문에 생존하기 위해서는 경쟁력 있는 전략을 애자일하게 개발해야만 한다. 경쟁력 있는 전략이란 바로 성공방정식 Y=ABC와 이를 집요하게 실행할 수 있는 리더십이다.

다른 사람들과 함께 수행하는 노력이 결실을 맺느냐 아니면 실패로 끝나느냐 하는 것은 당신의 리더십에 달려 있다. 사람들은 먼저 리더를 받아들이고 그 다음에 리더의 비전을 받아들인다는 사실을 알아야 한다.

일전에 코칭 대상자였던 팀장에게 "일 년에 책을 몇 권 읽느냐?" 했더니 "일 년에 서너 권도 안 된다."는 답변을 받았다. 회사일도 바쁘고 귀가하면 집안일도 도와야 해서 도저히 시간이 나지 않는다는 하소연이다. 필자는 이런 점을 알고 독자 여러분이 단기간에 필요역량과 리더십을 체득하게 하여 과업 수행에 하나라도 보탬이 되고자 하는 일념에서 본서를 집필했다.

이 책이 다루는 분야는 총10개(경영·전략·혁신·지속가능경영·마케팅·디지털 마케팅·디지털 트랜스포메이션·실행력·리더십·코칭)로 당신이 이를 읽고 자기 것으로 충분히 소화하려면 아마도 상당한 시간이 걸리리라 본다. 10개 분야에서 Y=ABC라는 성공방정식의 수립과 실행에 꼭 필요한 핵심요소(Must Know)를 상호 연결하여 융합지식으로 승화시키는데 주력하면서 저술했으나 제한된 공간으로 인해 충분한 콘텐츠를 담지는 못했다고 생각한다.

당신이 향후 갖추게 될 리더십은 당신의 꿈을 달성하는 데 도움을 줄 것이며, 당신을 따르는 내일의 리더들과 함께 앞으로 나아가 커다란 성취를 이루게 되리라 본다. 비록 한 권의 책에 불과하지만 훗날 두고두고 떠오르며 삶의 힌트가 될 수 있기를 바라는 마음이며, 이 책이 당신에게 아무쪼록 유용했기를 바란다.

어쩌면 나의 관점에 동의 또는 지지하지 않는 부분이 있을 수도 있지만 조금이나마 생각의 단서를 제공했거나 영감을 주었다면 이 책을 쓴 목적은 달성되었다고 본다.

이메일과 SNS를 통해 언제나 내게 연락할 수 있다. 독자 여러분의 건승을 빌며 이만 글을 마친다.

이메일: actioncoachingjwpark@gmail.com
인스타그램: @jamespark211

참고문헌

강상구 저, 『마흔에 읽는 손자병법』, 흐름출판, 2011.

권오현 저, 『초격차 리더의 질문』, 쌤앤파커스, 2020.

김원중 저, 『한비자의 관계술』, 위즈덤하우스, 2012.

니이하라 히로아키 저, 국민은행연구소 역, 『기업성공 6가지 핵심조건』, 매일경제
신문사, 2005.

니콜라스 웹 저, 김경자·이영애·김선우 역, 『초연결시대 혁신적인 고객경험 설계』,
시그마북스, 2018.

닐 퍼킨·피터 아브라함 저, 장세영 역, 『디지털 전환 시대의 애자일 경영』, 에이콘출
판, 2021.

다나카 미치아키 저, 류두진 역, 『아마존 미래전략 2022』, 반니, 2018.

데이비드 P. 노튼·로버트 S. 캐플란 저, (주)웨슬리퀘스트 역, 『Strategy Maps』, 21
세기북스, 2004.

데이빗 앨럼비 저, 안종상 역, 『매니저 코칭 핸드북』, 이엘씨미디어, 2008.

로버트 S. 캐플린·데이비드 P. 노튼 저, 송경근·성시중 역, 『BSC 균형성과관리지표』,
한언, 2014.

로버트 아이거 저, 안진환 역, 『디즈니만이 하는 것』, 쌤앤파커스, 2020.

마이크 월시 저, 방영호 역, 『알고리즘 리더』, 알파미디어, 2020.

메리 베스 오닐 저, 조윤정 역, 『경영자 코칭』, 아시아코치센터, 2009.

미키 다케노부 저, 김정환 역, 『초고속 성장의 조건 PDCA』, 청림출판, 2018.

밍더 저, 홍순도 역, 『왼손에 사기 오른손에는 삼국지를 들어라』, 더숲, 2009.

박재희 저, 『3분 고전』, 작은씨앗, 2010.

박찬철·공원국 저, 『귀곡자』, 위즈덤하우스, 2008.

박찬철·공원국 저, 『인물지』, 위즈덤하우스, 2009.

방병권 저, 『빅데이터 경영 4.0』, 라온북, 2017.

번트 H. 슈미트 저, 권영설 역, 『빅 씽크 전략』, 세종서적, 2008.

브래드 스톤 저, 야나 마키에이라 역, 『아마존, 세상의 모든 것을 팝니다』, 21세기북스, 2014.

성은숙 저, 『전략 BSC 성과 혁신』, 시그마인사이트컴, 2009.

션 엘리스·모건 브라운 저, 이영구·이영래 역, 『진화된 마케팅 그로스 해킹』, 골든어페어, 2017.

스콧 갤러웨이 저, 이경식 역, 『플랫폼 제국의 미래』, 비즈니스북스, 2018.

스튜어트 D. 프리드먼 저, 권오열 역, 『와튼스쿨 인생특강』, 베가북스, 2015.

스티븐 코비 저, 김경섭 역, 『성공하는 사람들의 7가지 습관』, 김영사, 2017.

스티븐 코틀러 저, 이경식 역, 『멘탈이 무기다』, 세종서적, 2021.

신동준 저, 『후흑학』, 위즈덤하우스, 2011.

신동준, 『남다르게 결단하라, 한비자처럼』, 미다스북스, 2016.

아빈저연구소 저, 서상태·김신배·박진숙 역, 『아웃워드 마인드셋』, 트로이목마, 2018.

애비너시 딕시트·배리 네일버프 저, 이건식 역, 『전략의 탄생』, 쌤앤파커스, 2009.

얼 머만 저, 네오플럭스 역, 『린 경영전략』, 가산출판사, 2008.

오노즈카 마사시 저, 오시연 역, 『로지스틱스 4.0』, 에밀, 2019.

오마에 겐이치 저, 『맥킨지 문제해결의 기술』, 일빛, 2005.

오정훈 저, 『비즈니스 코드』, 프롬북스, 2020.

올리버 가스만·캐클린 프랑켄 저, (주)아이큐브플랫폼연구소 역, 『비즈니스 모델 내비게이터』, (주)아이큐브플랫폼연구소, 2016.

위르겐 메페르트·아난드 스와미나탄 저, 고영태 역, 『디지털 대전환의 조건』, 청림출판, 2018.

윌리엄 테일러 저, 정지현 역, 『차별화의 천재들』, 토네이도, 2017.

윤미정 저, 『빅데이터는 어떻게 마케팅의 무기가 되는가』, 클라우드나인, 2020.

이라경 저, 『MD의 정석』, M31, 2021.

이마에다 마사히로 저, 서라미 역, 『비즈니스 모델을 훔쳐라』, 한빛비즈, 2015.

이명환 저, 『시스템과 시스템적 사고』, 21세기북스, 2014.

이승환 저, 『히든 챔피언』, 앱북스, 2014.

장수용 저, 『성공 비즈니스를 위한 인맥관리』, 전략기업컨설팅, 2010.

잭 웰치 저, 이동현 역, 『끝없는 도전과 용기』, 청림출판, 2001.

잭 웰치·수지 저, 『잭 웰치 승자의 조건』, 청림출판, 2007.

정재완·주형근 저, 『CCPI코칭 & 컨설팅』, 매일경제신문사, 2015.

제임스 M. 쿠제스·배리 Z. 포스너 저, 최주연 역, 『격려의 힘』, 에코비즈, 2004

존 C. 맥스웰 저, 홍성화 역, 『존 맥스웰 리더십 불변의 법칙』, 비즈니스북스, 2010.

존 도어 저, 박세연 역, 『OKR-전설적인 벤처투자자가 구글에 전해준 성공 방식』, 세
종서적, 2019.

짐 콜린스·윌리엄 레지어 저, 임정재 역, 『경영전략』, 위즈덤하우스, 2004.

최병삼·김창욱·조원영 저, 『플랫폼 경영을 바꾸다』, 삼성경제연구소, 2014.

최재혁 저, 『온라인 채널 마케팅』, 라온북, 2017.

캐럴 드웩 저, 김윤재 역, 『마인드셋 스탠퍼드 인간성장 프로젝트』, 스몰빅라이프,
2017.

크리스 맥체스니·숀 코비·짐 헐링 저, 이창신 역, 『성과를 내고 싶으면 실행하라』, 김
영사, 2016

클레이튼 크리스텐슨·마이클 레이너 저, 딜로이트 컨설팅 코리아 역, 『성장과 혁신』,
세종서적, 2021.

필 하킨스·마셜 골드스미스·하워드 모건 저, 홍의숙·이희경 역, 『리더십 코칭 50』,
거름, 2006.

필립 코틀러 저, 안진환 역, 『마켓 3.0』, 타임비즈, 2010.

필립 코틀러·허마원 카타자야·이완 세티아완 저, 이진원 역, 『마켓 4.0』, 더퀘스트,
2017.

필립 코틀러·허마원 카타자야·이완 세티아완 저, 이진원 역, 『마켓 5.0』, 더퀘스트,
2021.

한상만 저, 『고전에서 배우는 경영 인사이트 40』, 원앤원북스, 2011.